Vorwort

Als im April 1989 im ...
sance – Museum eröffnet ...
Forschungsarbeit gesetzt, di... hat,
Kunst- und Kulturgeschichte in einem wei... ıe zu
betreiben und die Ergebnisse in angemessener ... inem
breiten Publikum im Museum zu präsentieren. So wird das Museum über den eigentlichen kunsthistorischen Anspruch hinaus, die Dokumentation und Erhaltung wertvoller Kulturgüter dieser Epoche, auch die Volkskunde, also die Erforschung des Alltagslebens der Menschen, einbeziehen sowie völlig anderen Fachrichtungen z.B. der Musik (Theorie und Praxis – Veranstaltung von Konzerten) Beachtung schenken.
Darüber hinaus versteht sich das Museum als ein Ausgangspunkt, denn Architektur, die, wenn auch nicht das einzige Ergebnis, so doch den Schwerpunkt der Weserrenaissance darstellt, kann man nur vor Ort sehen und erleben – und dazu gehört das Reisen. In diesem Sinne wurde auf Initiative des Kuratoriums des Weserrenaissance – Museums sowie mit Unterstützung des ehemaligen Ministers für Stadtentwicklung, Wohnen und Verkehr des Landes Nordrhein-Westfalen, Dr. Christoph Zöpel, und durch die Mitwirkung der verschiedenen Bundesländer und Landkreise die „Straße der Weserrenaissance" geschaffen, die die Einrichtung des Weserrenaissance – Museums erst vervollständigt hat. Das Museum ist Träger dieser Tourismus-Straße, die, eingeteilt in eine Haupt- und mehrere Nebenstrecken, die wichtigsten Orte und Baudenkmäler der Weserrenaissance erfaßt. Die Region bietet die Möglichkeit, Renaissancebaukunst des 16. und 17. Jahrhunderts so umfangreich und vollständig kennenzulernen, wie es sonst nirgendwo in Deutschland mehr möglich ist.

An dieser Stelle sei aber auch daran erinnert, daß noch viele der Bauten privat genutzt werden und der berechtigte Wunsch der Besucher, möglichst viel zu sehen, oft eine große Belastung für die Privatsphäre der Bewohner darstellt. Dieser fast unlösbare Konflikt kann vielleicht etwas abgemildert werden, wenn die Reisenden in Erinnerung behalten, daß es sich um private Gärten und Höfe handelt, die man mit Vorsicht und Rücksichtnahme betreten sowie Verbotsschilder befolgen sollte. Da jedoch auch einige der Bauten zu Museums- und Ausstellungszwecken genutzt werden und dort sogar eine Besichtigung der

Innenräume möglich ist, füllt dies vielleicht anderweitig entstandene Lücken wieder auf; zumal die Kultur der Weserregion durch eine abwechslungsreiche und wunderschöne Landschaft ergänzt wird.

Mein besonderer Dank gilt G. Ulrich Großmann, dem Leiter des Weserrenaissance – Museums, der nicht nur den Text durch viele Hinweise und Ergänzungen bereicherte, sondern auch einen Großteil des Fotomaterials und die Grundrisse aus dem Archiv des Weserrenaissance-Museums zur Verfügung stellte sowie Jörg Figgener, der das Kapitel zur Geographie des Weserberglandes, dem Kerngebiet der Weserrenaissance, verfaßte.

Münster, im März 1991

Gabriele Brasse

Inhaltsverzeichnis

Die Aufteilung der „Straße der Weserrenaissance“ in eine Hauptstrecke und mehrere Nebenstrecken bedeutet keine Wertigkeit der Sehenswürdigkeiten, sondern ermöglicht es, fast alle wichtigen Bauten entlang der Weser zu erfassen.

Einleitung

Die **politische Situation** Deutschlands zeigte im 16. Jh. ein recht uneinheitliches Bild. Das gesamte Land, so auch der Weserraum, war in viele kleine Territorialstaaten aufgesplittert. Die Macht des Kaisers war dagegen sehr begrenzt; längst konnte er ohne die Zustimmung der Territorialherren auf den Reichstagen keine wichtigen Entscheidungen mehr treffen, und er besaß kein politisches Organ, mit dessen Hilfe er die Durchführung seiner Gesetze und Verordnungen hätte überwachen lassen können. Die Zwischengewalten des Reiches – Fürsten, Bischöfe, Herzöge und Kurfürsten, neben diesen auch die Städte – waren seit dem 13. Jh. immer mächtiger und selbständiger geworden, so daß schon während der Regierungszeit Maximilians (1493–1519) eine innere Reform angestrebt wurde, jedoch scheiterte, da sich Maximilian und die Partei der Fürsten nicht über die Konditionen einigen konnten. Unter Maximilians Nachfolger, Karl V. (1519–1555), kamen zu dem bestehenden Reich durch Erbgang noch große Teile Italiens und Spaniens hinzu. Karl war bestrebt, eine selbständige, handlungsfreie Position für sich aufzubauen und gleichzeitig die Vorherrschaft des Kaisers in Europa wieder zu errichten. Mit diesem Ziel stürzten auf ihn jedoch gleichzeitig viele innen- und außenpolitische Probleme ein: Durch seinen außenpolitischen Machtanspruch hatte er sich sowohl Frankreich als auch den Papst zum Feind gemacht und mußte sich gegen die drohende Türkengefahr im Donauraum und im Mittelmeer zur Wehr setzen. Diese Kriege hielten ihn über große Zeiträume von seinem Land fern, wo die Reformation, die zur Kirchenspaltung führte (Organisation der Reformatoren auf dem Reichstag von Speyer 1526), die Wiedertäuferbewegung, Hexenverfolgung und die Bauernkriege 1524/25 Ausdruck des Machtgerangels im Lande waren.
Nach dem Frieden mit Frankreich und der Aussöhnung Karls V. mit dem Papst fürchteten die protestantischen Fürsten die Macht des Kaisers und schlossen sich im Schmalkaldischen Bund zusammen. Da Karl V. jedoch durch erneute Kämpfe mit den Türken und Frankreich von der Lösung des Religionsproblems abgehalten wurde, konnte er erst nach dem Frieden von Crépy mit Frankreich zum Krieg gegen die Schmalkalder rüsten. Mit Hilfe spanischer Truppen und der finanziellen Unterstützung des Papstes besiegte er die protestantische Partei 1547 in der Schlacht von Mühlberg; Kurfürst Johann Friedrich von

Sachsen und Landgraf Philipp von Hessen wurden für mehrere Jahre seine Gefangenen. Mit dem Augsburger Interim von 1548 versuchte der Kaiser, einen Ausgleich der Konfessionen auf katholischer Grundlage zu erzielen. Aber die Fürsten gewannen den erneut einsetzenden Machtkampf. Als sich einige Fürsten 1552 mit Heinrich II. von Frankreich gegen ihn verbündeten, besiegten sie ihn endgültig. Karl V. zog sich nach Spanien ins Exil zurück, den Ausgleich bewirkte sein Bruder und Nachfolger Ferdinand I. im Augsburger Religionsfrieden 1555. Damit war der Machtkampf im Reich für die Territorialherren entschieden. Karls Sohn Philipp II. wurde König von Spanien, Neapel-Sizilien, Mailand und den Niederlanden. Seine Regentschaft war allerdings schwer belastet durch die niederländischen Befreiungskriege. In der zweiten Jahrhunderthälfte ergaben sich auch wirtschaftliche Probleme für Deutschland, das nun abseits vom Welthandel stand.
Gegen Ende des 16. Jh. hatte die katholische Kirche einen Großteil der reformierten Gebiete zurückgewonnen, und die Gegensätze der beiden Konfessionen verschärften sich zunehmend. Hinzu kamen habsburgische Machtstreitigkeiten innerhalb der Familie, die schließlich 1618 den Dreißigjährigen Krieg auslösten, der sich zur europäischen Machtauseinandersetzung steigerte.

Die **wirtschaftliche Lage** des Landes stellte sich unterschiedlich dar, da verschiedene Zentren mit selbständiger Entwicklung existierten.
So entstanden in Süddeutschland seit dem Ende des 15. Jh. große Handelshäuser, die an dem international aufblühenden Warenaustausch, der von Italien ausging, teilhaben und unvorstellbare Reichtümer anhäufen konnten. Das bekannteste Handelshaus gehörte den Fuggern, einer Weberfamilie, die mit Textilerzeugung und Handel sowie dem europäischen Kupfermonopol und Geldgeschäften zu einer der reichsten Familien Europas aufstieg.
Das Kurfürstentum Sachsen in Mitteldeutschland stand in der ersten Jahrhunderthälfte dank Bergbau und Metallverarbeitung (Silber und Erzerzeugung) an der Spitze Europas. Nach 1550 verfiel diese Vorrangstellung jedoch schnell wieder, da preiswertes Edelmetall aus Übersee einströmte. Haupttertragszweig des Landes blieb jedoch auch im 16. Jh. noch die Landwirtschaft, die in diesem Zeitraum einen enormen Aufschwung erlebte. Bevölkerungswachstum und gleichzeitige Mißernten im

Mittelmeerraum bewirkten, daß die Preise für Roggen oder Weizen beispielsweise bis zu 80% anstiegen. Davon profitierte vor allem der Weserraum, denn das Gebiet der Ober- und Mittelweser war aufgrund des besonders fruchtbaren Bodens Kornkammer des Landes. Zudem verliefen zwei wichtige große Handelsstraßen durch das Gebiet: Der Frankfurter Weg, auch Bremer Straße genannt, führte von Frankfurt aus in Süd-Nord-Richtung über Minden, Herford, Paderborn nach Bremen. Der sogenannte Hellweg verband als Ost-West-Achse die Niederlande, mit Braunschweig und berührte in seinem Verlauf Osnabrück, Herford, Lemgo und Hameln. Der Warenhandel wurde vor allem aber durch die Transportmöglichkeiten auf der Weser sehr begünstigt, die als Wasserweg eine große Bedeutung besaß.
Zu den wichtigsten Exportgütern des Weserraumes gehörte neben Korn und Wolle der Sandstein. Er stellte das teuerste und wichtigste Baumaterial dar und wurde im sogenannten Jakobsberg (Portasandstein) und bei Bückeburg (Obernkirchener Sandstein) abgebaut.
Die größte Einnahmequelle des Adels waren jedoch die zahlreichen Kriege des 16. Jh., an denen sie sich als Söldnerführer beteiligten und einige ein Vermögen verdienten, so Mitglieder der Familie von Münchhausen und beispielsweise Herzog Erich von Braunschweig-Calenberg-Göttingen.

Diese wirtschaftliche Blüte begünstigte eine **Bauentwicklung**, in der sich der Wohlstand, aber auch eine neu gewonnene politische und wirtschaftliche Selbständigkeit der Territorialherren, des Landadels und des Bürgertums ausdrückten. Im 16. Jh. rückte zum erstenmal in ganz Europa in einem bis dahin unbekannten Maße die profane Bautätigkeit in den Mittelpunkt. Die Zeit der großen kirchlichen Bauten war vorüber.

Im Weserraum wurde Renaissance-Architektur zwischen 1520 und 1618 (Beginn des Dreißigjährigen Krieges) heimisch, die eine Reihe von gemeinsamen **Stilmerkmalen** aufweist. Diese Merkmale, die zwar keineswegs allein auf den Weserraum beschränkt waren, hier aber besonders häufig und kombiniert auftreten, sind:

- **Halbkreisaufsätze:** sogenannte **welsche Giebel**, häufig ab der zweiten Hälfte des 16. Jh. als Fächerrosette oder mit Muschelfüllung; sie stammen aus Oberitalien und tauchen im Wesergebiet besonders früh, direkt nach Halle (Dominikanerkirche), auf.

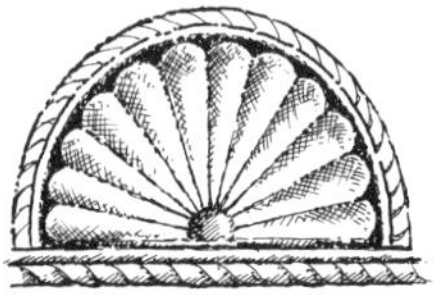

– **Halbkreis-aufsätze**

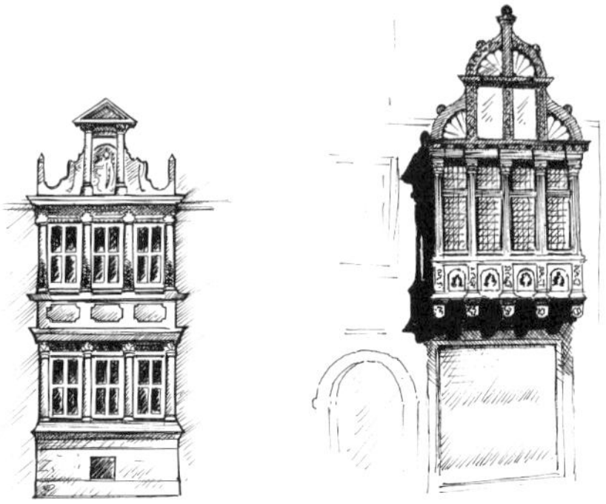

– **Utluchten** und **Erker**

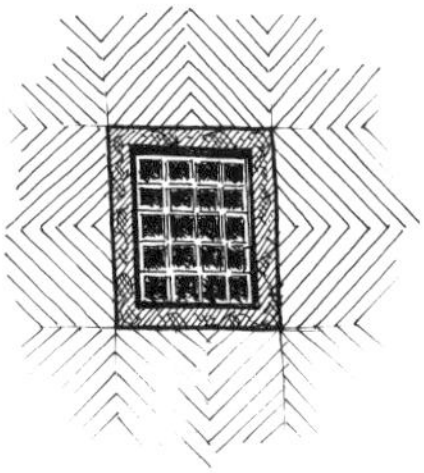

– **Streifenputz:** Putz in rautenförmiger Schraffur

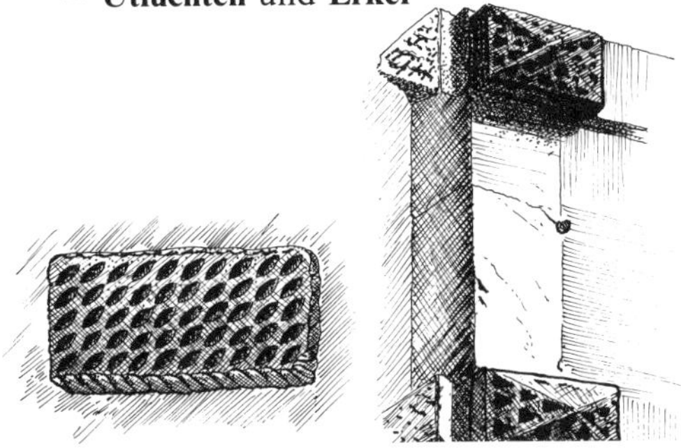

– **Kerbschnitt-, Bossenstein-Zierquader** mit geometrisch-abstrakten Ornamentformen ab Mitte des 16. Jh.

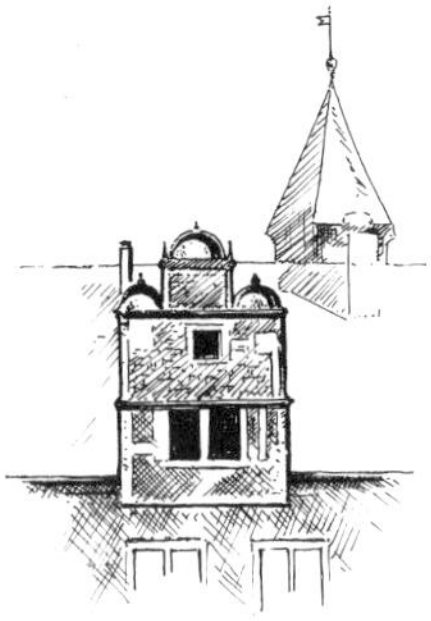

– **Zwerchhäuser:** über dem Dachgesims aufragend, häufig mehrachsig und mehrgeschossig

– **Beschlagwerk:** geometrisches Ornament an Giebelkanten und Portalen

Dieser Baudekor tritt an fast allen **Architekturtypen** in unterschiedlicher Ausprägung und Häufigkeit auf, einerlei ob es sich um Schloßanlagen, Adelssitze in der Stadt, Bürgerhäuser aus Stein oder Fachwerk, Rathäuser oder andere öffentliche Gebäude handelt. Für die Schlösser, die sich seit dem Ende des

15. Jh. aus den wehrhaften mittelalterlichen Burganlagen entwickelten, kann man ferner zwischen kleinen, oft zweiflügeligen Adelssitzen auf dem Land und großen Residenzen der Territorialherren unterscheiden. Letztere sind häufig als Vierflügelanlage konzipiert. Die Treppentürme, im Mittelalter noch kleine, schmucklose Wendelsteine, meist kaum beleuchtet, gestaltete man nun zu repräsentativen Aufgängen, auf die sich ein wesentlicher Teil des Bauschmuckes konzentrierte. Die Adelshöfe in der Stadt wurden ebenfalls oft als mehrflügelige Anlagen angelegt, allerdings bescheideneren Ausmaßes als die Schlösser. Die öffentlichen Bauten, vor allem die Rathäuser der Städte, im Kern oft noch mittelalterlichen Ursprungs, baute man gleichfalls zu ansehnlichen Gebäuden aus; häufig, indem man älterer Bausubstanz eine neue Fassade oder zumindest einen neuen Giebel hinzufügte.
Die für uns heute selbstverständliche starke Raumdifferenzierung im Inneren der Gebäude kannten die Menschen der Renaissance nicht. In Rathäusern nahm oft ein Festsaal das gesamte obere Geschoß ein. Einen einfachen, wenig unterteilten Grundriß besaßen auch die Wohnhäuser und viele der Schlösser. Selbst großzügig angelegte Patrizierhäuser bestanden im wesentlichen aus einer großen Diele und einem rückwärtigen Saal, gelegentlich schon einer ofenbeheizten Stube; erst nachträglich wurden diese Räume stärker unterteilt.

Wenn man die Bauten in ihrem heutigen Zustand betrachtet, sollte man sich vor Augen führen, daß die Bauwerke der Renaissance **verputzt** und **farbig** gefaßt waren und Bauornamentik und Bauplastik vor allem der Portal- und Fenstereinfassungen im Gesamterscheinungsbild stärker hervortraten, als es heute der Fall ist. Der figürliche und ornamentale **Fassadenschmuck** wurde fast ausschließlich nach **Vorlagen** gearbeitet. Die Motive entnahm man Druckgraphiken, einzelnen Kupferstichblättern oder auch eigens hierzu angelegten Stichwerken. Ein bedeutendes Werk für die Weserrenaissance war das Buch *Architectura* von Wendel Dietterlin (1598) sowie Werke einiger bekannter deutscher und niederländischer Stecher wie Heinrich Aldegrever, Virgil Solis, Cornelis Floris oder Hans Vredemann de Vries. Einzelne Motive waren so beliebt, daß man sie zu immer wiederkehrenden Motivkreisen zusammensetzte. So künden bestimmte Figurenzyklen wie die sogenannten neun guten Helden (Männer und Frauen aus dem Alten Testament und aus der Geschichte, die innerhalb einer feststehenden Ikonographie

[= Sinngehalt] besonderen Vorbildcharakter besaßen), Personifikationen der fünf Sinne, Planeten-Götter, Darstellungen der christlichen und weltlichen Tugenden, Geschichten aus der Bibel, Adam- und Evadarstellungen, Sündenfall sowie Apostel- oder Christusdarstellungen an den Fassaden, über den Eingangstüren und an den Giebeln der Bauten von dem neuen Zeitgeist und ihrem Bildungsgehalt. Die Reformation zu Beginn des 16. Jh. hatte den Nährboden geschaffen für das Aufgreifen humanistischen Gedankengutes, das nun aus Italien herübergetragen wurde. Eine neue Ethik, an der antiken Philosophie orientiert, führte zu neuen Maßstäben und rückte den Menschen und seine Individualität in den Mittelpunkt des Weltbildes.
Grammatik, Rhetorik, Stillehre, Geschichte und vor allem die Naturwissenschaften gelangten zu neuer Bedeutung und bestimmten die Künste, in der eine theoretische Basis wichtig wurde und ihnen voranging. In der Literatur war der Verschmelzungsprozeß zwischen volkssprachlicher Dichtung – als Medium des einfachen Volkes, und Latein als ein Idiom einer intellektuellen Elite – zu einer nationalen Literatursprache das Ergebnis des neuen Menschenbildes. Die Malerei gewann viele neue Themenkreise und wurde durch die Mathematik und die neu entdeckte Perspektive stark geprägt. Eine **Architekturtheorie** als geistiger Überbau der gebauten Realität schließlich errang eine seit der Antike vergessene neue Wichtigkeit. Das Buch *De architectura* des Vitruv, eines römischen Baumeisters zur Zeit des Kaisers Augustus, fand weite Verbreitung und wurde in unzähligen Ausgaben und Übersetzungen aufgelegt. Darüber hinaus regte das Werk viele weitere architekturtheoretische Schriften und Traktate an, die eine Anleitung zur Proportionierung, Formen- und Materialwahl darstellten.

Auelehm und Bossensteine, die Geschichte eines Flusses
Zur Geographie des Weserberglandes

Zwischen dem Harz und der Westfälischen Bucht erstreckt sich in Ost-West-Richtung ein Berg- und Hügelland mit mehr als 50 Höhenzügen und Erhebungen – das Weserbergland. Es bildet den Übergang der deutschen Mittelgebirge zum nordwestdeutschen Tiefland.

Die Flüsse Leine und Weser gliedern das Weserbergland in drei Landschaften auf: das Lippe-Ravensberger Berg- und Hügelland, das eigentliche Weserbergland und das Hessische Bergland.

Die Weser selbst wird durch den Zusammenfluß von Werra und Fulda bei Minden zu einem das gesamte Gebiet prägenden Strom. Sie durchfließt die Weserberge, durchbricht sie in der Porta Westfalica und mündet schließlich bei Bremerhaven in die Nordsee.

Im geologischen Erdmittelalter (ca. vor 225 Mio. Jahren) war das gesamte Gebiet vom Meer bedeckt. Nur der Harz ragte als Insel heraus. Auf dem Meeresboden lagerten sich Sedimentschichten der Epochen Buntsandstein, Muschelkalk und Keuper ab. Diese Schichten werden zusammengefaßt Trias genannt. Sie bilden das Kernstück des Berglandes.

Die jüngere Formation Jura (ca. 195 Mio. Jahre) findet man in den Randzonen. Diese Schichten bilden klippenartige Felsen aus, die sich in einem Band vom Hils über den Ith, den südwestlichen Deister, Süntel bis hin zum Wiehengebirge ziehen.

Die nächstjüngere geologische Formation ist die Kreide (ca. 140 Mio. Jahre), deren Sandstein den Osterwald, den südöstlichen Süntel, den nordöstlichen Deister und die Bückeberge aufbaut. Aus dieser Zeit stammt auch der bedeutende Obernkirchener Sandstein, der als Handelsware wichtig war und als Baumaterial die Architektur wesentlich bestimmt hat, verarbeitet zu Fenster- und Portalrahmungen oder den berühmten Kerbschnitt-Bossensteinen.

Seine jetzige Oberflächenform erhielt das Weserbergland durch mehrere gebirgsbildende Prozesse. Die im Meer abgelagerten Sedimentschichten wurden in Schollen zerbrochen und unterschiedlich gegeneinander versetzt, d.h. gehoben und gesenkt. Es bildeten sich Täler, Senken, Mulden und Kuppen (Horste) aus. Die Erschütterungen wurden auch von vulkanischer Tätigkeit

begleitet. Zeugen dieses Vulkanismus sind u.a. die zahlreichen Mineralquellen, deren hoher Gehalt an ungebundener Kohlensäure in der allmählichen Entgasung vulkanischen Gesteins ihren Grund hat.
Weiterhin sorgten aus dem Untergrund nach oben aufsteigende Salze (z.T. bis in die heutige Zeit hinein) für weitere Schichtverstellungen. Den Aufbau des Weserberglandes nennt man geologisch auch Bruchfaltengebirge. Danach war die Oberfläche des Berglandes immer wieder der natürlichen Abtragung und Erosion, insbesondere durch die Eiszeiten, ausgesetzt. Gerade in diesen Zeiten des Wechsels von Kalt- und Warmphasen erlebte die Weser eine wechselvolle Geschichte, in der sie mehrfach ihren Verlauf veränderte und unterschiedliche Flußterrassen auf- und abbaute.
Insgesamt bietet das Weserbergland eine Vielfalt an geologischen Strukturen mit parallel zueinander verlaufenden Bergzügen und Tälern. Breite und Höhe nehmen dabei von Südosten nach Nordwesten ab. Der höchste Berg im Weserbergland liegt mit 528 m im Solling (Große Blöße).

Die Naturgeschichte der Weser hat die Siedlungstätigkeit des Menschen entscheidend bestimmt. So sind Sedimentation, Bodenbildung und Vegetationsentwicklung eng mit der Einbeziehung der Flußauen in den Nutzungs- und Siedlungsraum des Menschen verknüpft.
Hier ist besonders der Auelehm als lehmiges Transportgut der Weser zu erwähnen. Er hat maßgeblich Kultur- und Wirtschaftsgeschichte beeinflußt.
Mit dem Strom wird reichlich lehmig-sandiges Material transportiert und auch wieder abgelagert. So gestaltete die Weser im Verlauf ihrer nacheiszeitlichen Geschichte diesen Auelehm je nach Wasserkraft und Untergrund. Besonders bei Hochwasser säumte sie ihre Ufer mit fruchtbaren, die Täler überziehenden Decken.
Abtrag und Ablagerung (Erosion und Sedimentation) wechselten jeweils nach Wasserstand und damit -kraft ab und schufen so eine vielgestaltete Flußlandschaft. Der Mensch prägte dieses System noch weiter durch Waldrodungen zum Zwecke des Siedlungsausbaus in den Hanglagen der Flußtäler. Der entblößte Boden erodierte durch die Niederschläge und reicherte die Transportfracht des Flusses an. Hierin sieht man einen wesentlichen Faktor der Auelehmbildung, besonders im frühen Mittelalter. Sicher nachgewiesen werden kann der Einfluß des

Menschen auf die Gestaltung der Flüsse und der Täler seit der Römerzeit. Auelehm bedeutete auch fruchtbares Ackerland, teilweise Hochwasserschutz durch Wallbildung und wirtschaftliche Nutzbarkeit (Tongruben).

Aufgrund der Auelehmbildung können zwei siedlungsgeographische Höhepunkte im Wesergebiet unterschieden werden:
1. Die Zeit der neolithischen Besiedlung (4000–2000 v. Chr.) durch nomadisierende Bandkeramiker, die jedoch auch Ackerbau und Viehzucht betrieben. Man nimmt an, daß von diesen Keimzellen der ersten Siedlungen aus die natürlichen Waldlandschaften langsam in eine von Menschenhand geprägte und genutzte Kulturlandschaft umgestaltet worden sind.
Zentren der siedlungsgünstigen Landschaften waren z.B. das obere und mittlere Leinetal, das untere Werratal, das Eder-Diemel-Gebiet sowie das Kasseler Becken.
2. Die frühmittelalterliche Siedlungszeit (500/800 n. Chr.). Sie ist mit ihrem starken Landausbau die entscheidendste Veränderung der Landschaft durch Rodung. So beruhen z.B. die Neurodungen der fränkischen Zeit auf Gründungen von Königsgütern und Klöstern.

Die mittelalterliche Siedlungstätigkeit bis in das 13. Jh. hinein griff über die Auelehmtäler auch auf höhere Hanglagen über. Danach kam ein Einschnitt der Siedlungsaktivitäten durch die Wüstungsperioden bis in das 16. Jh. hinein. Erst nach dem Dreißigjährigen Krieg wurde die Siedlungsgeschichte fortgeschrieben. Seitdem intensivierte sich die stark ausgeprägte Siedlungs- und Landbauperiode.

Seit Mitte des letzten Jh. begann der Mensch, das Flußbett zu begradigen und zu befestigen, um sich vor Überschwemmungen und Hochwasser zu schützen. Tiefenerosion und damit verstärkte Strömungsgeschwindigkeiten waren die Folge, die auch in der heutigen Zeit negative Auswirkungen haben.

Nur wenige Weserstädte haben ihren Ursprung in militärischen Gründungen. Die Städte an der Weser hätten sich im 16. und 17. Jh. nicht zu blühenden Handelsplätzen entwickelt, wenn nicht auch die günstige Flußlage Voraussetzung gewesen wäre.

Der Fluß und damit das Wasser waren die Voraussetzung für die Dörfer und Städte des Menschen. Als Schutz, Wasserspender, Ernährer, Transportweg und Wirtschaftskraft besaß er vielfältige Funktionen. Alle Siedlungen wurden immer nur so nahe an das Wasser gebaut, wie es die Gefahr durch Hochwasser gerade noch zuließ. Viele Siedlungen wurden jedoch trotzdem

von Hochwasser erreicht und zerstört. Solange der Fluß unverbaut war, entschied die Flußverlagerung durch Mäanderbildung über Lage und Ausprägung der Siedlungen.
Je nach Gelände konnte man Vorteile der Flußlage und Sicherheit miteinander verbinden (Vlotho). Es gibt auch Orte, die einen trockenen Standort auf einer Terrasse, einem Geestsporn oder einer Düne haben. Manchmal bot sich die Möglichkeit, auf einem Schwemmkegel eines einmündenden Nebenflusses zu siedeln (Kassel, Nienburg, Höxter).
Zusammenfassend lassen sich vier Gründe und Funktionen im Hinblick auf die primäre Siedlungstätigkeit am Fluß nennen:
- Verkehrs- und Handelsplätze mit besonderer Bedeutung der Schiffahrt (Kassel, Bremen, Hannoversch-Münden)
- Schutz durch Wasser (Königshöfe, Minden, Corvey)
- Fischerei und Gewerbe (Vaake, Hameln, Minden, Brake)
- Brücken- und Furtorte (Höxter, Hameln, Minden).

Jörg Figgener, Mönchengladbach

Bremen

Der Verlauf der „Straße der Weserrenaissance" führt von Nord nach Süd und beginnt in der Stadt Bremen, die 782 unter der Bezeichnung **Bremum** zum ersten Mal urkundlich erwähnt wird. Sie wurde bereits 785 von Karl dem Großen zum Bischofssitz erhoben. Schon seit dem frühesten Mittelalter war der Handel Haupterwerbszweig der Bevölkerung. Die günstige Lage direkt an der Weser, die als Wasserweg eine gute Verbindung zum Hinterland darstellte, dazu der offene Zugang zum Meer bestimmten den Ort zum Umschlagplatz für Waren, die von hier ins Ausland, nach England, Skandinavien oder in die Niederlande, gebracht bzw. aus diesen Ländern kamen und ins Inland weiterverkauft wurden. Die florierende Wirtschaft Deutschlands im 16. Jh. führte auch in diesem Zentrum des Handels zu einer wirtschaftlichen Blüte, die durch den Dreißigjährigen Krieg geschwächt, jedoch nicht vollkommen beendet wurde, wie der Bau großzügiger Patrizierhäuser auch in den Kriegsjahren beweist.

Zentrum des Handels ist spätestens seit dem 15. Jh. der nahe der Weser gelegene **Marktplatz**. Hier stehen das Rathaus und der Schütting, das Haus der Bremer Kaufmannschaft, das heute noch die Handelskammer Bremens beherbergt.

Das den Marktplatz südlich begrenzende traufenständige **Rathaus** wird optisch von einem großen kupfergedeckten Walmdach, einem mächtigen Mittelrisalit und einem Arkadengang vor dem Erdgeschoß beherrscht. Das zweistöckige Gebäude stammt noch weitgehend aus den Jahren 1405–1410. Wie die Schauseite des gotischen Backsteinbaues ausgesehen hat, ist durch Abbildungen des 16. Jh. überliefert. Im Obergeschoß reihten sich spitzbogige, hohe Maßwerkfenster nebeneinander. Dem Erdgeschoß war schon damals ein überdachter, jedoch spitzbogiger Arkadengang vorgelagert, dessen obere Brüstung von einem Zinnenkranz begrenzt wurde.

Bis zum Ende des 16. Jh. waren in Bremen einige Bürgerhäuser sowie öffentliche Gebäude im Stil der Renaissance erbaut oder umgestaltet worden. Im Jahre 1595 schließlich entschloß sich der Rat der Stadt, die unmodern gewordene gotische Fassade neu gestalten zu lassen und beauftragte Lüder von Bentheim mit dieser Aufgabe. Lüder von Bentheim war zu dieser Zeit Vorsteher der Bremer Steinhauerzunft und neben seiner Tätigkeit als

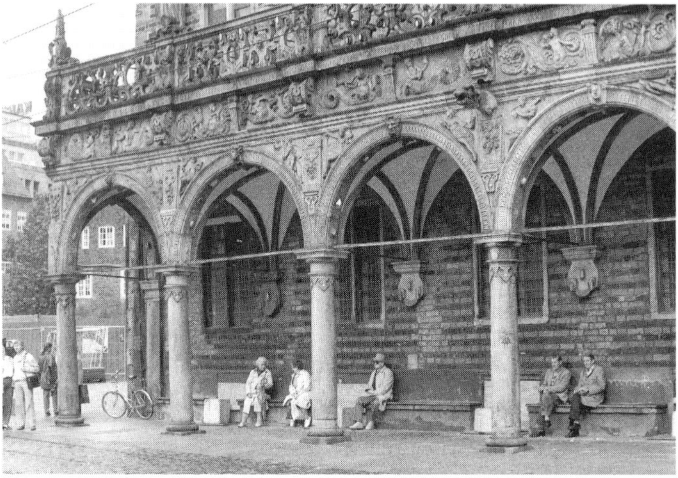

Bremen, Arkadengang des Rathauses.

Baumeister zudem auch Kaufmann, der hauptsächlich mit Obernkirchener Sandstein handelte, den er vor allem nach Holland exportierte. Dort hatte er einige Jahre zuvor, Ende des 16. Jh.,auch die Fassade des Leidener Rathauses umgestaltet.
Bis 1614 dauerte der Umbau, der die heute noch bestehende Fassade schuf. Die spitzbogigen Fenster wurden in die riesigen bleiverglasten Rechteckfenster umgewandelt, zwischen denen die noch aus dem 15. Jh. stammenden gotischen Statuen stehen, die die sieben Kurfürsten und Kaiser Karl den Großen darstellen, ergänzt um Statuen der Propheten und Weisen an den Schmalseiten (Kopien, Originale im Bremer Landesmuseum). Im Erdgeschoß legte man einen elfbogigen Arkadengang an, der einen Balkon trägt, dessen Balustrade von Spätrenaissance-Ornamentik, Voluten, Teigkringeln, Masken und Löwenköpfen, begrenzt wird. Der mittig gesetzte Risalit mit der Güldenkammer im Inneren wird von einem dreistufigen Giebel bekrönt, der rechts und links von prächtigen Zwerchhäusern flankiert wird. Diese Betonung der Mitte wird optisch noch dadurch hervorgehoben, daß die Arkadensäulen direkt unterhalb des Risalits stärker ausgebildet sind als die übrigen. Über dem Dachgesims schließt eine Dachbalustrade das Gebäude ab.
Ein ausgedehntes, sakrale (geistliche) und profane (weltliche) Allegorien umfassendes bildliches Figurenprogramm ist über

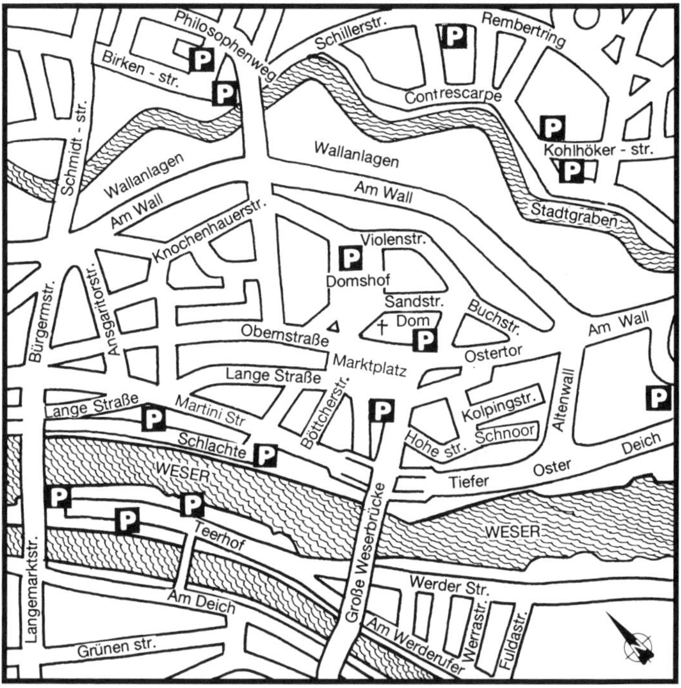

Bremen, Plan der Innenstadt.

die einzelnen Architekturteile – Säulen, Konsolen, Arkadenzwickel, Gebälk und Giebel – verteilt. Thematisch beziehen sie sich auf das Leben der Bürger und Bürgerinnen der Stadt sowie auf die Wissenschaften und Künste. Die Figuren in den Arkadenbögenzwickeln stellen von rechts nach links dar: 1. Bogen: die Nacht, der Tag; 2. das Männliche, das Weibliche; 3. Raum und Zeit; 4. des Fleißes Lohn, das Handwerk; 5. Adel in Krieg und Frieden; 6. die gefesselte und die befreite Kirche; 7. Handel und Gelehrtenstand; 8. Glaube und Hoffnung; 9. Liebe und Gerechtigkeit; 10. Mäßigkeit und Weisheit; 11. Frieden und Krieg.
Beschlagwerk und Bossensteine finden sich an den Zwerchgiebeln und hinter den toskanischen und ionischen Säulen des Mittelrisalits. Diese systematisch durchgestaltete Fassade, deren Architekturschmuck und Bauplastik bereits einem einheit-

lichen, inhaltlich aufeinander bezogenen System unterliegt, steht chronologisch am Ende einer Entwicklung, die knapp 100 Jahre früher (am Schloß Neuhaus in Paderborn) begonnen hatte.
Die Backsteinfläche, die sich aus roten und dunkelglasierten Schichten wechselweise aufbaut, war zeitweise verputzt und, wie sich durch Farbreste beweisen läßt, auch farbig gestaltet.
Im Inneren bestehen seit dem 15. Jh. beide Geschosse aus einem einzigen Saal. Die untere Halle, die noch bis ins 19. Jh. als Kaufhalle genutzt wurde, ist im wesentlichen noch in dem Zustand von 1410 erhalten. Zwei Reihen Eichholzsäulen teilen den Raum in drei Schiffe. Die heute mit Stacheldraht umspannte Wendeltreppe wurde 1532 eingebaut, nachdem man nach einem Aufruhr eine Freitreppe vor dem Rathaus aus Sicherheitsgründen abgebrochen hatte. Die Türen der Nordseite von West nach Ost: 1. Eingang zur Ratskanzlei (1638); 2. Eingang zur Sternenkammer; 3. eine Holztür mit Ohrmuschelgewände als Ausgang; 4. Eingang zur Kriegskammer (1560); 5. Eingang zur Kämmerei.
Die obere Halle diente als Festsaal. Sie wird durch eine freitragende Balkendecke abgeschlossen (Dachstuhl mit Hängewerk von 1608). Das prächtige Portal, das zur Güldenkammer führt, wurde nach einem Stich von Hendrik Goltzius um 1620 von Servas Hoppenstede gearbeitet. Die prunkvolle Wendeltreppe schuf 1616 der Ratszimmermeister Reineke Stolling. Die Fresken der Nordwand, das Salomonische Urteil (im Osten) und Karl den Großen mit Bischof Willebald (im Westen) darstellend, stammen von Bartholomäus Bruyn (1532). Das nördlich an das alte Rathaus anschließende **neue Rathaus** baute Gabriel von Seidl zwischen 1909 und 1913.

Dem Rathaus direkt gegenüber steht der **Schütting**. Dieses Versammlungs- und Amtshaus der Kaufmannsgilde wurde 1537–1539 von dem Antwerpener Baumeister Johann den Buscheneer anstelle eines gotischen Vorgängerbaues errichtet. Aus dieser Bauphase ist nur noch der Westgiebel erhalten, der als schlichter Treppengiebel mit über Eck gestellten Fialen und darauf sitzenden Löwen gestaltet ist. Ursprünglich gab es auf dieser Seite noch ein Portal mit Freitreppe vor dem Erdgeschoß. Der Ostgiebel, dessen ursprüngliche Gestalt unbekannt ist, wurde 1565 durch Carsten Husmann umgebaut. Seine Staffelfüllungen zeigen Voluten und Rollwerk. Die drei Giebelgeschosse werden durch der Wand vorgelegte Halbpfeiler (= Pilaster) und eine rundbogige Wandgliederung strukturiert. Die

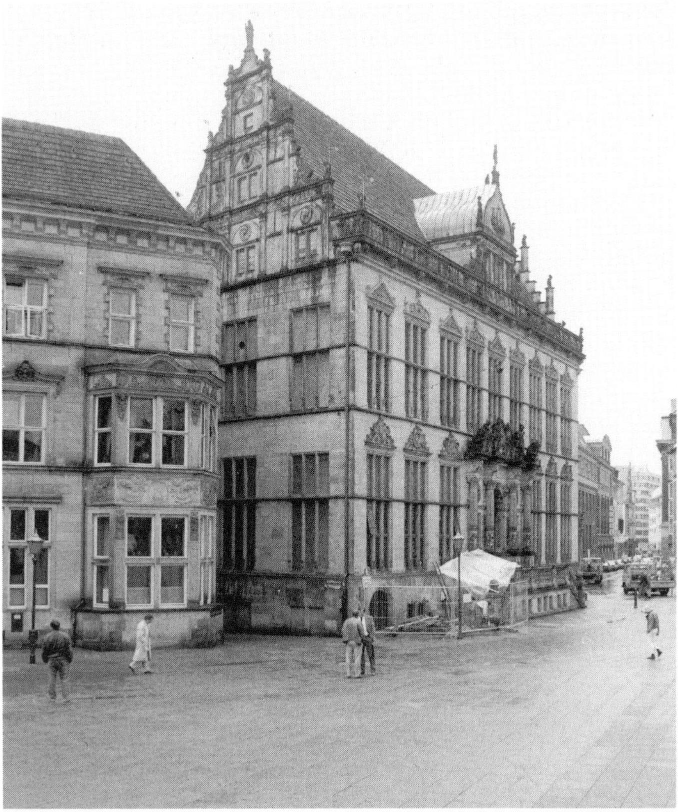

Bremen, Schütting. Amtshaus der Kaufleute.

konsequente Durchgestaltung ist für das Jahr 1565 recht erstaunlich und erinnert an italienische Bauten. Die Bogenfelder schmücken Medaillons mit fast vollplastischen Köpfen. Im obersten Medaillon befindet sich das Wappen Bremens. 1594 wurde erneut umgebaut. Die Behauptung, daß auch hier Lüder von Bentheim die Entwürfe fertigte, ist umstritten. Archivalisch gesichert ist nur, daß er den für den Umbau erforderlichen Sandstein lieferte. Wie die während dieses Umbaus neugestaltete Marktfront vorher aussah, läßt sich anhand alter Zeichnungen wenigstens ungefähr zurückverfolgen. Das sehr viel schlichtere Portal saß nicht mittig, sondern in der zweiten Fensterachse von links. Über den schlichten Fensterstürzen waren ovale Medaillons mit Ornamentwerk oder figürlichen Szenen aufgemalt.

Blickfang des Daches bildet das Dachhäuschen mit Kielbogenumriß, zu dem ein allegorisches Figurenprogramm gehört, das sich auf den Seehandel bezieht. Links vom Kielbogen steht Hermes, der Gott des Handels, rechts Arthemis, die Göttin des Mondes und des Meeres. Die Spitze des Bogens wird von Poseidon, dem Meeresgott, der mit dem Dreizack ausgestattet ist, bekrönt. Innerhalb des Bogenfeldes ist eine dreimastige Galeone mit der bremischen Flagge dargestellt, das Wahrzeichen der bremischen Kauffahrer. Vor der Dachbalustrade befindet sich noch einmal das Schlüsselwappen Bremens sowie des „Ehrbaren Kopmans tho Bremen Wapen“, das Schüttingwappen, und die Jahreszahl 1594, die den Umbau bezeichnet. Die dreibahnigen großen Rechteckfenster hat man sich für das 16. und 17. Jh. mit bunten Wappenscheiben vorzustellen. In der Folgezeit, vor allem im 18. Jh., erfolgten kleine Veränderungen nach barocker Mode. Nachdem Bremen Ende 1810 Sitz der Präfektur des französischen Departments der Wesermündung geworden war, diente der Schütting als französischer Justizpalast. Nach dem Abzug der Franzosen 1813 entschloß sich die Stadt, den inzwischen in sehr schlechtem baulichen Zustand befindlichen Schütting grundlegend zu renovieren. Während dieser Bauphase verlegte man das Portal in die Mitte des Gebäudes, während die Tür zur Langenstraße entfernt und so eine Zentrierung des Gebäudes zum Marktplatz geschaffen wurde, die der Bau der Renaissance nicht besaß. Ende des 19. Jh. wurde unter der Leitung von Ernst Erhard eine Umgestaltung der Marktfassade durchgeführt, die den Zustand des 16. Jh. weitgehend wiederhergestellt hat. Allerdings wurde das Portal nicht zurückverlegt, sondern in einer historistischen Renaissance-Interpretation neu ausgestaltet. Aus dieser Zeit stammen auch die jetzigen Fensterbekrönungen. Im Zweiten Weltkrieg wurde der Bau stark beschädigt, und während des Wiederaufbaues in den fünfziger Jahren erhielt er den im 19. Jh. entfernten Figurenschmuck des Dachgiebels zum größten Teil in Kopien zurück.

Von den im 16. und 17. Jh. um den Marktplatz gelegenen, zumeist giebelständigen, reich verzierten **Renaissance-Bürgerhäusern** ist fast nichts erhalten. Das Schicksal des Schüttings, der offenbar seit dem Ende des 18. Jh. bis zu seiner Renovierung im

19. Jh. immer mehr verfiel, haben auch die Wohnbauten des Marktplatzes geteilt, denn Ende des 19. Jh. waren die Bauten so heruntergekommen, daß sie unter Verwendung älterer Bauteile aus unterschiedlichen Epochen neu gestaltet wurden. Die Zeit der Renaissance repräsentiert das Portal des ehemaligen Konsumtionshauses von 1600, das jetzt das 1960 errichtete Haus Markt 9 schmückt. Das Haus **Markt 1** wurde 1909 unter Einbeziehung alter Bauspolien, die von abgebrochenen Gebäuden in der Altstadt stammen, errichtet. Das Nachbarhaus **Markt 9**, dessen Vorgängerbau im Zweiten Weltkrieg vernichtet wurde, hat Gerhard Wessel 1960 errichtet und mit dem oben erwähnten Renaissance-Portal geschmückt. Die Häuser **Markt 10/11,** Ratscafé und Ratsapotheke, schufen (rechtes Gebäude) 1894 Max Salzmann, (linkes) 1909–1912 Rudolf Jakobs. **Markt 12** mit Rokokofassade stammt von Th. W. Freese, 1755.

Auf dem Marktplatz vor dem Rathaus, dem Dom zugewandt, steht der **Roland** (1404). Das Denkmal für den Gefolgsmann Karls des Großen, der im Mittelalter zum Symbol bürgerlicher Freiheit wurde, hält ein erhobenes Richtschwert in der Hand. Der fast 10 m hohen Figur wurden 1532 Baldachin und Schild mit einer Inschrift hinzugefügt, die auf die von Karl dem Großen der Stadt geschenkten Freiheiten verweist. Die Ausrichtung zum Dom ist sicherlich nicht zufällig, sondern bewußt von der Stadt gewählt worden, um der Kirche, d.h. dem Bischof als Landesherrn, die städtischen Machtansprüche und ihre Legitimation durch den Kaiser zu demonstrieren.

Im **Dom St. Peter**, einer romanischen Pfeilerbasilika mit Doppelturmwestfassade aus dem 13. Jh., befindet sich eine sehenswerte Westempore, deren Figurenschmuck 1518 der Münsteraner Bildhauer Heinrich Brabender schuf.

Nördlich mündet der Marktplatz in die **Lange Straße**, die als Urstraße Bremens bezeichnet wird. Sie ist die ehemalige Uferstraße, die direkt an der Weser entlang verlief. Während andere Straßen hauptsächlich von Handwerkern besiedelt waren, wie noch heute aus den Straßennamen Knochenhauerstraße, Schmiedstraße, Böttcherstraße (Böttcher = Faßmacher) abzulesen ist, so war die Lange Straße traditionell die Straße der Kaufleute. Bis 1425 hat hier auch der erste Schütting seinen Platz gehabt und wurde erst verlegt, als der Marktplatz im 15. Jh. für Handel und Verwaltung immer größere Bedeutung gewann.

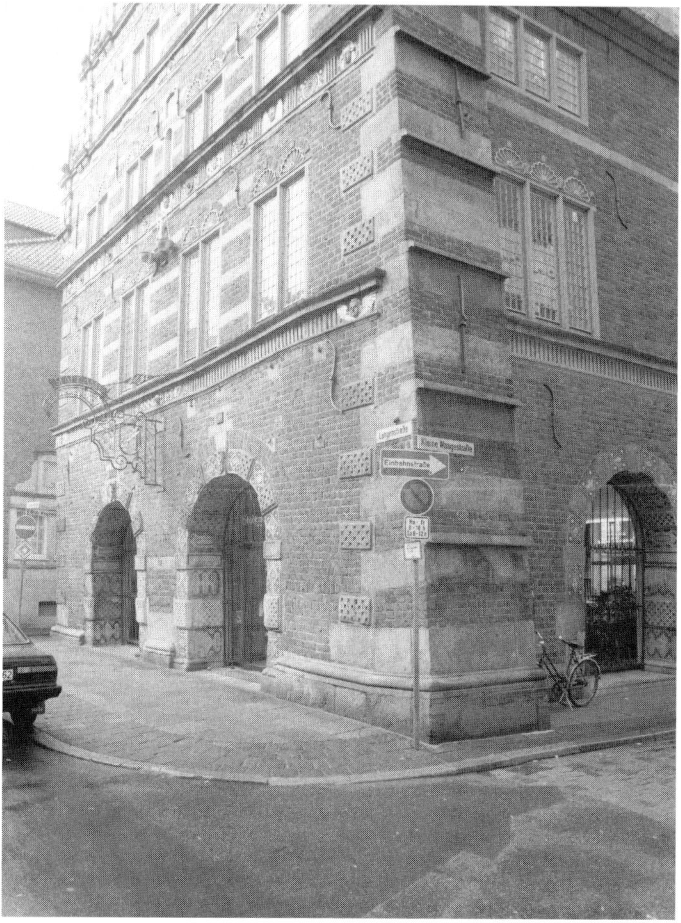

Bremen, Stadtwaage.

Zwischen der Kleinen und der Großen Waagestraße steht seit dem Mittelalter in der Lange Straße (Nr. 13) die ehemalige **Stadtwaage**. In den Jahren 1586–1588 erfolgte der Neubau des heutigen Gebäudes. Der Überlieferung nach lag die Organisation in den Händen der beiden Ratsherren Gerdt Wessels und Ehler Esig. Die Konzeption des dreigeschossigen Backsteingebäudes geht wahrscheinlich auf Lüder von Bentheim zurück.

Das Erdgeschoß öffnet sich zur Lange Straße in zwei bossensteinverzierten Rundbogenportalen. Hier im Erdgeschoß waren die unterschiedlich großen Waagen aufgestellt, die dazu dienten, das Gewicht der verschiedensten Waren, wie Speck, Fleisch, Mehl, Talg, Lachs oder Butter, zu prüfen und gegen Entgelt amtlich zu besiegeln. Durch die beiden großen Tore an den Traufseiten konnte die Ware bequem in die Waagehalle geschafft werden. Die beiden oberen Etagen und die Giebelgeschosse erhalten ihr Licht durch gekuppelte Fenster, die jeweils von einem Muschelhalbkreis bekrönt werden. Unter den Simsen sitzen antikisierende Friese mit Triglyphen und Metopen, die Engelsköpfe und Rosetten tragen. Die Giebel sind durch bossensteinverzierte Doppelpilaster gegliedert. Die Staffel werden durch Voluten gefüllt und von kleinen Obelisken gekrönt. Das Motiv der so gestalteten Pilaster und Staffelfüllungen findet man schon früher an Bauten des Weserraumes, so am Schloß Schwöbber und Schloß Barntrup. Lüder von Bentheim dürfte diese Bauten auf seinen zahlreichen Reisen zu den Obernkirchener Sandsteinbrüchen kennengelernt haben. Diese Fassadengestaltung wurde zu einem häufig zitierten „Modeartikel" an anderen Gebäuden in Bremen, von denen leider so gut wie nichts erhalten blieb.

Die Front zur Lange Straße ist fast vier Meter schmaler als der rückwärtige Giebel. Daraus ergibt sich ein ungewöhnlicher, trapezförmiger Grundriß, der bis 1944 durch einen rückwärtigen, quer zum übrigen Gebäude verlaufenden Anbau zu einer T-Form erweitert war. In dem sehr viel niedrigeren Hinterhaus befand sich die Wohnung des Waagemeisters. Die Obergeschosse des Hauses bestanden genau wie die Erdgeschoßhalle aus einem einzigen Raum, der jeweils in der Mittelachse durch eine Säule gestützt wurde. Die erste Etage zeichnet sich schon am Außenbau durch eine größere Geschoßhöhe und umfangreichere Fenster aus. Dieses Hauptgeschoß, in dem sich die Reste zweier Kamine fanden, wurde als Treffpunkt für Versammlungen und Feste und, wie Dokumente des 17. Jh. belegen, auch als Theater benutzt. Die darüber liegenden Stockwerke dienten als Lager. Bis weit ins 19. Jh. erfüllte das Gebäude seinen ursprünglichen Zweck, noch 1885 ließ der Rat der Stadt eine neue Waage mit größerer Tragfähigkeit aufstellen. Im Zweiten Weltkrieg wurde der rückwärtige Anbau vollkommen zerstört, die Waage selbst stark beschädigt. Während die Front zur Lange Straße und die beiden Längswände bis zur Traufenhöhe erhalten blieben, wurde die Rückwand komplett vernichtet. In den 50er Jahren wurde das Gebäude wieder sorgfältig aufgebaut und nach langem Zögern die Rückwand in Anlehnung an die Renaissancegliederung (Entwurf von Rudolf Stein) hinzugefügt. Das Stadtwappen mit Jahreszahl 1615 über dem rückwärtigen Eingang stammt vom Rathaus.

Wenige Meter von der Stadtwaage entfernt stand das giebelständige, fünfgeschossige **Patrizierhaus der Familie Esig** (Lange Straße 13). Es wurde im Krieg fast völlig zerstört; nur zwei Ausluchten und ein Portal sind erhalten geblieben und schmücken das heutige Gebäude.

An einigen weiteren Häusern der Lange Straße kann man noch Baureste der Renaissance entdecken z.B. **Lange Straße 25** ist ein Haus mit Renaissancegiebel und erhaltener Diele (in den unteren Etagen Rollwerkzutaten).

1618 begann die Wandschneidersozietät (Gilde der Tuchhändler) mit dem Bau eines Amts-, Kost- und Hochzeitshauses. Dieses heute sogenannte **Gewerbehaus** liegt am Ansgarikirchhof in der Obernstraße. Der Gebäudekomplex, von Johann Nacke begonnen und 1619 nach seinem Tod von Ernst Crossmann aus Lemgo fortgeführt, bestand 1619 aus zwei selbständigen Häusern, die rechtwinklig aufeinanderstießen, mit zwei Eingängen versehen und im Inneren miteinander verbunden waren. 1861 wurde das Gebäude von der Stadt übernommen und 1862 von Simon Loschen zum Gewerbehaus umgebaut. Dabei wurde das Portal an der Ostseite aus der Giebelzone des Gebäudes nach links verschoben und so die Breitfront stärker betont (ähnlich wie bei der Verlegung des Eingangsportals des Schüttings war man auf eine größere Mittelachsenbetonung bedacht). Das zweite Portal fiel fort. Die beiden Geschosse beherrschen riesige zweibahnige Fenster und werden durch einen brei-

Bremen, Gewerbehaus. Portal.

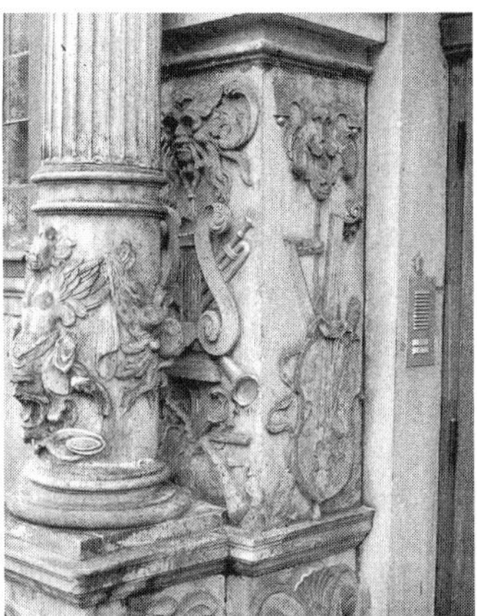

ten und ungewöhnlich reich geschmückten Relieffries voneinander getrennt, der sich in schmalerer Form unter dem Dachgesims noch einmal wiederholt. Den Schaugiebel und das Hauptportal schuf Ernst Crossmann. Zwei korinthische Säulen flankieren das rundbogige Portal und tragen ein vorkragendes Gesims, das eine reich bewegte Figurengruppe bekrönt. Dargestellt sind in der Mitte Justitia mit einer Waage, rechts von ihr Herkules, links Minerva. Die mit Blasinstrumenten ausgestatteten Engel in den Bogenzwickeln und die Musikinstrumente am Portalgewände verweisen auf die ehemalige Funktion als Kost- und Hochzeitshaus. Das Gebäude wurde 1944 während eines Bombenangriffes so stark beschädigt, daß der heutige Bau weitgehend eine Rekonstruktion darstellt. Der Südgiebel ist in den 50er Jahren nicht wiederhergestellt worden, sondern durch einen Giebel des zerstörten Hauses Lange Straße 34 (Wissenbergscher Giebel) ersetzt worden. Die beiden übrigen Dachfirste und das Zwerchhaus an der Ostseite zeigen Formen des Knorpel- und Ohrmuschelstiles, der vom Manierismus bereits zum Barock überleitet.

Lohnenswert ist ein Besuch der **Böttcherstraße**. Diese ehemalige Handwerkerstraße führt seit dem Mittelalter vom Marktplatz (neben dem Schütting) zum Fluß. Anfang des 20. Jh. erwarb der Kaffee-Kaufmann Ludwig Roselius die komplette Böttcherstraße mit ihren völlig verfallenen Gebäuden und gestaltete sie in eine Museums- und Ladenstraße um. Das sogenannte **Roseliushaus** (Nr. 6) stammt, wenn auch ebenfalls stark verändert, noch aus dem 16. Jh. Von dem ehemaligen Wohn- und Packhaus blieb noch ein Renaissanceportal mit Bossenquadern erhalten. Heute beherbergt es ein Museum der Sammlung Ludwig Roselius, das unter anderem die Wohnkultur Bremer Patrizierfamilien dokumentiert (weitere wichtige Gebäude: Paula-Becker-Modersohn-Haus, Haus Atlantis).

Vom Krieg weitgehend verschont blieb das **Schnoorviertel**. Das ehemalige mittelständische Wohnquartier ist seit dem 13. Jh. besiedelt. Die Gebäude stammen aus dem 15. bis 19. Jh.

Thedinghausen – Hoya

Über die Landstraße oder Autobahn verlassen wir Bremen in südöstliche Richtung und kommen über Achim nach **Thedinghausen**. Der Ort gehörte seit dem 11. Jh. zum Besitz der Bremer Erzbischöfe, die hier im 13. Jh. die heute nicht mehr erhaltene Wasserburg Thedinghausen errichteten. Die Anlage wurde in der Folgezeit schwer umkämpft. Es kam zu Auseinandersetzungen zwischen dem Bremer Bischof, den Grafen von Hoya und der Bremer Bürgerschaft, die das Gelände 1377 in Pfandbesitz nahm und erst 1560 an die Kirche abgeben mußte. Im Ort befanden sich seit dem Mittelalter vier Burgmanns- und Adelshöfe. Solche Burgmannshöfe nahmen in erster Linie Schutzfunktionen für das Territorium wahr. Der Landesherr übertrug ausgewählten Adeligen große Höfe zumeist als Lehen und erwartete als Gegenleistung von den Belehnten in Kriegszeiten und bei Überfällen deren Beistand.

Der Adelssitz auf der östlichen Seite des Ortes war zu Beginn des 17. Jh. das Lehen des Drosten Heinrich von Hermeling und ging nach seinem Tod 1614 in den Besitz seiner Witwe Gertrud von Hermeling über. Diese verkaufte das Gut an ihren Geliebten, den Bremer Erzbischof Johann Friedrich von Holstein-Gottorp, der dort ab 1619 das heute bestehende **Schloß Thedinghausen** errichten ließ.

Der einflügelige Bau liegt auf einer fast quadratischen Insel, die von Wassergräben begrenzt war (heute zugeschüttet). Ungewöhnlich für Bauten der Weserrenaissance ist die Backsteinbauweise, die wohl auf Bremer Einfluß zurückzuführen ist. Die beiden Geschosse werden durch ein den gesamten Bau umziehendes Gesims voneinander getrennt. Die Gebäudekanten sind durch Schmuckquader mit Kerbschnittverzierung betont. Besonders reich geschmückt sind die Fenstergewände mit Beschlagwerk, Früchten, floralen Formen oder Masken. An der südlichen Schaufront treten drei Vorbauten weit vor die Fassadenflucht. Der mittlere dient als Treppenturm. Das Portal links vom Treppenturm führt in die ehemalige im Untergeschoß gelegene Küche. Die Kartusche mit der Jahreszahl „Anno 1620" über dem Eingang dürfte die Fertigstellung des Untergeschosses angeben. Dem Portal zum Treppenturm, das zugleich Haupteingang des Schlosses ist, fehlt die sicherlich ehemals vorhandene Inschrift in dem leeren Friesstreifen über der rundbogigen Tür; auch die Kartusche darüber ist heute ohne Wappen. Das

Innere des Gebäudes war im 17. Jh. in beiden Etagen jeweils nur in zwei große Räume unterteilt, die beide vom Treppenturm aus zu erreichen sind. Sowohl an der östlichen als auch an der westlichen Giebelseite liegt je ein Kamin, der an der östlichen Außenmauer durch einen kleinen Mauervorsprung auch zu erkennen ist, und die es offensichtlich gestatteten, alle Wohnräume im Inneren zu beheizen. 1986 wurde eine bis dahin vermauerte Tür, die vom Treppenturm in einen der Räume des ersten Hauptgeschosses führte, wiederentdeckt. Die Rahmung hat fast vollständig eine farbige Fassung – rot, weiß, grünlich, schwarz und blau-grau – bewahrt, die noch aus dem 17. Jh. stammt. Auch am Außenbau wurden an geschützten Stellen Reste einer blauen Farbgebung gefunden.

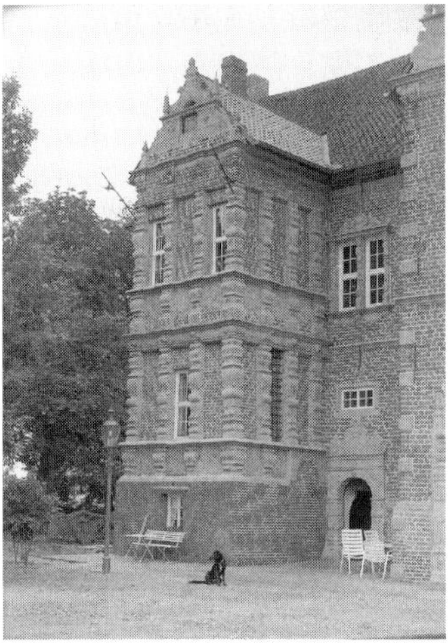

Schloß Thedinghausen.

Von Thedinghausen führt der Weg weiter über **Hoya**. Dort stammen in der Deichstraße die Fachwerkhäuser 11 und 13 aus der Mitte des 17. Jh. Das Haus Nr. 11 besitzt zwei rechtwinklig angeordnete Trakte, die Eckständer sind als Halbsäulen ausgebildet.

Marklohe – Liebenau – Steyerberg – Kloster Loccum – Haus Schlüsselburg – Brokeloh (Nebenstrecke)

Von Balge aus könnte man noch einen kleinen Abstecher auf der Nebenstrecke der „Straße der Weserrenaissance" nach **Marklohe** machen, wo in der evangelischen Pfarrkirche (12. und 13. Jh.) 1907 bemerkenswerte spätgotische Malereien im Chorraum wiederentdeckt wurden.

Über **Liebenau** (historistisches Schloß Eickhof von 1879) und **Steyerberg** (sogenanntes Amtshaus, erbaut im 16. Jh. von den Grafen von Hoya nach Zerstörung der Burg Steyerberg; 1986 gründlich renoviert) führt die Nebenstrecke weiter zum **Kloster Loccum**, einem sehenswerten Zisterzienserkloster, denn es ist ungewöhnlich gut erhalten. In der im 13. Jh. errichteten Klosterkirche gibt es eine reich geschmückte Taufe von 1601. Von den zahlreichen Epitaphen ist besonders hervorzuheben das des Clamor von Münchhausen (Ebert Wolff), das den Verstorbenen und seine Gemahlin als lebensgroße Plastiken abbildet. Südlich der Kirche schließt sich der Kreuzgang an.

Westlich der Strecke befindet sich die **Schlüsselburg**. Der schlichte, zweigeschossige Bau mit Dreiecksgiebeln, die über dem Dachfirst mittig jeweils ein mächtiger Schornstein abschließt, wurde bis 1585 von Ludolf von Klencke errichtet.

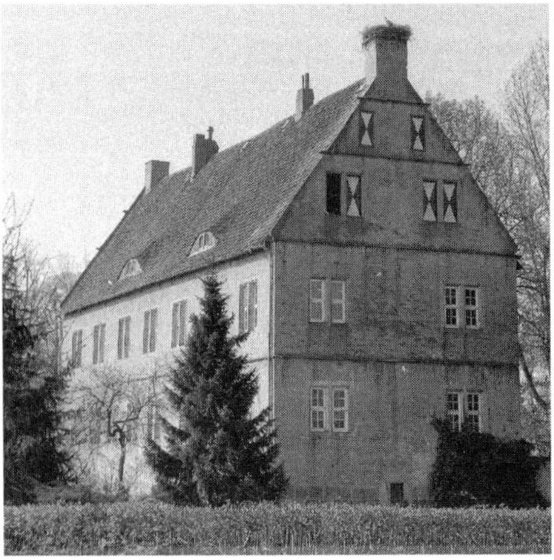

Über Brokeloh führt der Weg zurück nach Nienburg. Hier steht das Anwesen **Brokeloh**, ab 1545 von Clamor von Münchhausen als kombinierter Stein- und Fachwerkbau erbaut.

Haus Schlüsselburg.

Drakenburg – Nienburg

Nördlich von Nienburg, auf einer kleinen Anhöhe, liegt die **Drakenburg**. Um 1600 war das Gut von den Grafen von Hoya einer Dreiflügelanlage ausgebaut, jedoch später stark zerstört worden (wahrscheinlich im Dreißigjährigen Krieg). Das heutige Gebäude ist ein durch Gesimse gegliederter, sonst sehr schlichter Rechteckbau. Besonders schön ist das Schloßtor von 1617 mit einer seitlichen Fußgängerpforte (vgl. Schloß Haddenhausen). Der Rundbogen des Hauptportals wird von zwei kannelierten Säulen gefaßt und von einem Giebelaufsatz aus Roll- und Beschlagwerk bekrönt. Die farbige Fassung erfolgte 1987.

Das Städtchen **Nienburg** zählte seit dem 13. Jh. zum Machtbereich der Grafen von Hoya, bis es nach Aussterben der Grafenlinie an die Herzöge von Braunschweig-Lüneburg fiel.

Nienburg, Plan der Innenstadt.

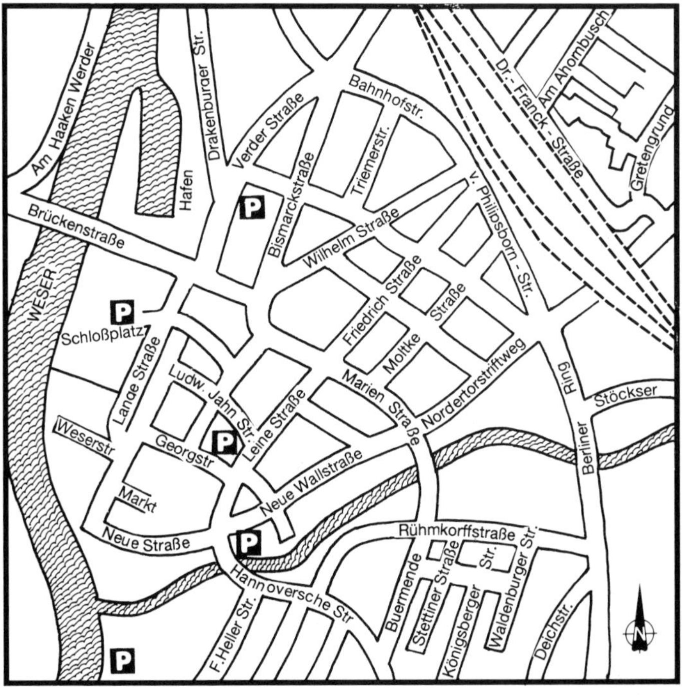

Seit dem 14. Jh. residierten die Grafen von Hoya ständig auf der Nyge-Borg, die der Stadt ihren Namen gab.
Die umfangreichen Befestigungsanlagen des Ortes, die um 1600 noch verstärkt und ausgebaut worden waren, trugen dazu bei, daß die Stadt im Dreißigjährigen Krieg (1625) einer mehrwöchigen Belagerung kaiserlicher Truppen unter der Leitung des Feldherrn Tilly standhalten konnte. Jedoch wurden Ort und Schloß schwer beschädigt. Danach wurde der Ort zudem von der Pest stark heimgesucht. Als Tillys Truppen zwei Jahre später wiederum vor Nienburg erschienen, mußten sich die Bürger nach sechs Monaten Verteidigung ergeben.

Das weitgehend zerstörte Schloß ließ der Landesherr Herzog Christian Ludwig nach dem Dreißigjährigen Krieg bis auf einen Turm abreißen. Dieser sogenannte **Dicke Turm** oder auch „Stockturm" steht im Westen des Schloßplatzes und gehörte zu einem im 16. Jh. stark ausgebauten Wasserschloß, das, alten Abbildungen zufolge, Zwerchgiebel besaß.
Auf quadratischem Grundriß erhebt sich der Turm in vier Stockwerken aus Ziegelmauerwerk und einem fünften Fachwerkgeschoß. Das Dach ist nicht mehr ursprünglich. An der Ostseite befindet sich ein polygonaler Treppenturm. Alle vier

Nienburg, Fachwerkhaus mit Ausluchten am Markt.

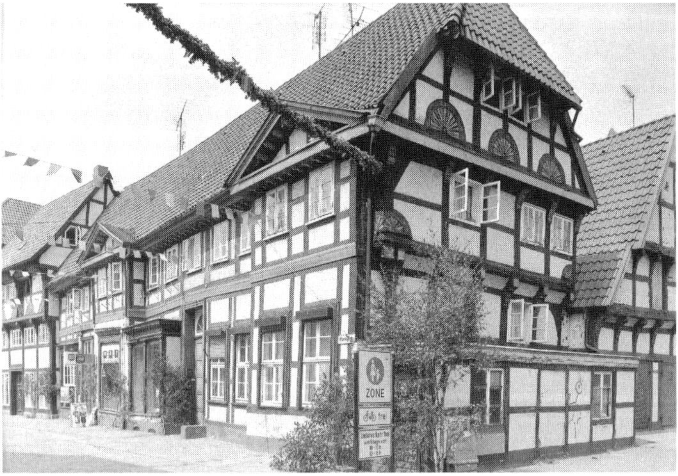

Seiten sind durch einen Erker geschmückt, die Erker im Osten und Westen reichen je über zwei Geschosse. Der nördliche, aus Sandsteinquaderwerk gebaute, dessen Brüstung mit Beschlagwerkdekor geschmückt ist, dürfte eine spätere Zutat sein. An den Abrißspuren im Mauerwerk ist noch zu erkennen, daß der Turm ehemals zu einem größeren Baukomplex gehörte.

Vom Weserwall aus führt die **Weserstraße** ins Zentrum des Ortes zur Langen Straße. Die Weserstraße war bis Anfang des 20. Jh. Nienburgs Hauptverkehrs- und Geschäftsstraße. Hier hatten sich Händler und Handwerker niedergelassen, da sich an ihrem westlichen Ende bis 1903 der Weserübergang befand. Das **Fachwerkhaus Nr. 9** wurde 1586 von Theophilus Freese errichtet (Inschrift am Giebelbalken). Der Giebel wurde um 1800 verändert. Das Erdgeschoß, das mit Diele und Küche das Hauptgeschoß des Gebäudes bildete, verfügt über eine entsprechend größere Geschoßhöhe als das zweite Stockwerk. Das breite Tor in der Mitte als Hauptzugang und die Auslucht sind in der Grundstruktur noch erhalten.

Eine prächtige zweigeschossige steinerne Auslucht weist das Fachwerkhaus von 1549 an der **Langen Straße 34** auf, das mit seiner Giebelseite genau in der Flucht der Weserstraße liegt. Die Auslucht, die um 1600 entstand, ist mit Masken und Beschlagwerk sowie in den Brüstungsreliefs mit Darstellungen der Tugenden (von links nach rechts) Mäßigkeit, Glaube, Barmherzigkeit, Hoffnung und Gerechtigkeit geschmückt, die wahrscheinlich durch die analogen Darstellungen am Rathaus des Ortes angeregt worden sind. Auf dem oberen Gebälk sind in Goldschrift die Worte angebracht: „Gloria Deo Sempi Terna“ (Gott sei ewige Ehre).

Nienburg, geschmückte Auslucht am Haus Lange Straße 34.

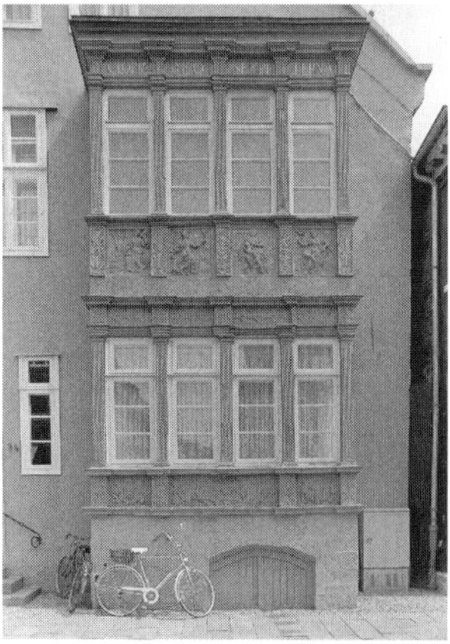

Solche Utluchten besaßen zum einen den praktischen Vorteil, daß die Bewohner die Straße überblicken konnten; zum anderen wurden sie oft

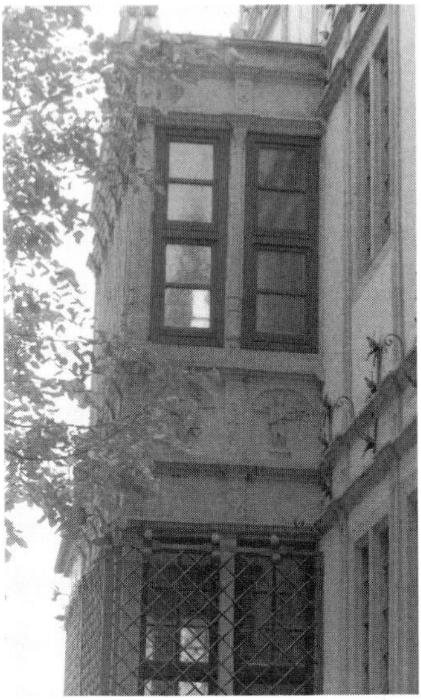

Nienburg, Rathaus.

als spätere Zutat mit neuem Baudekor geschmückt, wodurch die Fassaden modernisiert und aufgewertet wurden. In diesem Fall wurde durch das Anbringen einer steinernen Auslucht und die komplette Verputzung des Fachwerkes die sehr realistische Illusion eines massiven Steinbaues geschaffen.

In Nienburg sind einige weitere Bürgerbauten des 16. und 17. Jh. erhalten. Es handelt sich hauptsächlich um Fachwerkbauten mit hohen, geschmückten, vorkragenden Giebelaufbauten, wie das Haus des Gödecke-Schünemann, **Lange Straße 39**. Weitere Bauten stehen u.a. in der **Mühlenstraße** und am **Kirchplatz.**

An der Ecke Markt-/Lange Straße steht das **Rathaus**. Der ursprüngliche Fachwerkbau, eventuell 1533 (vielleicht auch etwas früher entstanden), wurde 1585 neu gestaltet. Der Schmalseite zur Langen Straße blendete man die aufwendige Sandsteinfassade mit zweistöckiger Auslucht vor. Die Staffelvorsprünge und die Bekrönung der Auslucht zieren Halbkreisaufsätze mit Fächermuster. In den Brüstungsreliefs der Auslucht stehen Personifikationen der Tugenden, die die Wappen des Herzogs Wilhelm von Braunschweig-Lüneburg-Celle (und seiner Gemahlin) einschließen, in dessen Besitz nach dem Tod des letzten Grafen von Hoya, 1582, ein Teil der Grafschaft gelangte. Die Wandflächen sind durch ein regelmäßiges System von Pilastern und Gesimsen gegliedert. Im Süden schließt sich ein Erweiterungsbau von 1903 an, der die Formen der Renaissance wieder aufgreift. Das Glockentürmchen ist von 1614.

Die Schauseite zum Markt wird heute durch einen Vorbau des 18. Jh. bestimmt. Auf dem Türsturz des Eingangsportals hält eine lateinische Inschrift das Jahr der Fertigstellung des Umbaus 1585 fest sowie die Namen der beiden Bürgermeister, unter deren Obhut die Neugestaltung erfolgte. Als Baumeister gilt Thomas Wopse aus Stadthagen.

Östlich vom Rathaus, am Markt, liegt die **evangelische Martinikirche**. Die dreischiffige Backsteinhalle mit Westturm stammt aus dem 15. Jh. und beherbergt die steinerne Grabplatte des letzten Grafen von Hoya, Otte VIII. (gestorben 1582) und seiner Gemahlin sowie das Holzepitaph des erfolgreichen Heerführers (und Vorfahr des berühmten Lügenbarons) Hilmar von Münchhausen (gestorben 1573) und seiner Gemahlin (gestorben 1583). Die gemalte Szene auf dem Epitaph zeigt den lehrenden Jesus im Tempel. Einige weitere Renaissance-Epitaphe runden die Ausstattung der Kirche ab.

In der Georgstraße liegt der sehr schöne, ehemalige **Burgmannssitz** der Brüder Heinrich und Hans Freytag, die 1561 von Graf Albrecht II. von Hoya belehnt worden waren. Das Gebäude diente später als Posthof und wird jetzt nach einer umfangreichen Restaurierung als Stadtbibliothek genutzt.

Ein weiterer erhaltener Burgmannshof des Ortes ist der **Freesenhof** (Leinstraße 48), ein großes zweigeschossiges Fachwerkhaus, das im 16. und 17. Jh. viele Umbauten und Vergrößerungen erfuhr. Um 1670 wurden die beiden Seitengebäude (Stall und Scheune) hinzugefügt. Über dem Eingang rechts und links befinden sich die Wappen der Familie von Klencke und von Holle. Seit 1985 ist hier das **Stadtmuseum** untergebracht, das die Stadtgeschichte ausführlich dokumentiert.

Neustadt am Rübenberge und Wunstorf

Die Bundesstraße 6 führt in Richtung Hannover nach Neustadt am Rübenberge zum **Schloß Neustadt**.
Der Bauherr des Schlosses, Herzog Erich II. von Braunschweig-Calenberg-Göttingen, ist wohl einer der schillerndsten Persönlichkeiten unter den Fürsten und Adeligen der Weserterritorien. Von seiner Mutter, Elisabeth von Calenberg, einer engagierten Luther-Anhängerin, streng im protestantischen Glauben erzogen, führte er schon als junger Mensch ein rastloses und reisefreudiges Leben, das ihn nach Italien, Frankreich,

Schloß Neustadt, Portal.

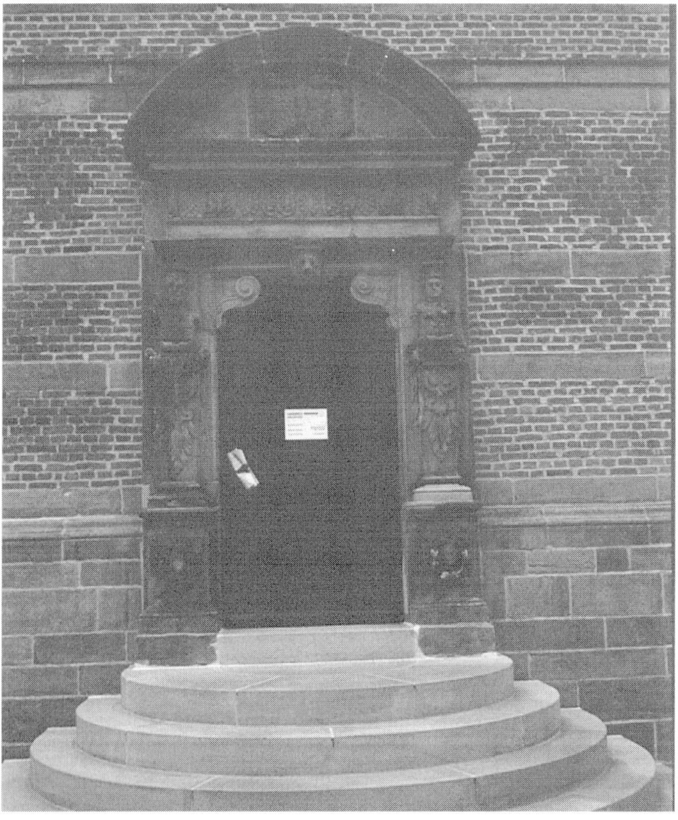

Spanien, in die Niederlande und an den Hof nach Wien führte. Kontakte zur Partei des Kaisers, zum Erzherzog Maximilian, mit dem er 1548 eine Spanienreise unternahm, und zum Thronfolger Philipp II. veranlaßten ihn dazu, zum katholischen Glauben überzuwechseln. Als Karl V. 1546 abdankte und sein Reich zwischen Philipp II. und Ferdinand I. aufgeteilt wurde, rüstete Philipp sofort zum Krieg gegen Frankreich. Erich von Braunschweig-Calenberg unterstützte den König mit einem eigenen Reiterheer und siegte 1557 in der Schlacht von St.-Quentin. Der Umstand, daß er in seinem eigenen protestantischen Territorium durch seinen Glauben stark isoliert war, während er in den Niederlanden für seine militärischen Erfolge gefeiert wurde, mag dazu beigetragen haben, daß sich der Fürst hauptsächlich im Ausland, in Spanien, Brüssel und Antwerpen, aufhielt. In den Niederlanden erwarb er in den 60er Jahren sogar eigenes Land und errichtete einige Bauten. Seine Freundschaft zu Philipp II., den er auch im niederländischen Freiheitskampf mit seinen Truppen unterstützte, hielt ihn nicht davon ab, auf Bitten Katharinas von Medici für den französischen König gegen die Hugenotten zu kämpfen. Ende der 50er Jahre ließ Erich II. auch in seiner Heimat, an der Weser, einige Bauten errichten, so Schloß Uslar und Schloß Hannoversch Münden. Einige Jahre später folgte dann Neustadt am Rübenberge. In diesen Schlössern, errichtet unter Beteiligung ausländischer Bauleute, vereinen sich internationale Stilmerkmale, die von dem weltoffenen Geist Erichs II. künden und im Weserraum zu neuen Akzenten und Anregungen führten. Seine letzten Lebensjahre verbrachte der Fürst auf seinen Besitzungen in der Nähe von Venedig. Im November 1584 starb er in Padua.

Der Grund zum Neubau des Schlosses in Neustadt ist ungeklärt. Unbestätigter Überlieferung zufolge soll die ältere Anlage 1562 durch ein Feuer stark zerstört worden sein.

In den 70er Jahren wurde mit den Bauarbeiten für das Schloß und die Befestigungsanlagen, die die gesamte Stadt miteinbezogen, begonnen. Von der ursprünglich dreiflügeligen, hufeisenförmigen Anlage – ein wohl geplanter vierter Flügel kam nicht zur Ausführung – sind heute nur noch der Ostflügel mit zwei Treppentürmen und ein kleinerer Seitenflügel im Norden erhalten. Der Südflügel stürzte bereits 1720 ein, eine Hälfte des Nordflügels wurde im 19. Jh. abgerissen.

Das Mauerwerk besteht aus glasierten Backsteinen, die im Kreuzverband gesetzt sind und durch waagerechte Sandsteinlagen belebt werden. Ein niederländisches Element, ebenso wie die schlichten Kreuzstockfenster. Der bildhauerische Schmuck konzentriert sich fast ausschließlich auf die zwei Portale des Ostflügels und die der Treppentürme. Alle vier Portale sind von einer Ädikularahmung eingefaßt, die aus Hermenpilastern, Gebälk und Segment oder Dreiecksgiebeln bestehen. Besonders reizvoll zu vergleichen: die Friesdekorationen am Gebälk, die ganz unterschiedlich gestaltet sind. Neben antikisierenden Elementen – Palmenblätter, Lotosblüten, Triglyphen – ist auch ein „laufender Hund" dargestellt. Diese Dekoration, verbunden mit der harmonischen Proportionierung der Portale und der für Deutschland sehr früh auftauchenden Form des Segmentbogens, lassen den überlieferten Hinweis wahrscheinlich erscheinen, daß bei dem Bau ein französischer und italienischer Baumeister sowie niederländische Handwerker mitgewirkt haben. Nach einem Merianstich des 17. Jh. besaßen das Schloß reichdekorierte, schweifgiebelbekrönte Dachaufbauten und die Treppentürme hohe Zwiebelhauben.

Die Stadt **Wunstorf** ging aus einer Stiftssiedlung hervor (Kanonissenstift, um 865 gegründet) und erhielt bereits 1261 von Minden die Stadtrechte. Seit 1485 gehörte Wunstorf zum Territorium Calenberg.

Die **Stiftskirche**, in der noch Bauteile des 10. Jh. (im Westen) zu finden sind, erhielt ihre wesentliche Gestaltung um 1200 und durch einen Umbau im 14. Jh.
Von den zahlreichen Grabplatten und Epitaphen in der Kirche sind hervorzuheben: das Grabmal des Cordt Mandelsloh (gestorben 1537; im südlichen Querhausarm) mit einem Portrait des Verstorbenen und das Epitaph der Familie von Holle (nördliches Seitenschiff) von 1569, deren doppelseitige Bemalung die Auferweckung des Lazarus und die Auferstehung zeigt.

Erhalten hat sich auch der **Hollesche Adelshof** (Stiftsstraße 12). Das dreigeschossige Gebäude mit Treppenturm wurde um 1570 für den herzoglichen Obristen Johann von Holle von einem unbekannten Baumeister errichtet. Rechteck- sowie Vorhangbogenfenster lassen das Licht ein. Balkon und Erker sind spätere Zutaten.

Einige giebelständige Fachwerkhäuser des 16. und 17. Jh., teilweise mit Ausluchten, stehen in der **Stiftsstraße, Mittelstraße** und am **Alten Markt**.

Petershagen

Die „Straße der Weserrenaissance“ führt am Steinhuder Meer vorbei (B 441), durch Loccum hindurch, bis zur Abzweigung B 482 in Richtung Petershagen (dort über die Weser).
Im ersten Viertel des 14. Jh. gründete Bischof Gottfried von Waldeck direkt an der Weser eine Festung, die mehr als 200 Jahre später Franz von Waldeck zum **Schloß Petershagen** ausbauen ließ. 1544 begann der Baumeister Jörg Unkair mit den Arbeiten und errichtete das zweiflügelige Gebäude im Süden und Osten des Schloßhofes. Der nördliche Trakt, der mit dem übrigen Gebäude nur durch eine Ringmauer verbunden ist, wurde 1610 unter Bischof Christian von Braunschweig-Lüneburg hinzugefügt.
Von der Weserseite aus sieht man am östlichen, um ein Stockwerk niedrigeren Flügel einen Rundbau, der wahrscheinlich den Rest eines Turmes des Vorgängerbaues darstellt. Auf diesen Rundbau hat Unkair ein unregelmäßiges Polygon aufgestockt. Durch die Veränderungen des Flußbettes im Laufe der Jahrhunderte ist heute nicht mehr zu erkennen, daß der Flügel ursprünglich in den Strom hineinragte, woraus sich seine Schrägstellung und die starken Außenmauern von fast fünf Meter Durchmesser erklären, die großen Belastungen bei Hochwasser und Eisgang ausgesetzt waren. Im Süden schließt sich an den Palas, den Hauptflügel, der Unterbau einer riesigen Terrasse an, die heute als Wintergarten überbaut ist. Unter der Terrasse liegen zwei Kellergewölbe und mehrere Schächte, die eine frühe Form von Kanalisationsanlage darstellen. Vor der Mitte des Palas steht hofseitig ein polygonaler Treppenturm, dessen beide Portale von sich kreuzendem Stabwerk eingefaßt werden. Die ebenfalls von Stabwerk gerahmten, schräg gestellten Fenster vermitteln nach außen den Verlauf der Wendeltreppe im Inneren. Treppentürme waren seit dem 15. Jh. zu einem wichtigen Gestaltungsmittel an Schlössern, oft auch an öffentlichen Gebäuden wie Rathäusern geworden. Anders als die schmucklosen kleinen Wendeltreppen des Mittelalters waren sie nun Objekte kunstvoller Ausgestaltung, und häufig, wie auch hier in Petershagen, wurden die Wappen des Eigentümers über der Tür angebracht, um dem Besucher gleich beim Eintritt Bedeutung und Rang des Besitzers anzuzeigen. Über dem Haupteingang ist das Wappen Franz' II. von Waldeck angebracht, das folgende Inschrift (Übersetzung) aufweist: „Der verehrungswürdige

Franz, Bischof von Münster und Osnabrück, Administrator von Minden, Graf von Waldeck."
Das Wappen über dem östlichen Eingang stammt von seinem Nachfolger, Hermann von Schaumburg. Links vom Treppenturm befindet sich der ehemalige Kücheneingang, der in die sogenannte Slachtehuis (Schloßküche) führt, die fast das ganze Erdgeschoß einnimmt. Im Zwickel des rahmenden Kielbogens hat Jörg Unkair sein Meisterzeichen und seine Initialen hinterlassen sowie die Jahreszahl 1545. Im Inneren des vor kurzem wieder instandgesetzten Raumes befindet sich noch der alte Brunnen der Küche sowie zwei Rauchfangsäulen des Kamins, dessen feingearbeitete Schäfte mit Pflanzenreliefs überzogen sind.

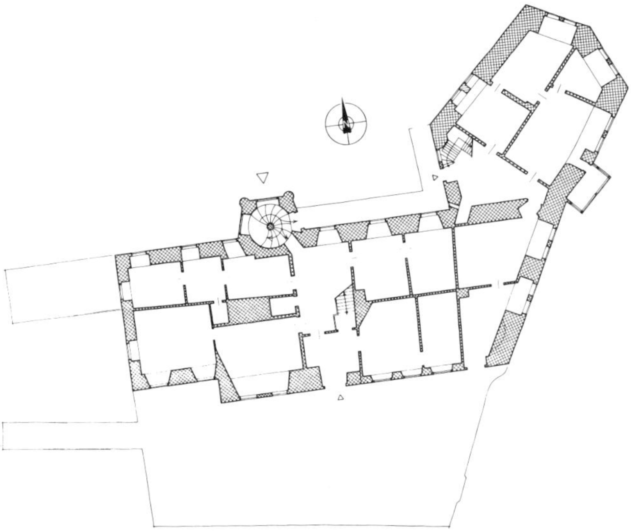

Petershagen, Schloß. Grundriß des südlichen Flügels.

Die Kragsteine eines ehemaligen Galerieganges, die in Höhe des ersten Geschosses sitzen und mit Beschlagwerk, Masken und Voluten ausgestattet sind, wurden gleichzeitig mit dem Nordflügel zu Beginn des 17. Jh. hinzugefügt. Dieser Balkon verband das Gebäude mit dem Nordflügel, der ursprünglich einen Saal und die Schloßkapelle enthielt. Die beiden Hofportale führen in die hohen, gewölbten Keller, über denen der Saal lag.

Die sehr sorgsam geführten Bauregister aus der Bauphase von 1544 bis 1547 vermitteln ein anschauliches Bild vom Alltag und den Bauvorgängen eines Baubetriebes des 16. Jh. Wenn ein Bauabschnitt beendet ist, betrinken die Steinmetze und Maurer ihre Leistung mit Bier, so im Sommer 1545 die Fertigstellung des Deckengewölbes der Schloßküche oder Martini 1546 die Vollendung der Grundmauern. Aber wir erfahren auch von den finanziellen Schwierigkeiten, in denen der Bauherr, Franz II. von Waldeck, steckte. Durch den für ihn sehr kostspieligen Krieg mit den Wiedertäufern in Münster waren bereits seit den 30er Jahren seine finanziellen Mittel völlig erschöpft. So muß sich der Amtsschreiber immer wieder um Geld bemühen, um die Löhne für die Maurer und Steinmetze samstags zahlen zu können. Der Sieg des Kaisers im Schmalkaldischen Krieg 1547 bedeutete für Franz II. auch eine schwere politische Niederlage, da er sich vorher bemüht hatte, gegen den Widerstand der Domkapitel und Klöster in seinen Bistümern die Reformation einzuführen.
In den Bauregistern wird noch im Januar 1547 von Arbeiten für den Dachstuhl berichtet, im Februar, nachdem Minden vom Schmalkaldischen Krieg erfaßt worden war, enden die Eintragungen abrupt. Der Bau konnte offensichtlich nicht mehr zu

Petershagen, Schloß. Innenhof mit Treppenturm.

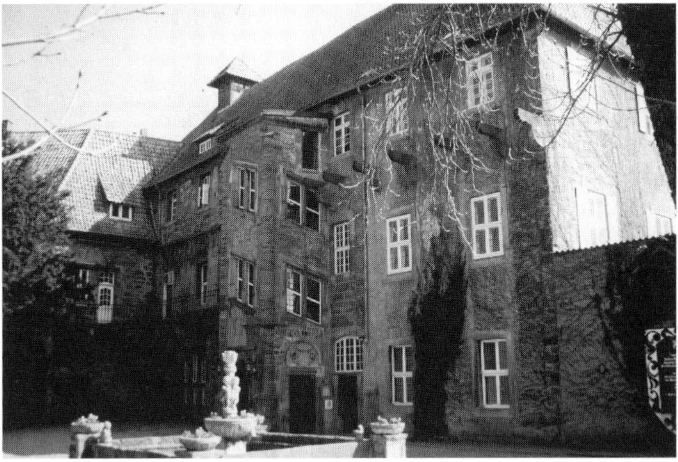

Ende geführt werden. Wahrscheinlich fehlen deshalb die für Unkair sonst üblichen Dachgiebel mit Halbkreisaufsätzen, die an seinen übrigen Bauten (Detmold, Neuhaus, Stadthagen und Schelenburg) vorhanden sind.
Von den Befestigungsanlagen und dem alten Torhaus ist nichts mehr erhalten geblieben. Im Dreißigjährigen Krieg war Minden von den Schweden besetzt, die bis 1648 ihren Sitz im Schloß hatten. Im Westfälischen Frieden wurde das Bistum Brandenburg zugesprochen, der Bericht der kurfürstlich brandenburgischen Übernahmekommission schildert das Schloß als restlos ausgeplündert. Zu diesem Zeitpunkt war das Gebäude bereits mehr als 15 Jahre nicht mehr bewohnt.

Im Zentrum des Ortes, nicht weit vom Schloß (Fußweg), steht die **evangelische Stadtkirche**. 1553 wütete ein Stadtbrand in Petershagen, der auch die damalige Kirche komplett zerstörte. Daraufhin ließ Bischof Christian von Braunschweig-Lüneburg im Zentrum des Ortes die ehemalige Kirche St. Petri und heutige evangelische Stadtkirche errichten. Sie gehört zu den seltenen Sakralbauten der Renaissance, denn sie entstand 1615–1618: Den Außenbau akzentuieren kräftige Strebepfeiler und rundbogige Fenster mit Maßwerk; ebensolche Fenster, allerdings ohne Maßwerk, befinden sich auch über dem Eingang im Westen. Der Westturm ist eine Zutat aus dem 18. Jh. Innen präsentiert sich die Kirche als gotisierender Hallenbau mit geradem Chorabschluß. Aus der Zeit der Renaissance sind ein Taufstein in Pokalform – er soll angeblich aus der Schloßkapelle stammen – sowie ein Epitaph von 1595 und zwei Messingkronleuchter aus dem 16. Jh. beachtenswert.

Das ehemalige königliche **Amtsgericht** (Mindener Str. 16) wurde 1913–1918 in historistischen Renaissanceformen durch das preußische Hochbauamt Minden errichtet.

Minden

Nur wenige Kilometer nördlich des Durchbruchs der Weser durch die Weserberge, der Porta Westfalica, liegt auf den eiszeitlichen Weserterrassen der Ort **Minden**. Er ist aus einer kleinen Fischersiedlung hervorgegangen, die später mit der etwas jüngeren Domimmunität, als Bischofssitz um 800 von Karl dem Großen gegründet, zusammengewachsen ist. Die mittelalterliche Marktsiedlung umfaßte unmittelbar um die Domimmunität die Bäckerstraße, den Scharn und den Markt.

An der Nordseite des Marktes steht das alte **Rathaus** mit einem Laubengang des ausgehenden 13. Jh. Der ursprüngliche Renaissanceoberbau wurde im Zweiten Weltkrieg zerstört.

Im späten Mittelalter wurde Minden Mitglied der Hanse und hat ebenfalls, wie die Stadt Bremen, hauptsächlich vom Exporthandel gelebt. Bekannt war vor allem das Mindener Bier. Nachweislich besaßen 300 Bürger der Stadt das Brauereirecht. Der Ort lebte in starker Konkurrenz zur Stadt Bremen und mußte (vom 15.–18. Jh.) um die Privilegien der freien Schiffahrt bis zur See und das Stapelrecht kämpfen. Dieser miteinander konkurrierende Kontakt mag der Anlaß dafür gewesen sein, das Mindens Stadtbild im 15. und 16. Jh. vor allem von Backsteinbauten beherrscht wurde, die sonst nur für Norddeutschland typisch sind. Leider sind nur wenig hervorragende Bauten des 16. und 17. Jh. in Minden erhalten geblieben.

Von den Backsteinbauten mit hohen Treppengiebeln, die ihre Vorbilder in nord- und westdeutschen Küstenländern hatten, existiert nur noch das Haus **Papenmarkt 2** (1547), das Ende der 60er Jahre dank einer Bürgerinitiative und zahlreicher Spenden Mindener Bürger gerettet werden konnte. Aber auch hier ist der Treppengiebel rekonstruiert. Das Innere des Gebäudes hat bis heute die Raumaufteilung eines Saalhauses bewahrt, das als Großraumhaus gleichzeitig Geschäftshaus und Wohnhaus war. In der großen Diele waren gleichzeitig Kontor, Aufenthaltsraum und Küche untergebracht. An der Ostwand ist noch der alte Kamin zu erkennen. Die Diele war durch ein großes rundbogiges Tor von der Straßenfront aus zu erreichen und dort durch große Fenster belichtet. Der hintere Teil der Diele nimmt einen etwas höher gelegenen, unterkellerten Saalraum auf, der für Feierlichkeiten genutzt wurde und oft gleichzeitig als Schlafzimmer des Hausherrn und der Hausherrin diente. Hier handelt es sich um einen Einbau des beginnenden 17. Jh. 1694 wurde in der Südwestecke der Diele ein weiterer Raum abgetrennt. Solche späteren Raumaufteilungen sind im 16. und 17. Jh. keine Seltenheit. Sie zeugen von dem in der Renaissance aufkommenden gesteigerten Wohnbedürfnis und dem Wunsch nach differenzierteren Raumfunktionen. Aus dieser Motivation entstand wohl auch der 1628 hinzugefügte westliche Anbau mit Schleppdach, der im Erdgeschoß drei Räume umfaßte. Zur Straßenfront ist ihm ein sattelgedeckter Erker vorgesetzt, dessen Brüstungsfelder die lippische Rose, einige Bossensteinquader sowie Kartuschen mit Emblemen und den Initialen WL und TH zeigt. Letztere Kombination taucht auch im Haus mehrmals auf und weist wohl auf die bislang nicht identifizierte Erbauerfamilie hin.

Von dem Patrizierhaus **Scharn 17** hat sich nur die Fassade erhalten. Verändert wurde das sechs Meter hohe Erdgeschoß;

Minden, Plan der Innenstadt.

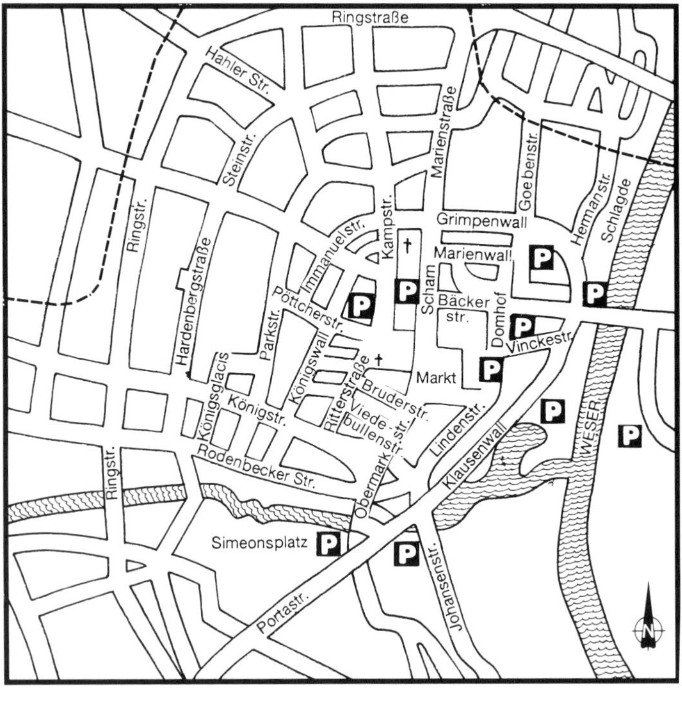

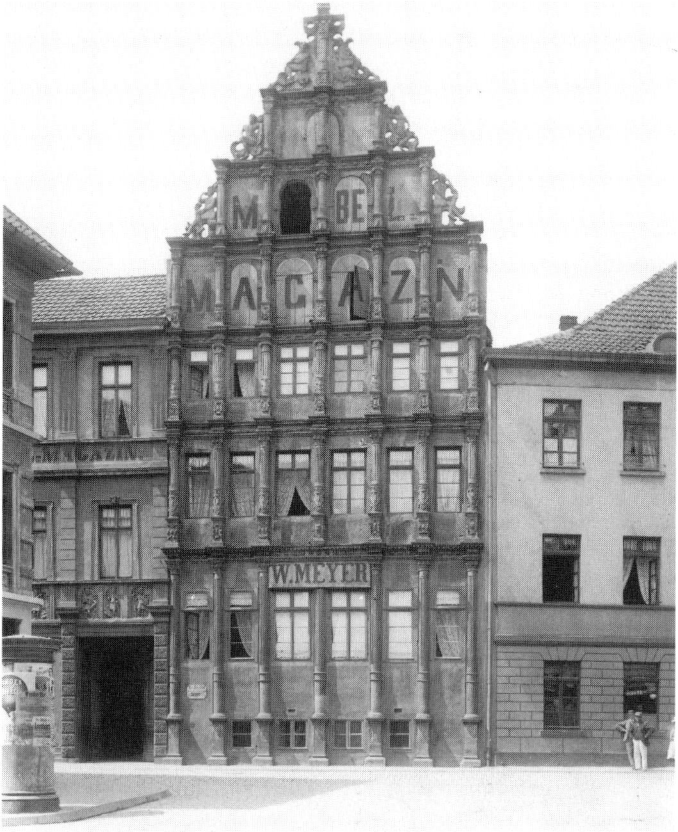

Minden, Haus Scharn 17, Foto von 1895, das den ursprünglichen Zustand zeigt.

von den ursprünglich auch hier, wie in den übrigen Etagen, vorhandenen sieben Säulen sind nur noch vier übriggeblieben. Im 16. Jh. lag der Eingang des Gebäudes, das bei 9 m Breite 28(!) m tief ist, an der südlichen Traufseite, da sich dort ein kleiner Hof befand, der zur Straße durch ein Tor abgeschlossen war. Der Türsturz der Eingangstür, der heute als Kaminsturz im Haus Marienstraße 37 eingebaut ist, nennt das Vollendungsjahr 1592 und die Initialen und Wappen des Bauherrn, eines gewissen Thomas von Kampen, Bürgermeister von Minden, der bereits

während der Bauarbeiten 1586 starb. Wahrscheinlich hat seine Witwe Klara den Bau zu Ende geführt. Die schmale und sehr hohe Schaufront wird von den aufeinandergestellten Säulen mit wechselnd ionischen und korinthischen Kapitellen beherrscht. Manieristisch wirken die oberen Säulen, die das Fenster halbieren.
In dem Volutenwerk der Staffelvorsprünge sitzen weibliche und männliche Figuren, wobei die obersten vier Giebelfiguren durch breite Eisenringe an die Voluten gefesselt sind; der Sinngehalt dieser Figuren ist bislang ungeklärt. Die bewegten und naturalistischen Menschenkörper passen sich dem Architekturwerk geschickt an und stellen gleichzeitig einen reizvollen Kontrast dar zum streng symmetrisch tektonischen Aufbau der Fassade dar. Dieses Figurenmotiv scheint in Minden recht verbreitet gewesen zu sein, wie der Giebel des Hauses Bäckerstraße 25 (s.u.) und weitere Bauspolien, die das Mindener Museum bewahrt, zeigen. Vorbild für diese Gestaltungsform sind Zunfthäuser in den südlichen Niederlanden, Antwerpen, Brügge und Gent gewesen. Als möglicher Bildhauer wird der Flame Johann Robyn aus Ypern in Betracht gezogen.
Der Bildhauer Arend Robyn, der in den 80er Jahren des 16. Jh. nachweislich in der Viedebullenstraße Mindens wohnte, könnte den Figurenfries der sieben guten Helden geschaffen haben. Der Fries, der in Rundbogennischen Widukind, Alexander den Großen, Julius Cäsar, Hermann, Karl den Großen und Hektor nebeneinanderstellt, ist über dem südlichen Tor angebracht, das zu dem ursprünglichen Eingang führte.

Von dem Wohnhaus **Bäckerstraße 45** blieben nur die oberen Stockwerke des Giebels erhalten, die unteren Geschosse sind im späten 18. Jh. umgebaut worden. Eine vom Weserrenaissance-Museum durchgeführte dendrochronologische Datierung konnte nur einen ungefähren Wert um 1585 ermitteln. Es ist daher nicht sicher, ob dieses Gebäude vor oder nach dem Haus Scharn 17 entstand. Auf jeden Fall zeigen Bauplastik und Fassadengliederung eine starke Verwandtschaft zum Gebäude in der Scharnstraße. Die Voluten der Staffelvorsprünge sind hier allerdings zu schmalen, an den Enden eingerollten Bändern verkümmert. Auch die Figuren besitzen nicht die Qualität ihrer Zeitgenossen am Haus Scharn 17, doch stellt ihre Anordnung eine humoristische Variante dar, da sie der Architektur nicht mehr streng zugeordnet werden, sondern akrobatische Turnübungen an den Architekturteilen vollbringen.

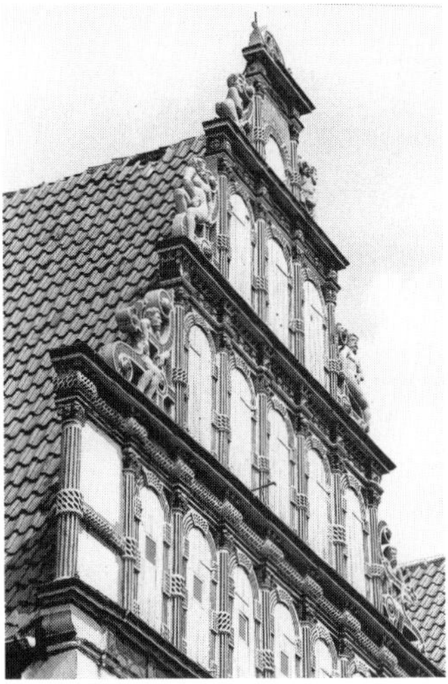

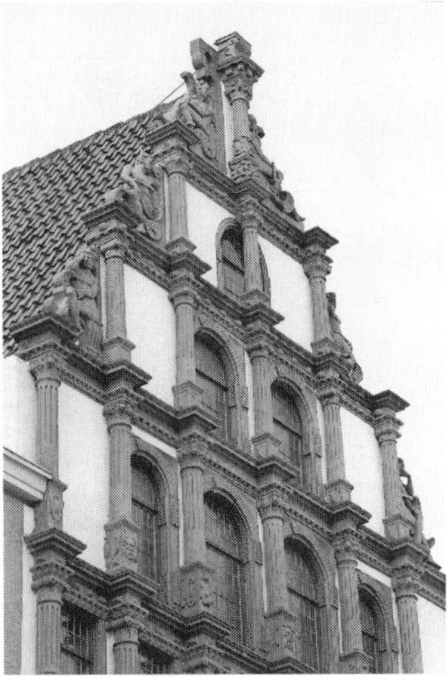

Minden, Giebel des Patrizierhauses Bäckerstraße 45 (links) und Scharn 17 (rechts).

Die rundbogigen, hier etwas kleinteiligeren Dachluken sind durch Bossensteine geschmückt und durch kannelierte Halbsäulen voneinander getrennt.

Die **Ritterstraße** vermittelt noch eine ungefähre Vorstellung von einem Straßenbild des 16. Jh.
Die giebelständigen Steinbauten mit Fachwerkgiebeln, Haus Nr. 23 bis 33, wurden stark restauriert. Haus Nr. 27 ist ein Neubau unter Verwendung älterer Bauteile. Die Häuser besitzen rundbogige Eingangsportale, Haus Nr. 25 und 27 mit Bossensteinen, und einige von ihnen Ausluchten und Erker. Nr. 23 zeigt in den Brüstungsfeldern der Auslucht eine Darstellung der sieben Tugenden. Die Häuser wurden als **Mindener Museum** zusammengefaßt, das die Früh- und Stadtgeschichte Mindens unter volkskundlichen und kulturgeschichtlichen Aspekten umfangreich dokumentiert. Zu dem Bestand gehören eine Reihe Bauspolien der Renaissance; letzte Zeugen der prächtigen Schaufassaden untergegangener Bürgerhäuser. Im Erdgeschoß Nr. 25 befindet sich ein luxuriöser und sehr sehenswerter Renaissancekamin von 1590 aus dem Wesselschen Hof.

Am nördlichen Ende der Ritterstraße steht die evangelische **St. Martinikirche**. Zu den sehenswerten Ausstattungsstücken ge-

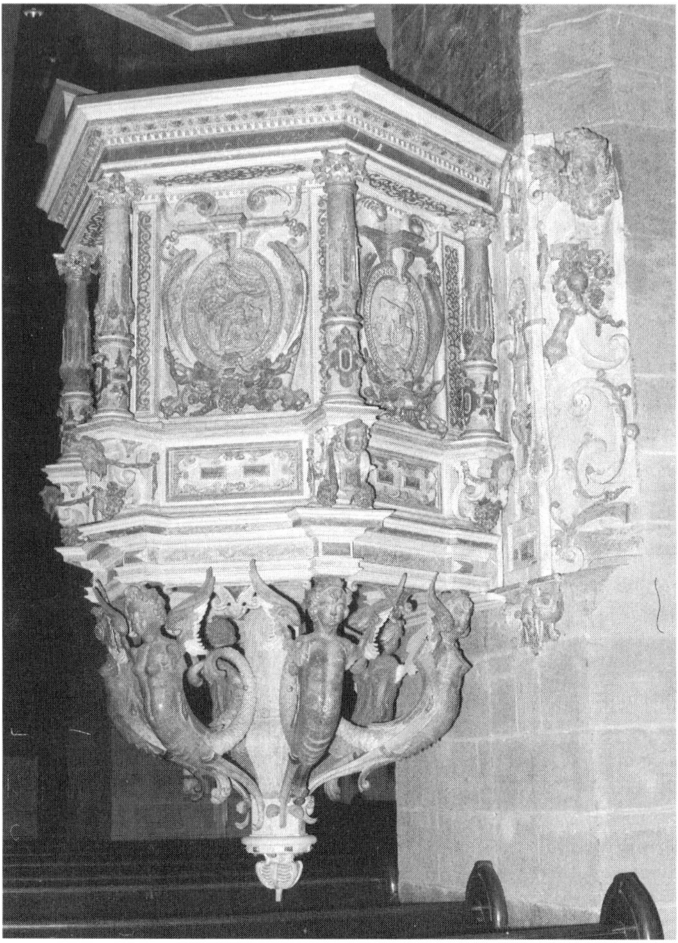

Minden, reichgeschmückte Kanzel in der Martinikirche.

hören eine prächtige geschnitzte Kanzel, die in der originalen Farbigkeit von 1608 erhalten ist, ein Orgelprospekt aus dem Ende des 16. Jh., das Renaissance-Epitaph des Mindener Bürgermeisters Thomas von Kampen – Bauherr des Hauses Scharn 17 – und seiner Gemahlin, das am westlichen Pfeiler zwischen Mittelschiff und südlichem Seitenschiff hängt, sowie die Messingtaufe im Chor, die ebenfalls das Wappen dieser Familie trägt. Wahrscheinlich handelt es sich um eine Stiftung des Bürgermeisters. Die hervorragend gearbeitete Taufe von 1583 weist eine ungewöhnliche Form auf: Der Deckel ist an einem schwenkbaren Kranarm angebracht und von einem Leuchter bekrönt. Vermutlich stammt sie aus einer Antwerpener Erzgießerwerkstatt.

Ebenfalls im 16. Jh. (1598) mit einer neuen Taufe ausgestattet wurde die evangelische **St. Marienkirche**, ehemals die Klosterkirche der Benediktinerinnen. Apostel- und Christusdarstellungen zieren den achteckigen Taufstein. Die Kanzel der dreischiffigen Hallenkirche stammt von dem Mindener Bildhauer Johann Schwarte (1605), der als Kanzelkorbträger eine Mosesfigur wählte. Im Chor befindet sich ein monumentales Epitaph für den Kriegsobersten Jürgen von Holle von 1576.

Eine Reihe weiterer Gebäude stammt ebenfalls aus der Renaissance: am **Martinikirchhof** das Haus **Nr. 9** (Ende des 16. Jh.); **Königstraße Nr. 2,** das noch einen Renaissance-Erker mit Darstellung der Perserkönige in den Brüstungsfeldern besitzt; **Königstraße 20** von 1550, der Fachwerkgiebel von 1650; **Brüderstraße 20** mit einer Relieffolge großer Feldherren; dazu einige Fachwerkbauten: **Johanniskirchhof Nr. 2,** bezeichnet 1561, mit Fächerrosetten geschmückt; **Viedebullenstraße Nr. 1** aus der zweiten Hälfte des 16. Jh.

Das heutige **Bundesbahnzentralamt** (das ehemalige Regierungsgebäude) wurde zwischen 1902 und 1906 in historistischen Renaissanceformen am Klausenwall (Weserglacis) errichtet. Die Pläne stammen von Oberbaurat Kieschla und Regierungsbaumeister Hanold (Berlin).

Schloß Haddenhausen – Schloß Ulenburg – Stift Quernheim (Nebenstrecke)

Von Minden aus führt eine Nebenstrecke über Haddenhausen nach Herford.

Am Abend des 27. Oktober 1550 marschierte eine mehrere hundert Mann starke Bürgerstreitmacht der Stadt Minden gegen die mittelalterliche Burg **Haddenhausen**, auf der Johann von Münchhausen residierte. Der Freiherr von Münchhausen lag schon seit längerer Zeit mit der Stadt in Fehde und hatte seinerseits einen Überfall auf Minden geplant. Nach vier Tagen Belagerung und Beschuß seiner Festung ergab sich Johann von Münchhausen. Ihm und seinen drei Söhnen wurde der freie Abzug gestattet, während die Bürger die Burg plünderten und anschließend in Brand steckten.

Schon knappe zehn Jahre später war offensichtlich ein Nachfolgebau aufgerichtet worden, wie die Inschrift an einem schlichten Kamin im Küchenkeller des heutigen Schlosses beweist. Wie dieses Gebäude genau ausgesehen hat, ist unbekannt. Es muß sich jedoch um einen ziemlich heruntergewirtschafteten einfachen Bau gehandelt haben, als ihn Johann von dem Bussche 1610 zusammen mit seiner Gattin Lucia von Münchhausen auf

Schloß Haddenhausen.

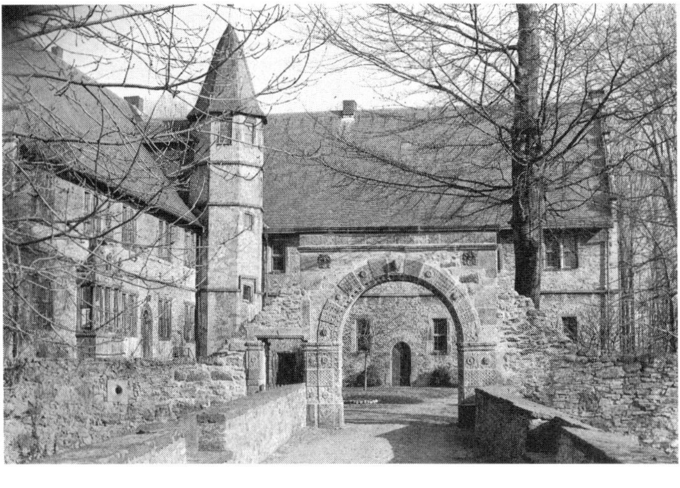

Wunsch seines Schwiegervaters Hilmar von Münchhausen kaufte und das heutige Schloß errichten ließ.
Zu der zweiflügeligen Anlage mit polygonalem Treppenturm im Winkel führt ein prächtiges rundbogiges Tor mit Wächterkopf, der aus einem Schlußstein hervorlugt, sowie eine Schlupfpforte für Fußgänger. Der nördliche Flügel bildet den eigentlichen Wohntrakt. Der Ostflügel enthält Stallungen und einen Rittersaal im Obergeschoß, der heute leider verbaut ist und nur noch die Reste eines Kamins aus dem Jahre 1622 bewahrt. Das Innere wurde mit holzgetäfelten Wohnräumen recht komfortabel ausgestattet.

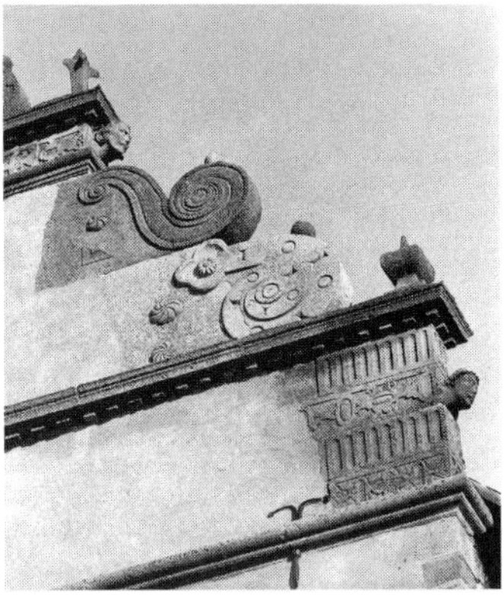
Schloß Haddenhausen, Giebel mit sogenannten Bartmannsköpfen.

Die beiden durch Gesimse und Zahnschnittleisten gegliederten Schaugiebel des Wohn- und des Saalbaues besitzen zwischen dem Obergeschoß und der ersten Giebelstaffelung eine Attikazone. An den Ecken ragen Männerköpfe aus der Mauerstärke hervor, ein recht beliebtes Motiv innerhalb der Weserrenaissance, die solche Dachzierglieder aus den Architekturbüchern übernommen hat. Vor die Fassade des Wohnbaues ist eine einstöckige Auslucht gesetzt. An der Brüstung ist in die mittlere der drei vorhandenen Kartuschen das Baujahr 1616 eingeschrieben. Die obere Bekrönung bildet ein bewegter figurenreicher Aufbau, der in manieristischer Weise das Rollwerk zum Ohrmuschel- und Knorpelstil gesteigert hat. Der allegorische Gehalt der Figuren ist bis heute nicht geklärt. Die weibliche Figur in der Ädikula wird als die heilige Lucia, die Namenspatronin der Bauherrin, die bekrönende männliche Figur oft als Christophorus gedeutet. Dieser Aufbau, der einen stilistischen Kontrast zu der klassisch gegliederten Auslucht darstellt, dürfte eine spätere Zutat sein. Am Schloß Wendlinghausen ist eine ähnliche Auslucht zu sehen, wo allerdings heute ein Giebelaufbau fehlt. Wendlinghausen wurde gleichzeitig mit Haddenhausen von Hilmar von Münchhausen dem Jüngeren 1613 für einen seiner

Söhne errichtet. Als Baumeister der Schlösser Haddenhausen und Wendlinghausen, die auffallende Ähnlichkeiten mit dem Teichflügel des Schlosses Schwöbber aufweisen, wird der Hamelner Baumeister Eberhard Wilkening vermutet.

Rechts des Weges, der zum Schloß führt, liegt die kleine **Kirche**, die Johann von dem Bussche außerhalb des Wirtschaftshofes im ersten Viertel des 17. Jh. als schlichte Kapelle errichten ließ und für die er eigens einen Prediger engagierte, damit auch das Gesinde zur Gottseligkeit gehalten werde.

Die Nebenstrecke von Minden über Haddenhausen nach Herford erschließt das **Schloß Ulenburg,** das an der Gabelung des Mühlenbaches auf einer von einer breiten Graft umgebenen Insel liegt.
Die ca. 7000 qm große Schloßinsel nahm ursprünglich auch den Wirtschaftshof mit den dazugehörigen Gebäuden auf, die jedoch im 19. Jh. abgebrochen wurden. Heute umgibt das Schloß ein idyllischer Park. Das zweigeschossige Herrenhaus, über eine steinerne Brücke zu erreichen, ließ der Drost und dänische Oberst Hilmar von Quernheim 1568/69 errichten. Im 17. Jh. (1652–1660) wurden der kleinere hofseitige Flügel und der Turm am nördlichen Ende von Alexander von Wrede hinzugefügt. Aus dieser Bauperiode stammen auch die Dachaufbauten des Hauptflügels.
Das Aussehen des Gebäudes wird heute durch Veränderungen des Historismus mitbestimmt, so stammt das Einfahrtstor von

Schloß Ulenburg.

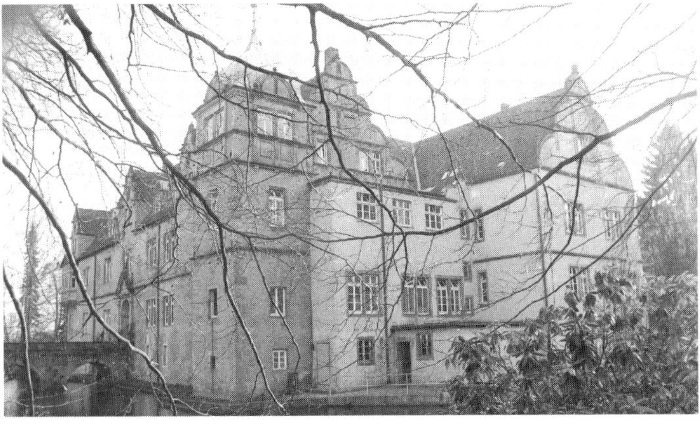

1900. Hauptsächlich die beiden Giebel des Hauptbaues und der Erker an der Eingangsfassade bewahren noch das Aussehen des 16. Jh. Die Giebel sind durch Lisenen und Gesimse gegliedert. Viertelkreisbögen bilden die Außenkontur. Als oberer Abschluß ist ein Halbkreisbogen gesetzt. Durch die von der Ehefrau Hilmars von Quernheim geführten Bauregister wissen wir, wer die Baumeister waren: Johann Korfmacher und ein sogenannter Meister Gerd. Der südliche Giebel wurde 1570 von Johann Korfmacher für 25 Taler angefertigt. Es wird berichtet, daß der Meister die dazu benötigten Steine im Sommer 1570 im Salzuflener Steinbruch bearbeitete, bevor sie im August zum Schloß transportiert wurden. Anschließend wurde der sehr ähnliche Nordgiebel aufgebaut. Die Anbauten der Giebelseiten stammen aus dem 19. Jh.

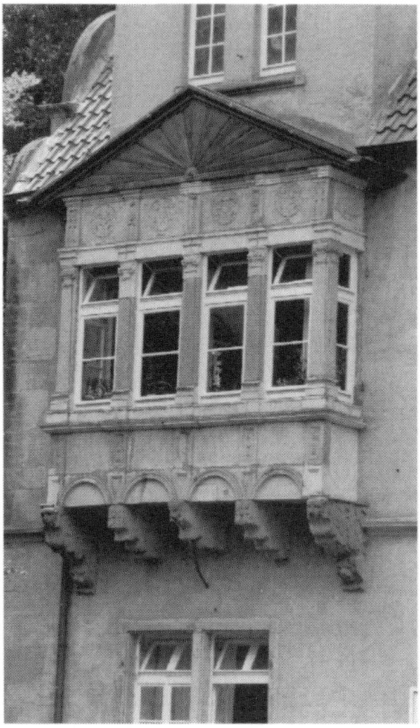

Schloß Ulenburg, Erker am Eingangsflügel.

Vor dem Obergeschoß der Einfahrtsfront prunkt der auf fünf Konsolen ruhende Erker mit Dreiecksgiebelwappen und Halbkreisbögen unter den Brüstungsfeldern. Meister Gerd bearbeitete die Steine ebenfalls persönlich in den Salzuflener Steinbrüchen, bevor der Erker im November 1570 am Schloß angebracht werden konnte. Der Schmuck des Erkers, Löwenköpfe an den Konsolen, das Beschlagwerk sowie die Unterteilung der Fensterzone durch Pilaster mit ionischen Kapitellen zeigen ebenso wie die Giebel im Aufbau einen sicheren Umgang mit Gliederungsschemata der italienischen Renaissance. Ungewöhnlich dagegen ist die Anordnung der Wappen: Sie befinden sich über den Fenstern statt in den Brüstungsfeldern.
Die Hofseite ist im 19. Jh. am stärksten umgewandelt worden, und das Innere des Gebäudes wurde komplett modernisiert. Der vollständig veränderte Treppenturm stammt im Kern noch aus

der ersten Bauphase. In den Baurechnungen wird aufgeführt, daß Meister Gerd die für Treppentürme üblichen schräg gestellten Fenster angefertigt hat, die nicht mehr erhalten sind. Eine seltsame Inschrift steht über der Tür neben dem Treppenturm. Die Übersetzung lautet: „Das Auge des Herrn füttert das Pferd im Jahre, in dem Mars fallen und der Friede blühen möge." Der Turm führte zum Saal, der im Obergeschoß einen großen Teil des Stockwerkes einnahm. Über diesem Saal war ein besonderer Dachstuhl erforderlich, da die Fläche stützenlos überspannt werden mußte. (Während der übrige Bau einen Kehlbalkendachstuhl besitzt, handelt es sich dort um ein doppeltes Sprengwerk.) Im Erdgeschoß lag die Schloßküche und unter der südlichen Gebäudehälfte bis zum Tor ein großer kreuzgradgewölbter Vorratskeller. Der Zugang zu diesem Keller ist an der Außenfront noch erhalten.
Vom Keller führt eine kleine, in der Mauer gelegene Treppe zur ehemaligen Küche. Solche Mauertreppen stellten eine neben dem Haupttreppenhaus zusätzliche Verbindung zwischen einzelnen Räumen her.
Offensichtlich bestand im Schloß ein eigenes Gemach für Besuche des Mindener Bischofs; Hilmar von Quernheim hatte das Land als Lehen vom Mindener Bischof erhalten.

Nur wenige Kilometer westlich liegt das **Stift Quernheim**. Die evangelische Pfarrkirche, die ehemals Klosterkirche des Augustinerinnen-Klosters war, stammt aus der zweiten Hälfte des 12. Jh. Erweiterungen folgten im 13. und 14. Jh. Seitenschiffe und Querhaus brach man im 16. Jh. ab und erweiterte das Mittelschiff nach Norden. Der westliche Schlußstein ist mit dem Jahre 1555 bezeichnet, das Nordportal ist eine Renaissancetür von 1548. Sehenswert ist in der Kirche der mehrteilige Schnitzaltar aus dem zweiten Viertel des 16. Jh. mit Passionsszenen, einer Kreuzigungdarstellung und dem Marientod.

Weiter nach Herford siehe Hauptstrecke S. 138.

Bückeburg

Nach Minden ist **Bückeburg** der nächste bedeutende Ort an der Hauptstrecke der „Straße der Weserrenaissance“. Der wichtigste Abschnitt der Geschichte des Ortes beginnt mit der Regierungszeit des Grafen Ernst von Schaumburg-Holstein, ein umfassend gebildeter Landesherr, der 1620 in den Fürstenstand erhoben wurde. Er studierte in Helmstedt, später auch in Florenz und Bologna. Reisen durch Italien, nach Malta, Prag und Brüssel rundeten seine Ausbildung ab. 1609 verlieh Graf Ernst der Siedlung die Stadtrechte, kurz nachdem er vom Schloß Stadthagen, der eigentlichen Residenz der Schaumburger Grafen, nach Bückeburg übergesiedelt war. Er ließ hier das Schloß ausbauen sowie zwischen 1611 und 1615 die evangelische Stadtkirche errichten. Für diese Bauvorhaben verpflichtete der sehr kunstinteressierte Fürst bedeutende, auch ausländische Künstler: Adrian de Vries, der am Prager Hof tätig war, und den sächsischen Hofbaumeister Giovanni Nossini. Darüber hinaus nahm er selbst starken Anteil am Entstehen der Bauwerke und übte großen Einfluß auf ihre Gestaltung aus.

Schloß Bückeburg wurde als Wasserburg Ende des 13. Jh. von den Schaumburger Grafen gegründet. Im 16. Jh. verband Graf Otto IV. die mittelalterlichen Bauteile zu einer unregelmäßigen Vierflügelanlage, deren Aussehen heute allerdings hauptsächlich durch die Erneuerungen nach einem Brand 1732 (südöstlicher Flügel) und Umgestaltungen und Ausbauten des späten 19. Jh. bestimmt wird. Ein Eindruck vom Aussehen des 16. Jh. bekommt man vor allem im Westen vom Park aus, wo man die Fassaden des den Innenhof nördlich begrenzenden Bautraktes und des kurzen Westflügels sieht. Die Baumeister dieser beiden Flügel, Heinrich Schrader und Jakob Kölling, versahen den schlichten Bau mit hohen, zweistöckigen Dachaufbauten, die Halbkreisaufsätze mit kleinen Fialen tragen. Die Struktur der Fassade, die zwischen 1560 und 1563 entstand, spricht noch die Formensprache Jörg Unkairs, des ersten Baumeisters der Weserrenaissance, der seine Fassaden vor allem durch Gesimse gliederte und den Bauschmuck auf die Gewände der Fenster und Portale beschränkte. Jakob Kölling war ein Schüler Jörg Unkairs (vgl. Schloß Neuhaus, Petershagen, Stadthagen, Detmold).

Zum Haupteingang des Schlosses im Osten führt ein Brücke, die von zwei manieristischen Figurengruppen des Adrian de Vries

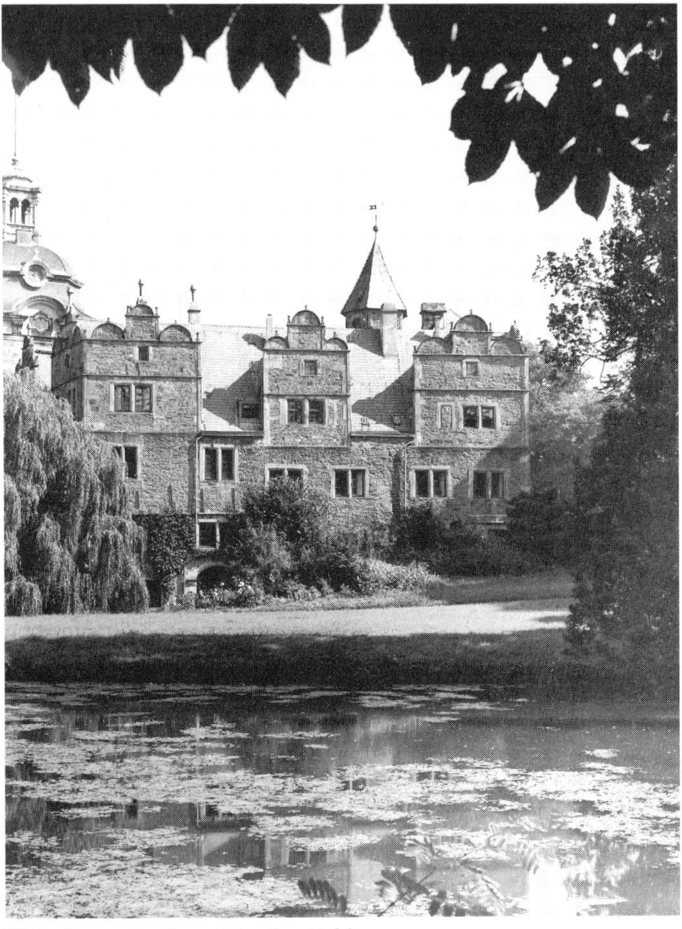

Bückeburg, Parkansicht des Schlosses.

flankiert wird. Die Originale von 1621 wurden hier 1925 durch Kopien ersetzt. Sie stellen den Raub der Prospertina sowie Venus und Adonis dar. Die Mitte des Ostflügels wird heute durch den mittelalterlichen Bergfried eingenommen, der ursprünglich jedoch die nordöstliche Ecke des Schlosses markierte, denn erst 1894–1898 erfolgte die Zugabe des sich nördlich anschließenden Gebäudes, dessen Fassade in barockisierendem

Historismus gestaltet ist. Der ehemalige Bergfried wurde ebenfalls umgestaltet und um ein Geschoß erhöht sowie mit einer Dachhaube und einem Säulenportikus versehen. Damit veränderte man den ehemaligen Wohnturm zu einer repräsentativen Mittelachse.
Im Innenhof dominiert die Renaissance. Die Zwerchhäuser sind hier bereits weiterentwickelt und mit seitlichen Voluten versehen, der polygonale Treppenturm im Südwesten erinnert mit seinen Runddiensten an den Kanten wieder an die Türme Unkairs.
Eine offene Galerie verbindet West- und Nordflügel miteinander, die in ihren Formen (Hermenpilaster und Muschelnischen) eine auffällige Verwandtschaft zu einem Gang von Schloß Hülsede zeigt. Von den Portalen, die in diesen Flügel führen, ist der Eingang zur Schloßkapelle im Nordflügel durch eine Vorhang-

Bückeburg, Plan der Innenstadt.

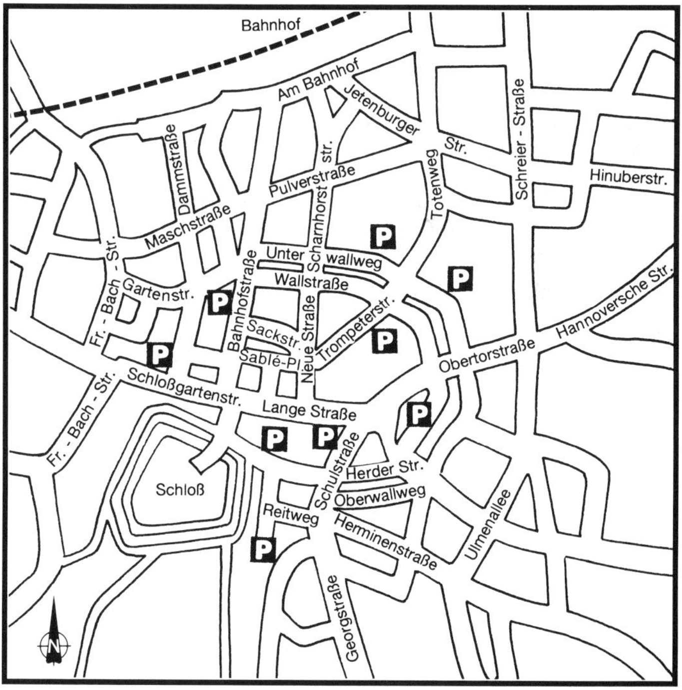

bogenrahmung von den anderen Türen abgesetzt. Im Obergeschoß des Nordflügels liegt der sogenannte Goldene Saal.

Bevor Graf Ernst 1609 seinen ständigen Aufenthalt nach Schloß Bückeburg verlegte, ließ er das Interieur des Schlosses komplett erneuern. Es ist heute allerdings durch Umgestaltungen des 18. und 19. Jh. verändert und nur noch sehr unvollständig überliefert. Trotzdem erhält man bei einem Rundgang durch die Räume (innerhalb einer Führung möglich) einen Eindruck von der verspielten Pracht, mit der die Räume zu Beginn des 17. Jh. gefüllt wurden. Vergoldete Malereien und ornamentale Schnitzereien, durch Figuren bereichert, die Geschichten aus der Bibel und der antiken Mythologie erzählen, werden zu Kompositionen gefügt, die den strengen und geometrischen Rahmen der Renaissance sprengen und Barockformen vorwegnehmen, die in Deutschland erst nach dem Dreißigjährigen Krieg Verbreitung fanden.
An der Ausgestaltung des Schlosses wirkten neben den Hildesheimer Künstlern Ebert Wolff der Jüngere und seinem Bruder Jonas Wolff auch der Maler Johannes Hoppfe mit. Sie arbeiteten nach Architekturphantasien des bekannten Stechers Wendel Dietterlin, die in seinem 1598 erschienenen Buch „Architectura“ publiziert worden waren, sowie nach Stichvorlagen von Hendrik Goltzius, Abraham Bloemert und Marten de Vos.

Die Kapelle und der Goldene Saal des Nordflügels sind besonders sehenswert, da sie am unverfälschesten das Aussehen des 17. Jh. bewahrt haben. Der spätmittelalterlich gewölbte Saalraum der Schloßkapelle zeigt eine blattvergoldete Holzarchitektur und manieristische Ausmalung, die 1886 überarbeitet wurde. Ungewöhnlich ist der Altartisch, dessen dünne Mensa von zwei lebensgroßen Engeln in kauernder Haltung getragen wird.

Ein besonderes Prunkstück bildet die sogenannte Götterpforte, die zu dem Goldenen Saal im Obergeschoß führt. Eine bewegte, vollplastische Figurenszenerie rahmt eine in den Dimensionen eigentlich recht bescheidene Tür. An Wendel Dietterlin orientiert, bildet sie rechts und links der Tür Mars und Flora ab, die auch als Allegorien für Krieg und Frieden betrachtet werden. Im Relief an der Tür steht Athena, darüber Merkur.

Auf dem Schloßhof, der von zwei in Formen der Weserrenaissance gestalteten historistischen **Kavalierhäusern** (darunter das Staatsarchiv) gerahmt wird, steht ein Brunnen, der ursprünglich für das Stadthagener Schloß 1552 gearbeitet und 1925 hierher gebracht wurde. Die allegorischen Figuren, die die Mittelsäule säumen, haben dem Brunnen seinen Namen **„Tugendbrunnen“** verliehen. Aus Archivalien konnte in jüngster Zeit Jakob Kölling als Baumeister und Jaspero Robijn als Bildhauer ermittelt werden.

Der **Park**, der sich westlich an das Schloß anschließt, hatte unter Fürst Ernst 1606 einen Vorläufer als Lustgarten. Hier errichtete der Berliner Architekt Paul Baumgartner 1911–1915 ein **Mausoleum** für die Schaumburger Fürsten, das im Bau dem berühmten Theoderich-Mausoleum in Ravenna folgt.

Geht man vom Schloß in Richtung Osten zur Stadt, passiert man einige Vorbauten und ein aufwendig gestaltetes **Schloßtor**, das auf den ebenfalls zu Beginn des 17. Jh. angelegten Marktplatz führt. Mit dieser Anlage schuf Fürst Ernst nicht nur eine optische Verbindung zwischen Schloß und Ort, sondern auch eine der ersten bewußt gestalteten Platzanlagen in Deutschland. Das manieristische Schloßtor, dessen Figurenschmuck der Bildhauer Hans Wolff fertigte, wird von zwei Greifen bekrönt, die die zentrale Figur der Invidia (Allegorie des Neides) angreifen. Greifen sind innerhalb der christlichen Symbolik seit dem Mittelalter als Wächterfiguren, die gegen das Böse kämpfen, ein beliebter Schmuck an Gräbern und Toren/Portalen gewesen. Bei den beiden das Schloßtor flankierenden Gebäuden handelt es sich links um die fürstliche **Hofkammer** (Anfang des 17. Jh.) mit repräsentativer Fassade zum Marktplatz und rechts um die alte **Kammerkasse** (ebenfalls Anfang des 17. Jh.), hinter der das **ehemalige Ballhaus** von 1609 liegt, das wahrscheinlich nach Plänen des sächsischen Baumeisters Nossini errichtet, jedoch im 18. Jh. zur Reithalle umgestaltet wurde. Rechtwinklig zur Hofkammer stehen die **Marstallgebäude.**

Der kleine **Marktplatz**, der „an sich mehr ein gräflich feudaler Vorhof als ein bürgerlicher Handelsplatz gewesen ist“ (Ulrich Großmann), wird noch heute von einigen Gebäuden des beginnenden 17. Jh. gesäumt, so dem früheren **Renthaus**, heute Stadthaus, das an der nordöstlichen Schmalseite des Platzes liegt. Das zweigeschossige Gebäude mit einem Portal in der Mittelachse wurde im 18. Jh. restauriert und verändert. Dem Erdgeschoß ist eine Kolonnade vorgesetzt, deren Säulen ursprünglich frei standen. Errichtet wurde der Bau für die landesherrliche Verwaltung. Neben dem Stadthaus steht die alte **Hofapotheke** von 1606/07.

Etwas oberhalb des Marktplatzes, Lange Straße 22, befindet sich ein ehemaliger **Burgmannshof**, dessen Entstehungsdatum durch eine dendrochronologische Datierung auf die Zeit 1562/63 festgelegt werden konnte. Über einem Bruchsteinsockel erhebt sich die giebelständige Fachwerkkonstruktion mit Dielentor und vorkragendem Giebeldreieck. Gleichzeitig mit dem Ausbau und der Erweiterung des Schloßareals zu Beginn des 17. Jh. wurde ein Umbau vorgenommen, aus dem die steinerne Auslucht und das steinimitierende Holzfenster stammen. Der Wohnraum wurde unterkellert und damit das Dielentor verkleinert, so daß die Diele jetzt nicht mehr befahren werden konnte. Im Inneren sind die Küche mit bemaltem Kamin und der rückwärtige Saal noch erhalten. Das Gebäude dient als **Heimatmuseum**, das u.a. eine umfangreiche Trachtensammlung zeigt.

Ein weiterer ehemaliger **Burgmannshof** aus dem 15. Jh., im 16. Jh. erweitert und mit einer Kapelle versehen, steht am Sabléplatz. Er besteht aus zwei Fachwerkflügeln und einem Steinanbau und beherbergt ein Hubschraubermuseum. Die historische Bausubstanz wurde während Sanierungsarbeiten weitgehend, bis auf das Holzgerüst, zerstört.

Am östlichen Ende der Lange Straße liegt die mit ihrer prächtigen Schaufassade die Umgebung beherrschende **evangelische Stadtkirche**, die eine der seltenen und neben der Wolfenbüttler Marienkirche der bedeutendste deutsche Kirchenbau der Renaissance ist.

Ein Entwurf für die Kirche von Giovanni Nossini wurde nicht ausgeführt, doch mag er den jetzigen Bau, den ein unbekannter Baumeister zwischen 1610 und 1615 errichtete, beeinflußt haben. Ursprünglich war ein Westturm geplant, dessen Errichtung jedoch während der Bauarbeiten eingestellt wurde. Der plastische Baudekor der Mittelachse (Portalfenster) und des Giebels zeigt spätmanieristische, aber auch schon frühbarocke Formen. Die Inschrift „Exemplum religionis non structurae“ (Übersetzung: Ein Beispiel der Religion, nicht der Architektur) enthält in seinen vergoldeten Anfangsbuchstaben den Namen des Bauherrn, Ernst.

Die Einteilung der Hallenkirche im Inneren in drei Schiffe ist an der Fassade bereits abzulesen. Das Portal der Mittelachse wird von zwei hohen Maßwerkfenstern flankiert, die durch geschmückte Pilaster voneinander getrennt werden. Im Inneren tragen korinthische Säulen die gewölbte Decke und gliedern den

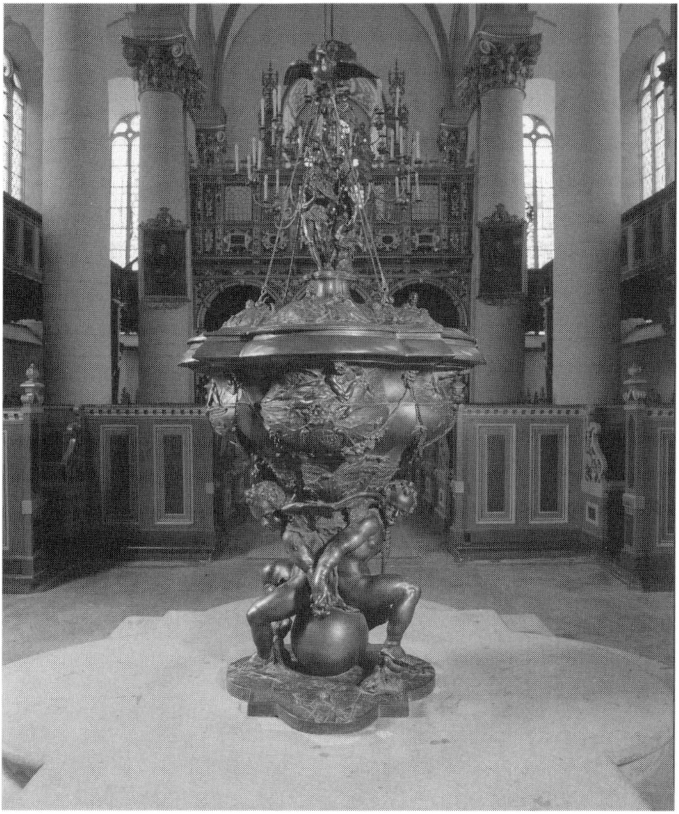

Bückeburg, Taufbecken in der Stadtkirche.

Raum in sieben Joche. Im Osten befindet sich die Orgelempore, die aus der Erbauungszeit der Kirche stammt und dessen Prospekt nach einem Brand 1963 rekonstruiert wurde. Besonders sehenswert ist das von Adrian de Vries stammende und in Prag gegossene bronzene Taufbecken (1615). In einer grandiosen Komposition wird das Becken von zwei Putten getragen, dem Engel der Tugend (mit Lilienpfeil), der das Böse am Boden in Form einer Schlange mit seinem Fuß zertritt, und dem Engel des Heils, der nach oben auf die Taufe weist. Zwischen ihnen liegt die Weltkugel, und auf dem Sockel sind als feine Reliefs vier christliche Tugenden zu finden. Das Becken selbst ist in Form eines Vierpasses gestaltet und mit Bildnissen von vier Flußgöttern versehen. Auf dem Deckel sind die vier Evangelisten dargestellt, bekrönt wird das Taufbecken von der Taufe Christi durch Johannes, der nach oben auf die Taube weist.

Vor dem Bau der evangelischen Stadtkirche diente die **Jetenburger Kapelle** (Jetenburger Straße/Pulverstraße) als Pfarrkirche. Von einem romanischen Vorgängerbau sind zwei Lilienblattkapitelle in den von Jakob Kölling 1570 (Datierung am Sakristeitürsturz) gebauten Renaissancebau übernommen worden. Im Inneren stammen Taufe und Epitaphe aus der Renaissance. In den Fußboden sind zahlreiche Grabplatten des 17. Jh. und des 18 Jh. eingelassen.

Nördlich von Bückeburg, mitten im Schaumburger Wald, liegt das 1760/61 von Graf Wilhelm von Schaumburg-Lippe errichtete kleine **Jagdschlößchen Baum**. Das Schloß war von einem im 18. Jh. angelegten aufwendigen englischen Garten umgeben. Von diesem ist heute noch ein Teich mit einer westlich gelegenen, aus Bruchsteinen bestehenden Grotte erhalten. Sie wird von zwei **Renaissanceportalen** gerahmt, die zur Ausstattung des Bückeburger Schlosses gehörten – wahrscheinlich des Südflügels – und im 18. Jh. hier als Theaterdekoration aufgestellt wurden. Die ehemals farbig gefaßten Portale wurden wohl bei Umbauarbeiten in Bückeburg entfernt, widmen sich dem Thema der Musik bzw. dem Wasser und waren sicherlich eine theatralische Kulisse für barocke Festlichkeiten und Wasserspiele im Freien.

Rinteln – Schloß Schaumburg – Schloß Hessisch Oldendorf – Stift Möllenbeck – Schloß Vahrenholz – Langenholzhausen (Nebenstrecke)

Fürst Ernst von Schaumburg-Holstein war nicht nur ein reger Bauherr, sondern auch ein Förderer der Schulbildung, die zu jener Zeit noch keineswegs Allgemeingut war, sondern in dem neu entstandenen Welt- und Menschenbild erst allmählich an Bedeutung gewann. So gründete er Schulen in den Dörfern und richtete 1621 in dem nahe bei Bückeburg gelegenen Rinteln sogar eine Universität ein, die 1809 durch Napoleon aufgehoben wurde. Die Institution hatte vorher in Stadthagen als „Gymnasium Illustre“ (Ausbildungsstätte zwischen der Lateinschule und einer Universität) bestanden.

Rinteln, Plan der Innenstadt.

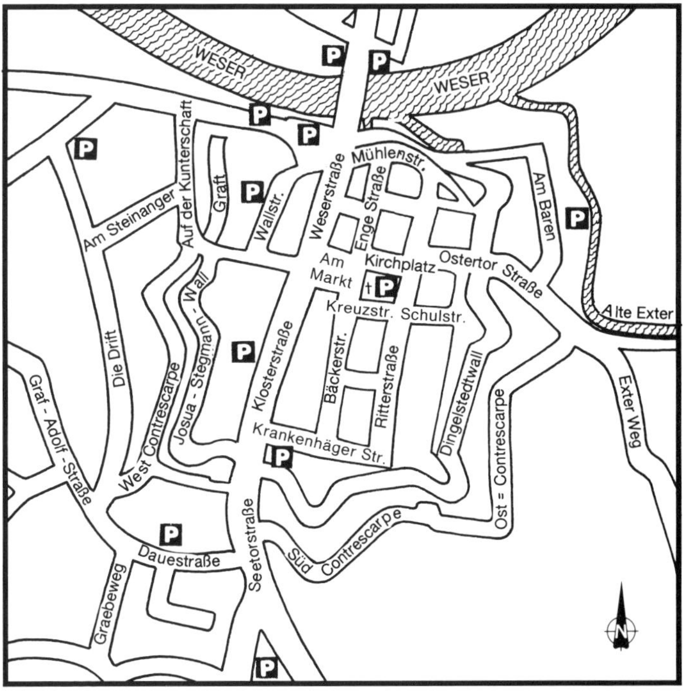

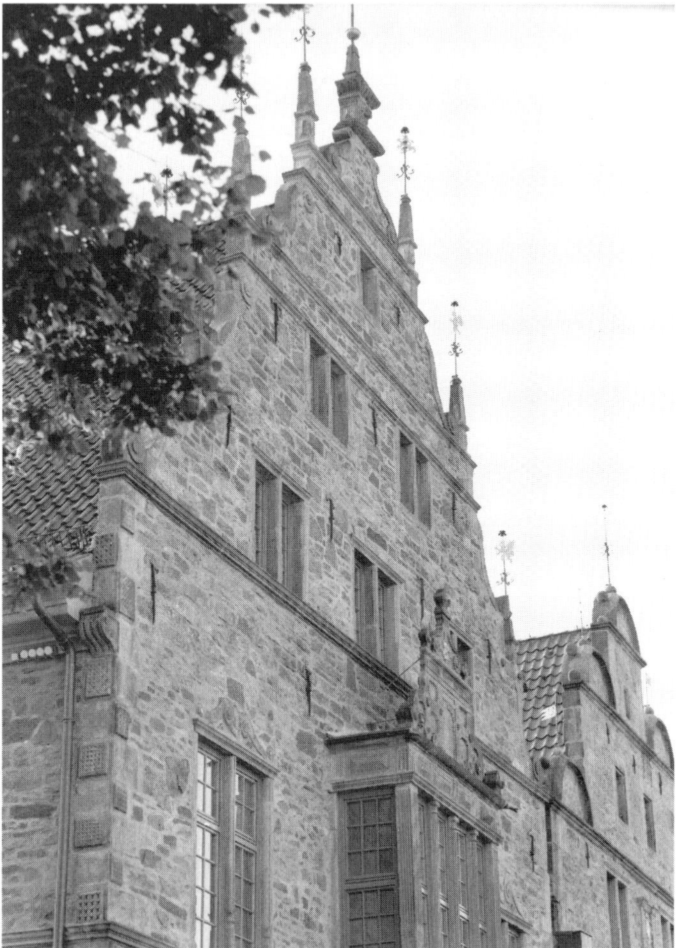

Rinteln, Rathaus.

Am linken Weserufer, südlich von Bückeburg, liegt der Ort **Rinteln**, den Graf Adolf I. von Schaumburg um 1230 hatte planmäßig anlegen lassen und dessen hochmittelalterliches schachbrettartiges Straßensystem noch heute zu erkennen ist. In einigen Straßen Rintelns sind teilweise geschlossene Reihen Fachwerkhäuser des 16. und 17. Jh. erhalten, so in der Bäcker-,

Kreuz- und Schulstraße sowie in der Krankenhäger Straße, die zu einem Viertel niedrigerer sozialer Schichten gehörte.

Auch am Marktplatz stehen vereinzelt Fachwerkhäuser des 16. und 17. Jh., ferner das aus zwei nebeneinanderliegenden Gebäuden bestehende **Rathaus**. Im 16. Jh. erhielten die beiden ungleich großen Häuser moderne Schaufassaden. Das größere Gebäude stammt im Kern aus der Mitte des 13. Jh. und war im 14. Jh. durch das kleinere Gebäude ergänzt worden, das den Weinkeller und das Gefängnis enthielt.

Das kleine Haus wurde bereits Mitte dieses Jh. mit einem neuen Giebel versehen, der mit schlichten Halbkreisaufsätzen geschmückt ist, wie sie für die erste Hälfte des 16. Jh. typisch sind. Zwei Erker mit Fächerrosetten, die im 18. Jh. zu den heutigen Ausluchten verlängert wurden, setzte man vor die Fassade. Der Wappenstein am Giebel stammt aus einer zweiten Bauphase, in der weitere kleine Umbauten erfolgten. Das Giebeldreieck des großen Hauses mit Volutenkontur wurde zusammen mit der

Rinteln, Rathaus, das große Haus und das kleine Haus.

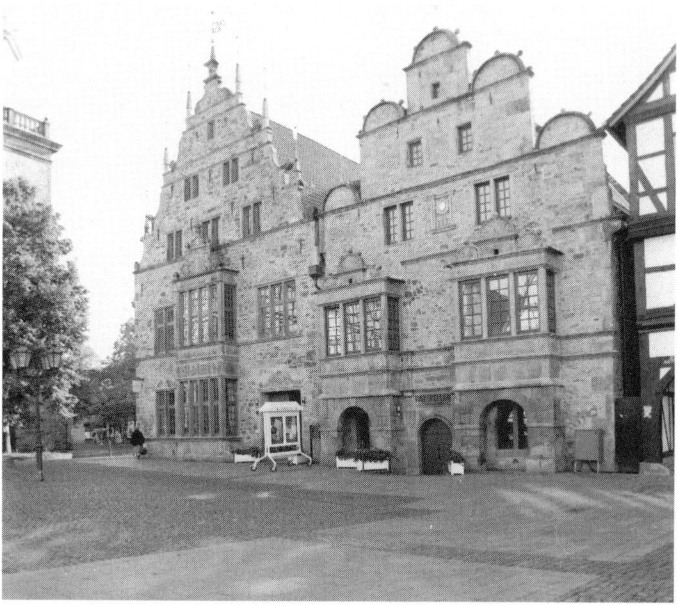

mittleren Auslucht 1597–1598 errichtet. Ein Kragstein, ca. ein Meter unter der heutigen Trauflinie, kennzeichnet noch den Ansatz des mittelalterlichen Giebels.
Hier sind zwei Beispiele für die Formgebung der frühen und der mittleren Phase der Weserrenaissance direkt nebeneinander zu sehen. Während rechts der Bauschmuck auf wenige Formen, wie Halbkreisaufsätze und Gesimse, beschränkt bleibt, finden sich am großen Haus bereits Voluten und an der Auslucht neben Beschlagwerk und Bossensteinen auch kannilierte Pilaster zwischen den Fenstern, Hermenpilaster und Rollwerkkartuschen. Erneuert wurde am großen Haus auch das rückwärtige Giebeldreieck sowie eine Freitreppe hinzugefügt. Die freistehende Traufseite des großen Hauses besitzt Fensterbekrönungen, die erst nach dem Dreißigjährigen Krieg eingebaut wurden. Das große Gebäude nahm im Erdgeschoß (rückwärtiger Teil) einen kleinen Saal auf, das Obergeschoß bestand aus einem einzigen Raum, der, wie bei anderen Rathäusern und Zunfthäusern der Renaissance, den Bürgern für Versammlungen und Festlichkeiten (Theater, Hochzeiten usw.) diente. Im Erdgeschoß ist innen an der Traufwand noch ein zugemauertes Fenster zu erkennen, das aus dem 13. Jh. stammt. Trotz der durchgreifenden Veränderungen des 16. Jh. gehen die Grundstruktur und der Umfang der Gebäude auf die mittelalterliche Bausubstanz zurück.

Die Marktkirche **St. Nikolai** am Marktplatz, im 13. und 14. Jh. erbaut, bewahrt eine Bronzetaufe aus dem Jahre 1590, ein zweigeschossiges Altarretabel (um 1600) mit einer Abendmahldarstellung sowie mehrere Holz- und Sandsteinepitaphe des 16. und 17. Jh. Die Kanzel ist von 1648.

Unweit vom Marktplatz ist in der Ritterstraße als Teil eines Münchhausen-Hofes ein 1565 für Hilmar von Münchhausen errichtetes sogenanntes **Archivhäuschen** erhalten. Seine einstige Funktion ist ungeklärt: Angeblich soll es den von Hilmar von Münchhausen gesammelten Archivalien als Aufbewahrungsort gedient haben oder wurde schlicht als Gartenhäuschen genutzt.
Wahrscheinlich gehörte es zu einem größeren Bauensemble, da die jetzige Rückfront aus dem 19. Jh. stammt. Die Gestaltung geht auf den Baumeister Cord Tönnis zurück, der durch sehr fein gearbeitete Details innerhalb eines streng symmetrischen Aufbaues dem Bau einen besonderen Reiz verlieh. Die bekrönenden Halbkreisaufsätze sind, ein Unikum innerhalb der Weserrenaissance, mit Portraitmedaillons gefüllt, die Hilmar von

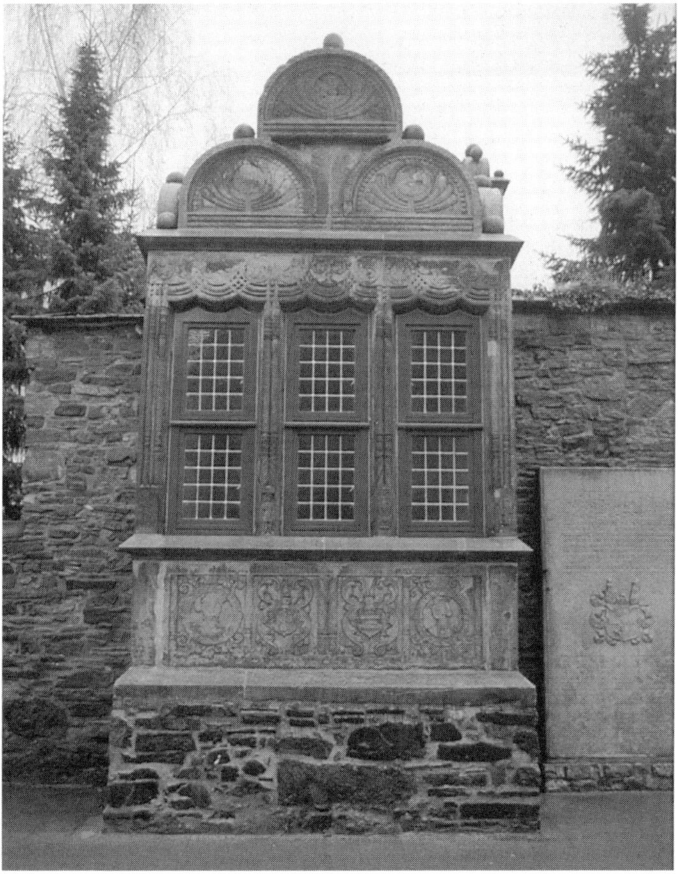

Rinteln, Archivhäuschen des Hilmar von Münchhausen.

Münchhausen und seine Gattin Lucia von Reden zeigen, sowie einen behelmten Männerkopf im Profil. Die Portraits mit den dazugehörigen Wappen wiederholen sich in den Erkerbrüstungen. Der nur wenige Schritte entfernt liegende Zwillingsbau wurde 1847 ergänzt. Er erhielt einen Wappenstein von 1561 als Bauspolie.

Am Südende der Ritterstraße liegt ein zweiter **ehemaliger Hof der Familie von Münchhausen**. Der Hauptbau der zweiflügeligen

Anlage, wohl um 1600 errichtet, ist mit einem Fachwerkflügel aus der zweiten Hälfte des 17. Jh. verbunden. Die Auslucht mit Schnitzwerk entstand um 1900.

Die reformierte Pfarrkirche **St. Jakobi**, die Ende des 13. bis zum Anfang des 14. Jh. als Kirche des Benediktinerinnenklosters errichtet wurde, diente ab 1621 als Universitätskirche. In den Abteigebäuden (Ende des 19. Jh. abgerissen) war 1621–1809 die Rintelner Universität untergebracht. An dieser Stelle steht heute ein Schulgebäude von 1875. Die Kirche ist zusammen mit der ehemaligen Universitätskommissie in der Klosterstraße 9/10 das einzige noch bestehende bauliche Zeugnis der Landesuniversität.

Westlich in der Klosterstraße liegt der ehemalige **Prinzenhof**. Das in der zweiten Hälfte des 16. Jh. entstandene Fachwerkgebäude schmücken Vorhangbogenfenster und reiches Schnitzwerk. Im 18. Jh. diente das Gebäude als fürstliches Absteigequartier. In dieser Zeit wurden das barocke Tor zur Klosterstraße sowie der Treppenvorbau hinzugefügt.

Am südlichen Ende der Klosterstraße steht das **Schaumburgische Heimatmuseum**, das über die Kulturgeschichte der Stadt und der näheren Umgebung informiert. Das Gebäude besteht im Kern aus dem späten Mittelalter und war ein (Möllenbeckscher) Burgsitz, der in Urkunden aus dem Ende des 15. Jh. als **Eulenburg** bezeichnet wird. Im 16. Jh. und 1622 wurde das Gebäude erneuert und stark verändert.

Einige Kilometer östlich von Rinteln liegt auf dem Nesselberg des Wesergebirges, hoch über dem Flußtal, die als Höhenburg bereits im 12. Jh. gegründete **Schaumburg**. Das Gelände der Burg betritt man durch ein Torhaus, das noch zur mittelalterlichen Anlage gehört. Im Durchgang sind die stark verwitterten Brüstungsplatten eines auf der Hofseite gelegenen, 1804 abgebrochenen Erkers eingemauert worden. Die heutigen Erker an der Außenfront sowie der zum Hof entstanden im Jahre 1909, orientieren sich in ihrer Gestaltung jedoch stark an ihren Renaissancevorläufern.

Von 1909 stammt auch das reizvolle Fachwerkhaus, das sich westlich an das Torhaus anschließt und in dem Teile eines Osnabrücker Hauses von 1613 Verwendung fanden. Heute ist dort ein kleines Schloßmuseum untergebracht.

Auf dem Bergplateau, auf dem sich auch das zweigeschossige Hauptgebäude der Schloßanlage befindet, sind noch zwei

Türme erhalten: der sogenannte **dicke Turm** und der Glockenturm des 14. Jh. Der **Palas** aus dem ausgehenden 16. Jh. wird durch Gesimse mit fein gearbeiteten Zahnschnittfriesen gegliedert. Die beiden Portale sind von kannelierten ionischen Pilastern bzw. korinthischen Halbsäulen flankiert und mit Diamant- und Juwelmotiven auf dem Türsturz versehen sowie von Schweifwerk bekrönt. Statt eines Treppenturmes verbindet im Inneren eine gradläufige Steintreppe die beiden Geschosse miteinander. Gradläufige Steintreppen sind für diese Zeit eine noch sehr seltene Erscheinung!
Im 16. Jh. hatte die Schaumburg ihre Bedeutung als Hauptsitz der Schaumburger Grafen längst verloren, woraus sich der recht bescheidene Umfang des neu gebauten Renaissancegebäudes erklärt.
Im Flußtal, zu Füßen der Schaumburg, besteht seit dem 13. Jh. **Hessisch Oldendorf**. Am Rande des Ortes steht das Schloß, ein zweiflügeliges, rechtwinkliges Gebäude mit Treppenturm im Binnenwinkel. An der Hofseite des Westflügels sind über dem Eingang die Wappen des Erbauerpaares Borris von Münchhausen und dessen Ehefrau Heilwig von Büschen, die das Anwesen von ihrer Mutter geerbt hatte, angebracht. Heilwig wird die Initiative für den Ausbau der alten Burg zugeschrieben. Das

Hessisch Oldendorf, Schloß.

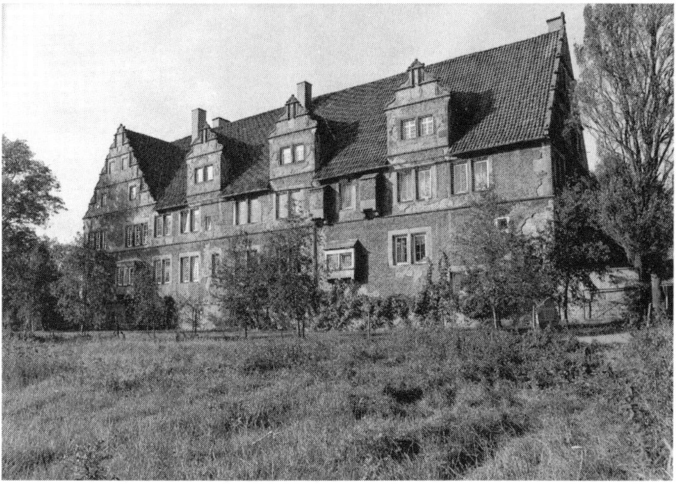

repräsentative Gebäude mit geschweiften Voluten an den Giebeln entstand zwischen 1582 und 1585. Im Obergeschoß des Seitenflügels lag ein großer, 30 m langer und 9 m breiter Festsaal, der für die zahlreichen Familienfeierlichkeiten genutzt wurde: Heilwig und Börris hatten neun Kinder und fast hundert Enkelkinder!

Von Rinteln aus führt die Bundesstraße 238 an dem **Benediktinerinnenstift Möllenbeck** vorbei, das 896 gegründet wurde. Die heutige spätgotische Kirche entstand unter Einschluß von Bausubstanz des 11. Jh., gleichzeitig mit den Klostergebäuden. Klostergebäude und Kirche bilden zusammen ein Geviert und schließen einen Kreuzgang ein. Die Räume der Klausurbauten haben bis heute ungewöhnlich schöne spätgotische Deckenstuckierungen bewahrt, die bereits Anklänge an Renaissance-Ornamentik enthalten. So zieren zum Beispiel im Winterrefektorium Rankenmotive und Kandelaberformen die Decken. Die Maßwerkfenster am Südende des Ostflügels kennzeichnen am Außenbau den Kapitellsaal und die Klosterbibliothek im Obergeschoß. Die Anlage ist mit Kloster Lüne (Lüneburg) verwandt und aufgrund ihres ungewöhnlich guten Erhaltungszustandes für eine Besichtigung sehr zu empfehlen.

Etwas abseits der Bundesstraße 238, westlich vom Kloster Möllenbeck, liegt **Schloß Vahrenholz**. Die eigenwillige Konzeption des Gebäudes als Vierflügelanlage mit zwei polygonalen Eckbastionen am nordöstlichen Flügel, die dem Schloß einen wehrhaften Charakter verleihen, hat die bis heute ungelöste Frage nach dem Baumeister aufgeworfen. Bauherr war der lippische Graf Simon VI., der das Schloß 1591–1600 zu einer Vierflügelanlage ausbauen ließ. Dabei wurden der mittelalterliche Wohnturm im Nordwesten sowie der Torflügel (im Süden mit Vorhangbogenfenstern),den 1542/43 Simon de Wendt schuf, einbezogen. Die Wappen des Grafen und seiner ersten Gemahlin, Irmgard von Rietberg, die bereits 1584 starb und mit der er zeitweise Schloß Vahrenholz bewohnte, sind über dem Tor angebracht.
Aufgrund der erhaltenen Ausgaberegister kennen wir den Namen des Bauleiters Hans Rade aus Blomberg, der bis 1591 tätig war. Ab 1593 führte der Maurermeister Johann Bierbaum aus Salzuflen den Bau fort. Es ist jedoch sehr fraglich, ob von diesen Männern auch der Entwurf des Schlosses stammt. Dagegen spräche ihre Bezahlung im Tagelohn, die für einen leitenden und entwerfenden Baumeister nicht üblich war. Häufig diskutiert

worden ist die Beteiligung des holländischen Festungsbaumeisters Johann von Rijswijk, mit dem Simon in engem Kontakt stand. Rijswijk war in den Niederlanden an vielen Festungsbauten beteiligt, so in Sternbergen, Ostende, Deventer oder Vlissingen. Er ist nachweislich um 1600 in die Grafschaft Lippe gekommen und war offensichtlich für Simon VI. tätig, wie Geldzahlungen Simons an Rijswijk beweisen. Gewohnt hat Johann von Rijswijk im September 1600 auf Schloß Vahrenholz, hierhin ist er 1609 zurückgekehrt, nachdem Simon ihn zum lippischen Baurat ernannt hatte, und hier lebte er bis zu seinem Tode 1612. Sein spätes Auftauchen in Vahrenholz um 1600, nachdem der Bau bereits fertiggestellt war, spricht allerdings gegen seine Beteiligung.

Schloß Varenholz, Grundriß.

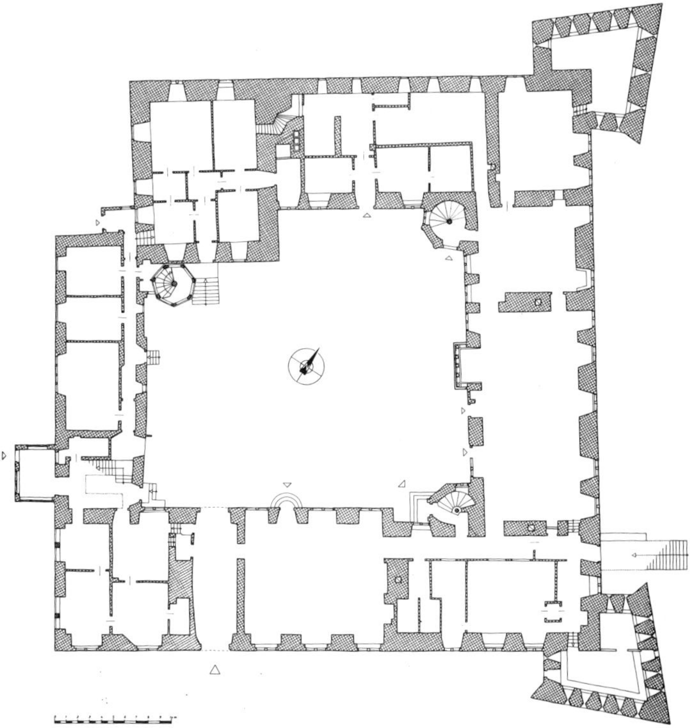

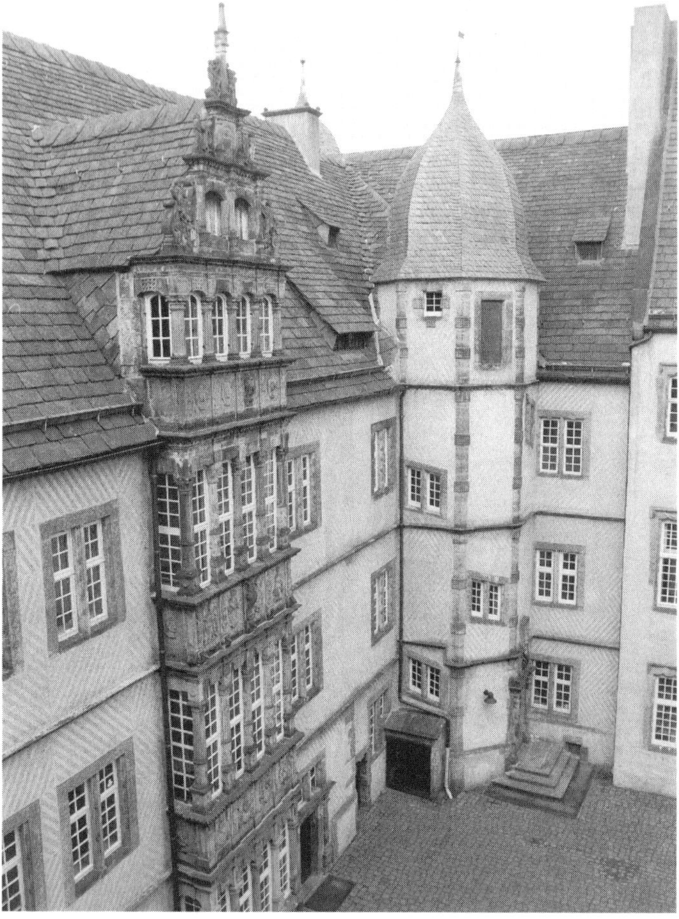

Schloß Varenholz, Blick in den Innenhof.

Ungewöhnlich jedoch sind die Eckbastionen, die nur im Osten vorhanden sind und deren spitzwinkliger Grundriß des Erdgeschosses nach oben verschoben wird.
Der Innenhof wird durch eine über alle Geschosse reichende Auslucht vor der Mitte des Ostflügels bestimmt. Übereinander gestellte Säulen gliedern die vierachsige Auslucht in allen Ge-

schossen und erinnern zusammen mit den Figuren des Dachaufbaues an die Mindener Patrizierhäuser Bäckerstraße 45 und Scharn 17. Die Bildhauerarbeit dieser Auslucht wird Johann Bierbaum zugeschrieben. Die Figuren (wie auch die Darstellungen der Tugenden in den Brüstungsfeldern) sind in recht ungeschickter Proportionierung und Bewegung dargestellt, aber auch hierin dem Haus Bäckerstraße 45 sehr ähnlich. Die Mauerfläche ist heute wieder (nach Befund) mit dem für Bauten der Weserrenaissance typischen Rautenmuster überzogen und eines der sehr seltenen Beispiele einer Rekonstruktion dieser Verputztechnik. In die polygonalen Treppentürme im Norden und Nordosten des Schloßhofes, die durch Eckdienste betont sind, führen reich geschmückte Eingangsportale.

Die **Scheune** an der Ostseite des Domänenhofes von 1570 (nach einem Brand 1962 wiederhergestellt) stammt von Hermann Wulff (Meisterzeichen), dem Otto Gaul auch den Entwurf für das Schloß zuschreibt.

Zeitlich parallel zum Bau der Scheune schuf Hermann Wulff die Wappentafel des Grafen Simon VI. an der **Mühle in Langenholzhausen**. Ein seltenes Motiv sind die spiraligen, kannilierten Säulen des Wappensteins. Zusammen mit der Toreinfassung, den im Bogenscheitel ein Löwenkopf ziert, bildet das Wappen den einzigen Schmuck der Wassermühle, die 1568 Graf Simon errichten ließ und die bis heute in Betrieb ist.

An der Kirche des Ortes befindet sich noch die stark verwitterte **Grabplatte Johann von Rijswijks** (Schloß Varenholz), der hier 1612 begraben wurde (gestorben am 25. 1. 1612).

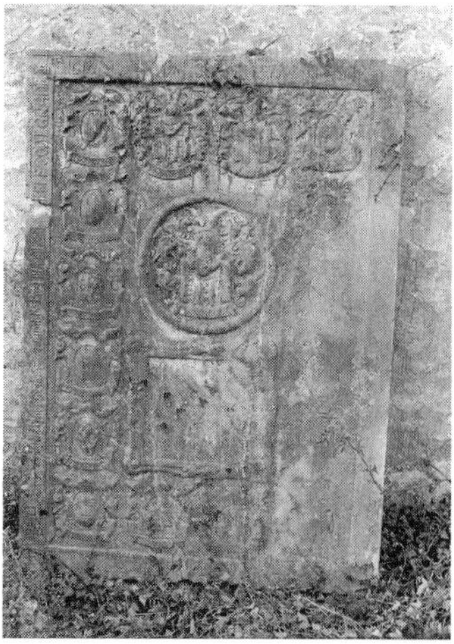

Langenholzhausen, Kirche. Grabplatte des Festungsbaumeisters von Rijswijks.

Obernkirchener Sandsteinbrüche – Stadthagen – Schloß Remeringhausen

Auf der Bundesstraße 65 von Bückeburg nach Stadthagen passiert man die **Obernkirchener Sandsteinbrüche** (nahe des Ortes Obernkirchen), die seit dem Mittelalter Lieferant für das begehrteste und teuerste Baumaterial waren, den Sandstein. Dieser sogenannte Bückeburger Stein, auch als Bremer Stein bekannt, wurde hier abgebaut und auf der Weser nach Norden oder Süden transportiert. Ins Ausland, nach Skandinavien, in die Niederlande oder nach England, gelangten die Steine über Bremen, was dem Material wohl seinen Beinamen verlieh. Dort war hauptsächlich Lüder von Bentheim als Großkaufmann und gleichzeitiger Baumeister an den Geschäften beteiligt. Aus einigen erhaltenen Baurechnungen erfahren wir, daß der Stein bereits in den Steinbrüchen vorbereitet und bearbeitet wurde, und viele Baumeister reisten persönlich an, um die Steine vor Ort zu prüfen und auszusuchen. Die Aufsicht über die Steinbrüche besaß das Augustinerinnenkloster, das hier im 12. Jh. angesiedelt worden war. Von der ehemaligen **Stiftskirche**, einer spätmittelalterlichen Hallenkirche, sind nur noch Teile erhalten. Sehenswert ist der dreiteilige geschnitzte Hochaltar von 1496, der die Kreuzigung und Passionsszenen darstellt. Die Taufe entstand Anfang des 17. Jh. und zeigt Rollwerkdekoration, die sich an Entwürfe Wendel Dietterlins anlehnt. Das Stiftsgebäude wurde um 1537 erneuert.

Der Ort **Stadthagen** wurde im 13. Jh. von den Schaumburger Grafen als militärischer Stützpunkt gegründet. Nach dem Ausbau der Wasserburg zu einem repräsentativen Schloß Mitte des 16. Jh. war er die bevorzugte Residenz der Schaumburger Grafen und damit der wirtschaftliche und politische Mittelpunkt des Territoriums. Als aber Graf (später Fürst) Ernst von Schaumburg-Holstein Anfang des 17. Jh. die Residenz nach Bückeburg verlegte, als darüber hinaus auch das hier gegründete „Gymnasium Illustre“ nach Rinteln (Umwandlung zur Schaumburgischen Landesuniversität) ausgegeliedert wurde, da verlor Stadthagen rasch seine Bedeutung. Heute ist im Straßenbild der mittelalterliche, regelmäßige Grundriß (vgl. Rinteln) noch zu erkennen, der innerhalb eines im 15. Jh. stark ausgebauten ovalen Befestigungsringes lag. Dieser ist heute als Stadtwall erhalten.

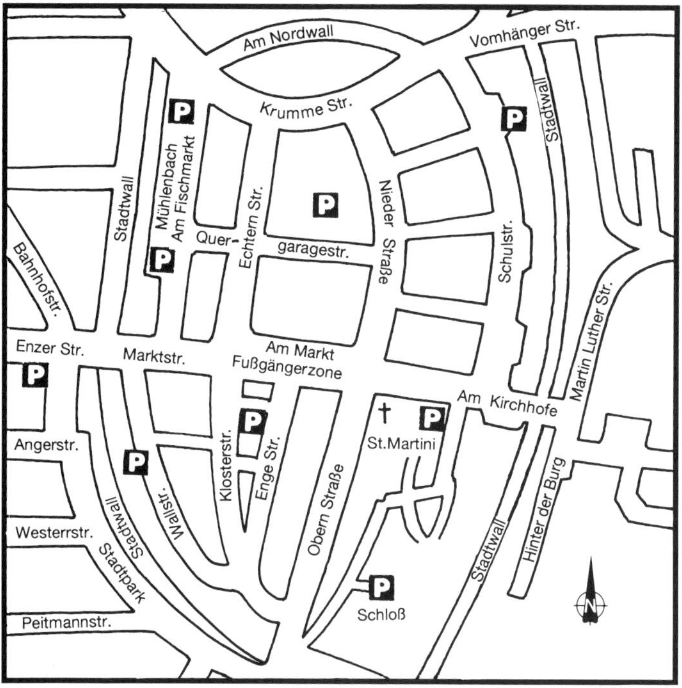

Stadthagen, Plan der Innenstadt.

Das **Schloß Stadthagen** am südöstlichen Ende der Stadt, innerhalb des Befestigungsringes gelegen, erbaute etwa 1534–41 der süddeutsche Baumeister Jörg Unkair für Graf Adolf IX. von Schaumburg. Das Schloß weist alle für die erste Hälfte des 16. Jh. und den Beginn der Weserrenaissance typischen Bauformen auf: schlichte, nur durch Gesimse gegliederte Mauerflächen, Zwerchhäuser mit Halbkreisaufsätzen über dem Traufgesims und Rechteckfenster mit Stabwerkeinfassung. Die Giebelseiten der einzelnen Flügel des Geviertbaues sind noch zu selbständigen Schaufassaden ausgebildet, die wie die Zwerchhäuser mit Halbkreisaufsätzen abschließen. Bis zum Beginn des 17. Jh. ist diese Tendenz, auch innerhalb einer mehrflügeligen Anlage die einzelnen Flügel als selbständige Gebäudeteile zu begreifen, sehr verbreitet. Sie entsprach wohl den Vorstellungen der Renaissance-Zeitgenossen, die eine stärkere Betonung mehrerer Schauseiten des Bauwerkes gegenüber einer Zentralisie-

rung bevorzugten (vgl. z.B. den Schütting in Bremen, mehrere gleichberechtigte Eingänge wurden erst später zugunsten eines Mittelportals aufgegeben).
Der später hinzugefügte Nordflügel hat einen sicherlich vorher existierenden Vorgängerbau (z.B. Fachwerkgebäude) teilweise ersetzt. So entstand später die Baulücke im Nordwesten.
Der Westflügel, dessen Geschoßhöhe leicht von den übrigen Flügeln abweicht, gehört noch der mittelalterlichen Burganlage an und wurde in den Neubau integriert. Am Außenbau sind noch alte vermauerte Fenster zu erkennen. Mittelalterlich ist auch das Torhaus, durch das man den etwas trapezförmigen Innenhof betritt. Um einen Eindruck zu geben von der Farbigkeit, die einst die Schloßfassade auszeichnete, wurde sie am südwestlichen Treppenturm rekonstruiert. Die gewählten Farben stimmen allerdings nicht mit den hier am Bau gefundenen Farbresten überein. Die gußeiserne Wappentafel über dem Turmeingang, die das Jahr 1541 als Vollendungsdatum der Bauaktivität Graf Adolfs angibt, stammt von Philipp Soldan, einem der bedeutendsten Eisengießer der Renaissance in Deutschland. Der Turm im Südosten ist historistisch.
Bemerkenswert ist die vierteilige Fenstergruppe am Südflügel. Am Fenster unten links, das mit einer für Unkair seltenen Kandelaberrahmung versehen ist, ist ein kleiner Kochtopf mit gekreuzten Kochlöffeln zwischen die Kandelaber gesetzt. Ein

Stadthagen, Südflügel des Schlosses.

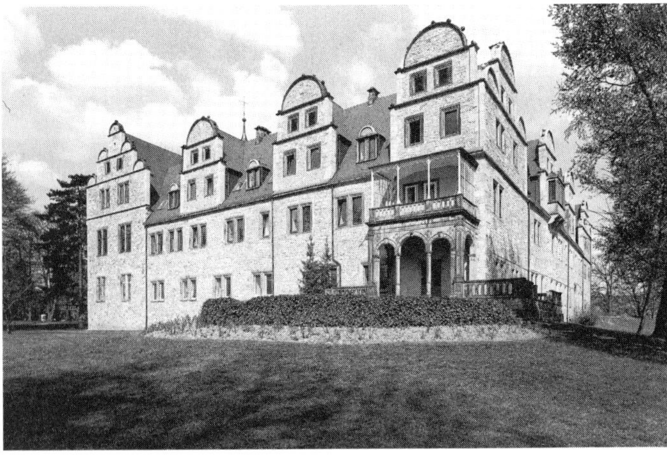

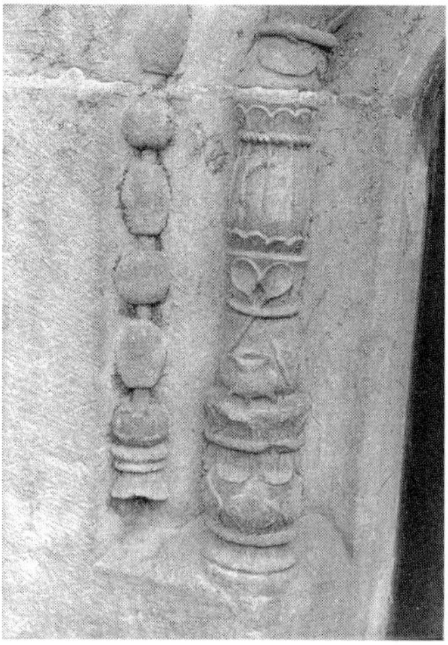 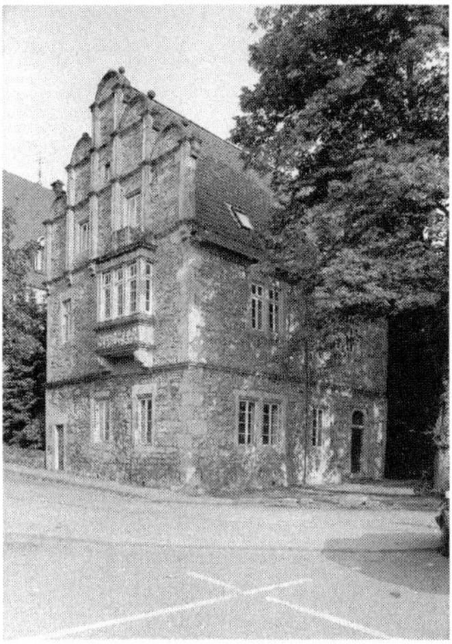

Stadthagen, Fenster im Innenhof des Schlosses (links), Kavalierhaus vor dem Schloß (rechts).

humorvolles Detail, das auf die Küche, die in diesem Flügel im Erdgeschoß lag, hinweist. Im Inneren sind in diesem Flügel noch zwei Türrahmungen, aus Astwerk und Kandelabern bestehend, mit den Initialen des Baumeisters sowie die Küchengewölbe des 16. Jh. erhalten.
Sehenswert sind vor allem die drei Prunkkamine, die Arend Robyn 1576 bzw. 1604 nachträglich einbaute. Die Reliefs der Kaminstürze, in hervorragender Qualität, entstanden nach zeitgenössischen Vorlagenstichen und stellen die vier Elemente, die vier Jahreszeiten und eine Bacchusdarstellung dar.
1874–1877 erfolgten bauliche Veränderungen. Der Turm im Südosten und die südliche Giebelschauseite des Ostflügels, die mit einer Loggia versehen wurde, stammen aus dieser Bauzeit, in der auch das Innere komplett umgebaut wurde. 1975 beschloß man, hier das Finanzamt unterzubringen. Der gesamte Gebäudekomplex wurde renoviert und die überaus unpassenden Fenster eingefügt.

Das westlich unmittelbar vor dem Tor des Schlosses gelegene **Kavalierhaus** aus dem letzten Drittel des 16. Jh. zeigt bereits eine stärkere Strukturierung der Außenwände durch Pilaster, Lisenen und kleinteiligere Halbkreisaufsätze mit Muschelfüllungen an den Giebeln.

Im Nordwesten, zwischen Schloß und Stadt, steht ein aus Bruchsteinmauerwerk bestehendes, ehemaliges **Wirtschaftsgebäude**, das mit Staffelgiebeln dem Schloß optisch angeglichen wurde.

Am südlichen Ende der Obernstraße liegt ein malerisches Fachwerkgebäude von 1553, die sogenannte **Amtspforte**. In diesem Gebäude war die landesherrliche Verwaltung einschließlich des Gerichtes der benachbarten Dörfer zentralisiert. Auf profilierten Knaggen ragt das Obergeschoß vor. Die Schwellenbalken sind mit reichem Schnitzwerk geschmückt. Typisch für das 16. Jh. sind die Fächerrosetten, ungewöhnlich jedoch die mit Backsteinen ausgemauerten Gefache, die 1985 erneuert wurden. In der Amtspforte befindet sich heute das **Heimatmuseum**.

Geht man die Obernstraße in nördliche Richtung zum Marktplatz, steht auf der rechten Seite, umgeben von einem kleinen Kirchplatz, die evangelische **St. Martinikirche** mit dem kunsthistorisch überaus wertvollen **Mausoleum** des Fürsten Ernst von Schaumburg-Holstein. Mit dem Bau der dreischiffigen Hallenkirche wurde 1260 begonnen, die Kirche jedoch in ihrer heutigen Form erst um 1400 fertiggestellt. Im Inneren befindet sich eine umlaufende Holztäfelung von 1578 mit Pilastern und Blendbögen. Gleichzeitig entstand die Fürstenloge im Norden der Westempore. (Die Loge im Süden gehört den Jahren um 1700 an.) Weitere bedeutende Renaissance-Ausstattungsstücke sind eine Kanzel um 1600, die Bronzetaufe, datiert 1578 mit Monogramm CR, sowie zahlreiche Epitaphe der Schaumburger Familie, da die Kirche immer Grablege des Grafenhauses war. Vor allem hervorzuheben ist ein Sandsteinepitaph in der Turmhalle für Otto IV. von Schaumburg-Holstein, das 1580 von Arend Robyn, der auch die Prunkkamine des Schlosses gearbeitet hat, und Jakob Kölling geschaffen wurde.

An den Chor der Kirche schließt sich das siebeneckige Mausoleum an, das vom Chor aus durch eine Tür hinter dem Hochaltar zu erreichen ist. Den Bau plante Fürst Ernst sehr intensiv, und seine große Sorge, daß das Mausoleum nicht zu seinem Begräbnis fertig sei, hat sich bewahrheitet: Der Fürst starb 1622, und erst drei Jahre später wurde die Grablege vollendet. Die Rechnungen für das Mausoleum hat der Fürst genau wie die für das Bückeburger Schloß eigenhändig geführt und mit dem italienischen Motto „Bauen ist ein süßes Armwerden“ eröffnet. Bereits 1608 beauftragte er Giovanni Nossini, der auch in Bückeburg arbeitete, mit der Planung. Dessen Entwürfe sind jedoch nur in einer geänderten Variante zur Ausführung gelangt, da sich der Fürst mit dem Künstler überwarf. Erst 1619 wurde mit dem Bau begonnen, dessen Grundkonzeption, ein siebeneckiger Zentralbau mit Zeltdach, auf den Fürsten selbst zurückgeht. Der Außenbau ist durch ein Arkaden-Pilaster-System gegliedert. Durch Fenster im Westen fällt Licht in den 24 m hohen Raum (die Laterne des Daches mitgerechnet). Auch im Inneren gliedern Pilaster und Blendarkaden die Wände. Im Osten sind die Epitaphe des Fürsten, seiner Frau und seiner Eltern angebracht. Sie sind in eine Ädikularahmung mit korinthischen Marmorsäulen integriert. In der Mitte des Raumes steht das von Adrian de Vries 1618–1620 speziell für diesen Raum geschaffene Bronzedenkmal. Auf einem marmorverkleideten Sockel erhebt sich ein von Löwen getragener Sarkophag, den der auferstandene Christus mit der Siegesfahne in der Hand bekrönt. Zu Christi Füßen sitzen Putten mit Schreibgeräten in den Händen. Auf dem Sockel sind vier schlafende Wächter angeordnet, von denen der westliche im Augenblick des Aufwachens gezeigt wird. Direkt hinter dem aufwachenden Wächter hat der Fürst sein eigenes Bildnis als Bronzerelief anbringen lassen. Der erhobene Kopf und Arm des Wächters führen die Blicke des Betrachters nach oben zum Portrait des Fürsten und zur Figur Christi, der die Bewegung mit seinem im Segensgestus erhobenen rechten Arm aufnimmt. Richtungbestimmende Gesten der Figuren, die kompositionelle und inhaltliche Bezüge zwischen ihnen herstellen, waren bereits im Taufbecken des Adrian de Vries in der Bückeburger Stadtkirche angeklungen und sind hier, innerhalb eines straffen vertikalen Aufbaues, zur höchsten Wirkung gesteigert.

Die Bronzekartuschen des Sockels
zeigen das Schaumburger Wappen und vor Hintergrundarchitekturen Allegorien des Fleißes, Wohlstands und Ruhms.

Die Gemälde unter den Fenstern stammen von Anton Boten, der auch die Decke ausmalte.

Malerei, Raumstrukturierung, das Denkmal und selbst die Lichtführung sind einem gesamtkünstlerischen Plan unterworfen, dessen Qualität an italienische Beispiele der Hochrenaissance denken läßt, so an das von Cosimo I. von Medici 1605 für die Fürstenfamilie begonnene Grabmonument in San Lorenzo in Florenz.

Östlich der St. Martinikirche liegt die – laut Inschrifttafel an der Westfassade – 1565 errichtete **Lateinschule**. Gesimse, profilierte

Fensterlaibungen und ein stabwerkgefaßtes Rundbogenportal sind der einzige Schmuck des Bruchsteinbaues. In der südlichen Hälfte befindet sich eine kreuzrippengewölbte Durchfahrt.

Südlich der Kirche steht ein **Bruchsteinbau** mit Fachwerkobergeschoß aus der zweiten Hälfte des 16. Jh., der zu den Gemeindehäusern gehört hat.

Die beiden parallel verlaufenden Hauptstraßen des Zentrums, Obern- und Klosterstraße, verbindet der längliche **Marktplatz**, an dem sich neben dem Rathaus an der nordöstlichen Ecke noch einige sehenswerte Bürgerhäuser der Renaissance erhalten haben. Das mittelalterliche Rathaus lag nordwestlich der Martinikirche, also dem heutigen Rathaus schräg gegenüber. Erhaltene Reste dieses Baues wurden in den 60er Jahren des 20. Jh. beseitigt.

In den 80er Jahren des 16. Jh. entschloß sich der Rat der Stadt zu einem neuen **Rathaus,** da das alte offensichtlich zu klein geworden war. Dazu wurde das am Marktplatz bestehende Zeughaus aus der Mitte des 16. Jh. umgestaltet und vergrößert. Für die im Zeughaus eingelagerten Waffen wurden neue Unterbringungsmöglichkeiten in einem Geschützschuppen am Wall und in der Ratsscheune gefunden, und so konnte 1592 mit dem Umbau begonnen werden, den Cordt Reinecke geleitet hat.
1589 bereits war Cord Tönnis nachweislich von der Stadt bei den Vorplanungen zu Rate gezogen worden. Erhalten blieb auch ein Empfehlungsschreiben für Georg Crossmann, ausgestellt von der Stadt Lemgo. Die für Georg Crossmann grundsätzlich fragliche Beteiligung und der Einfluß dieser Männer auf den Bau ist jedoch bis heute nicht geklärt.
Der bestehende Zeughausbau, östlicher Abschnitt des heutigen Rathauses, wurde nach Westen verlängert. Die Anschlußstelle im Bruchsteinmauerwerk ist bei genauem Hinsehen noch heute als Baufuge zu erkennen. Die Bauformen des Zeughauses, Halbkreisaufsätze, Staffelgiebel, Dachaufbauten und Erker, zeigen eine enge Verwandtschaft zu denen des Schlosses. Aus diesem Grunde wird der Bau oft dem Unkair-Schüler Jakob Kölling zugeschrieben. Zusammen mit der Vergrößerung wurde dem östlichen Giebel zur Niedernstraße hin die zweigeschossige Auslucht vorgebaut, die 1612 um den rechten Aufsatz bereichert und 1802 aus verkehrstechnischen Gründen etwas zurückgesetzt werden mußte. Die Bekrönungen der drei Erker zum Markt stammen von Jan II. Robyn.

An der Hofseite des Rathauses ist ein wohl als Bauspolie hier eingefügtes Affenbildnis zu sehen, das von einer stark verwitterten Inschrift gerahmt wird. Schrift und Motiv sprechen für ein mittelalterliches Entstehungsdatum. Affen waren eine im Mittelalter beliebte Form zur Darstellung menschlicher Laster, vor allem der Eitelkeit. Der Stein könnte aus dem alten Rathaus stammen.

Wenige Schritte vom Rathaus entfernt liegt das Haus **Markt 4**. Einem im Kern mittelalterlichen Gebäude, wahrscheinlich des 13. Jh., wurde 1586 eine neue Fassade vorgeblendet. Das bis dahin aus einem hohen Erdgeschoß mit Diele und darüberliegendem Speicherraum bestehende Gebäude wurde in ein dreistöckiges Wohn- und Kaufmannshaus mit Schmuckgiebel und repräsentativer Auslucht umgewandelt.
1985 durchgeführte intensive Bauuntersuchungen konnten einen Vorgängerbau des 12. Jh. an dieser Stelle nachweisen. Dies bedeutet, daß schon vor der Ansiedlung der Schaumburger Grafen im 13. Jh. am Marktplatz eine Siedlung bestanden haben muß.

Das Haus **Markt Nr. 21** ist ein aufwendig verzierter Fachwerkbau aus dem Ende des Dreißigjährigen Krieges 1647–1649; Haus **Markt Nr. 8** entstand 1573, doch wurde seine Fassade im 18. Jh. stark verändert. Im Südwesten des Marktplatzes sind noch **Reste des Franziskanerklosters** (1486) erhalten. Das Kloster hat bis 1621 das „Gymnasium Illustre“ (Vorgängerinstitut der Rintelner Universität) beherbergt.

Etwas östlich von Stadthagen liegt das kleine **Schloß Remeringhausen**, das Ludolf von Münchhausen (ein Sohn Heilwegs und Börris' von Münchhausen, Hessisch Oldendorf) an Stelle eines Bauernhofes hatte erbauen lassen.
Seit 1600 bewirtschaftete er zusammen mit seiner Frau Anna gleichzeitig die Güter Remeringhausen und Hessisch Oldendorf, die sie auch beide abwechselnd bewohnten, wie aus Briefen Annas an ihren Ehemann und aus Aufzeichnungen Ludolfs hervorgeht.
Von dem Anwesen ist heute nur noch ein kleiner malerischer Flügel mit seitlichem Treppenturm erhalten. Die Spindel des Turmes führt ins Obergeschoß, während das ehemals nur aus einem Raum bestehende Erdgeschoß durch eine zweite Eingangstür an der Traufseite zu erreichen ist. Die Existenz eines zweiten Flügels wird angenommen, konnte aber bislang nicht nachgewiesen werden.

Burg Rodenberg – Apelern – Lauenau

Von Stadthagen führt die „Straße der Weserrenaissance" auf der Bundesstraße 65 über Bad Nenndorf nach **Rodenberg**. Von der in der zweiten Hälfte des 16. Jh. ausgebauten mittelalterlichen Wasserburg ist leider nur eine Ruine erhalten geblieben. Teile des früheren Saalbaues (Ostflügel) mit einem polygonalen Treppenturm, der früher eine geschweifte Haube als Dach besaß, sind die einzigen Reste einer ehemals unregelmäßigen Vierflügelanlage. An der hofseitigen Fassade sind noch Reste eines Beschlagwerkreliefs zu sehen. Das Innere war im Erdgeschoß als zweischiffiger kreuzgratgewölbter Raum ausgebildet, darüber lag ein großer Saal. Rudimente eines Kamins sind an der Außenmauer des Ostflügels zu erkennen; der Kamin befand sich früher in dem südlich anschließenden Torhaus. Inzwischen ist das **Heimatmuseum** des Ortes eingezogen.

In **Apelern** und Lauenau begegnen wir mehrmals den Gebäuden der überaus bauwütigen Münchhausenschen Familie, die sich an der Gemeindekirche von Apelern ein Familienbegräbnis schuf.

Der evangelischen **Pfarrkirche** mit mächtigem Westturm aus der Mitte des 13. Jh. wurde um 1606 das **Münchhausensche Erbbegräbnis** hinzugefügt. Der einstöckige Anbau steht vor der westlichen Turmfassade und wird von umlaufenden Blendarkaden gegliedert, in deren Bogenzwickeln Masken eingearbeitet sind. Das Gebälk an der westlichen Front ist mit kleinteiligen Wappen versehen und trägt einen manieristischen, zweigeteilten Dachaufbau mit Beschlag- und Rollwerk. Im Norden des Chores liegt ein weiteres Erbbegräbnis, das der Familie von Hammerstein aus dem 18. Jh. Im Inneren der Kirche steht ein sehenswertes Taufbecken von 1559, das mit einem Puttenkopffries und mehreren ganzfigurigen Putten geschmückt ist. Die Kanzel aus dem Jahre 1600 zeigt Hermenpilaster an den Brüstungsfeldern des Kanzelkorbes. Ende des 16. Jh. wurden auch die Fenster der Kirche erneuert. Das Langhaus erhielt große, dreibahnige Fenster mit Rundbogenabschluß.

Am östlichen Ende des Ortes ließ Jobst von Münchhausen in den 60er Jahren des 16. Jh. den **Hammersteinhof** errichten. Das Herrenhaus ist ein schlichter, zweigeschossiger Bruchsteinbau mit mittigem Treppenturm. Das Portal wird von Stabwerk gerahmt, über der Tür sitzt das Wappen Anton von Bitersheim,

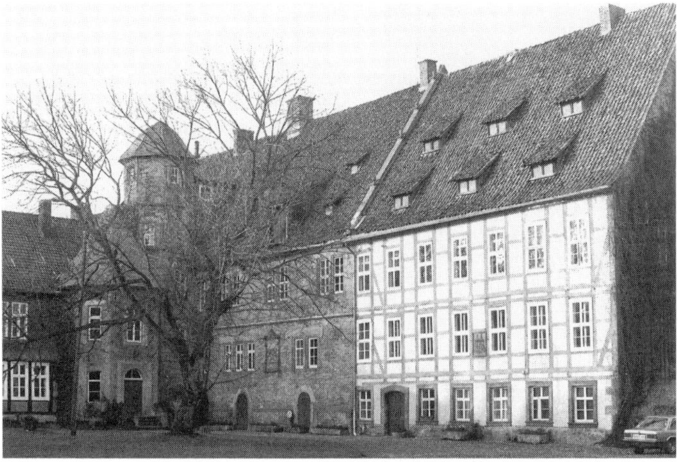

Apelern, Münchhausenhof.

der den Hof 1580 von der Familie von Münchhausen erwarb. Die ehemaligen Nebengebäude sind inzwischen abgerissen worden. Da der Bau den Unkair-Bauten (Detmold, Neuhaus, Petershagen, Stadthagen) verwandt ist (Treppenturm, Portal, Gesimse), wird Jakob Kölling, ein Unkair-Schüler, als Baumeister in Betracht gezogen.

Jakob Kölling wird auch der westlich von Apelern gelegene **Münchhausenhof** zugeschrieben. Der Söldnerführer Börris von Münchhausen ließ diesen Stammsitz der Familie errichten, nachdem er aus Frankreich zurückgekehrt war, wo er zusammen mit Erich von Braunschweig-Calenberg-Göttingen in der Schlacht von St. Quentin erfolgreich gekämpft hatte. 1588 hatte er sich mit der Erbtochter des Gutes in Hessisch Oldendorf, Heilwig von Büschen, vermählt. Noch heute ist der Hof als geschlossene Vierflügelanlage nur durch das Torhaus (1595) zu erreichen, das die sich anschließenden Hofmauern aus dem 16. Jh. überragt. An die Mauern lehnen sich hofseitig Wirtschaftsgebäude des 17. und 18. Jh. an. Im Süden des Innenhofes steht noch einer von ursprünglich zwei Flügeln aus der Zeit Börris' von Münchhausen, dessen Treppenturm nicht nur den Bauten des Baumeisters Jörg Unkairs auffallend ähnelt, sondern auch identische Steinmetzzeichen zeigt. An der Außenmauer befindet sich das Allianzwappen des Erbauerehepaares mit dem Baujahr

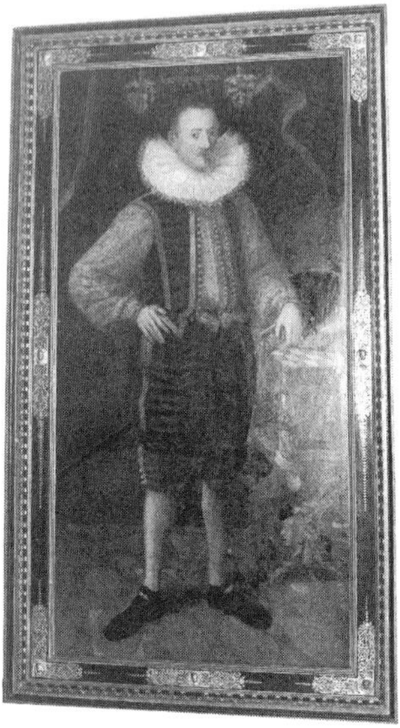

Porträts des Ludolph v. Münchhausen (oben) und Hilmars v. Münchhausen (unten).

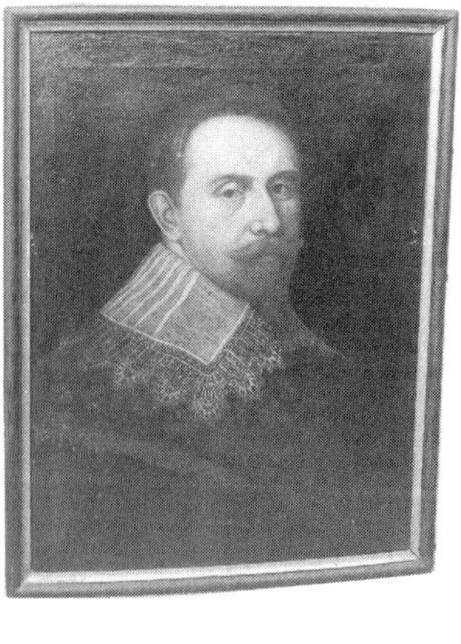

1561. Ein Nachfahr und Namensvetter des Erbauers, Börris von Münchhausen, Vater des bekannten Lügenbarons Hieronymus, ließ den bestehenden Wohnbau durch ein Fachwerkgebäude erweitern. 1888 ersetzte ein niedrigerer Flügel im Westen mit einem gedrungenen polygonalen Turm, der den Treppenturm fast verdeckt, den zweiten Flügel der Renaissance-Anlage.

Nach Fertigstellung des Münchhausenhofes in Apelern übernahm Börris von seinem Verwandten Hilmar von Münchhausen einen unvollendeten **Schloßbau** im Ort **Lauenau**. Nur das Hauptgebäude war bereits fertiggestellt (1569). Dabei verpflichtete sich Börris von Münchhausen in einem Vertrag gegenüber seinem Landesherrn, Graf Otto V. von Schaumburg, den Bau zu Ende zu führen. Die Vierflügelanlage mit kräftigen Strebepfeilern an der Außenseite war von einer breiten Graft (heute zugeschüttet) umgeben, zu der eine Torbrücke führt. Wie das fertiggestellte Schloß ausgesehen hat, ist nur durch einen Merianstich von 1650 überliefert, denn die ehemals vorhandenen Giebel mit Rollwerk wurden bereits 1796 entfernt. Zwei der vier Flügel haben hofseitig Fachwerkwände.

Auf einem Gebiet in Lauenau, das zu den ältesten Besitzungen der Familie von Münchhausen zählt, steht das **Gut Schwedesdorf** (von Otto von Münchhausen gebaut, ein Sohn Börris'). Ein Wappenstein über dem Treppenturmportal zeigt an, daß der 1596 begonnene Bau 1600 abgeschlossen war. Das Hauptgebäude war ursprünglich nicht mit dem zweiten Flügel verbunden, dies erfolgte erst zusammen mit einer Erneuerung des Fachwerkgeschosses und der Hinzufügung der Freitreppe mit historistischen Renaissanceformen im 19. Jh. Der Altan neben dem Treppenturm besaß wahrscheinlich früher einen Erker vor dem Obergeschoß. Der Erker links an der Fassade wurde im 19. Jh. unter Verwendung älterer Bauteile angefügt. An der rückwärtigen Traufseite sitzen dicht nebeneinander zwei Zwerchhäuser mit Schweifwerk. Im Inneren befinden sich mehrere Renaissancekamine, zwei von ihnen stammen aus dem Schloß Hessisch Oldendorf.

Auf dem Fußweg zum Gut Schwedesdorf passiert man ein Fachwerkgebäude des 18. Jh., über dessen Tür eine **Wappentafel** Ottos von Münchhausen mit Kruzifix nachträglich eingesetzt wurde. Sie ist ins Jahr 1600 datiert und stammt von dem heute nicht mehr existierenden Armenhaus des Ortes.

Hülsede – Bad Münder

Der Grundbesitz des Ortes **Hülsede** war der Familie von Rottorp im 14. Jh. von den Mindener Bischöfen als Lehen überlassen worden. Der in die Geschichte als überaus kampflustig und kriegerisch eingegangene Klaus von Rottorp baute hier auf dem Anwesen seiner Vorfahren 1529 ein befestigtes, zunächst recht bescheidenes Schloß.
Erst 1555 wurde die heutige Vierflügelanlage mit niedrigem Torflügel vollendet. Bei der 1987/88 erfolgten grundlegenden Innen- und Außenbau umfassenden Renovierung des Schlosses **Hülsede** wurden Veränderungen der Giebel an der Eingangsfassade wieder rückgängig gemacht und Aufbauten der Erker (rechts vom Tor) hinzugefügt.
Der älteste Teil der Anlage, das Baujahr 1529 ist am hofseitigen Portal angebracht, ist der westliche Teil des Nordflügels, der

Schloß Hülsede, Grundriß.

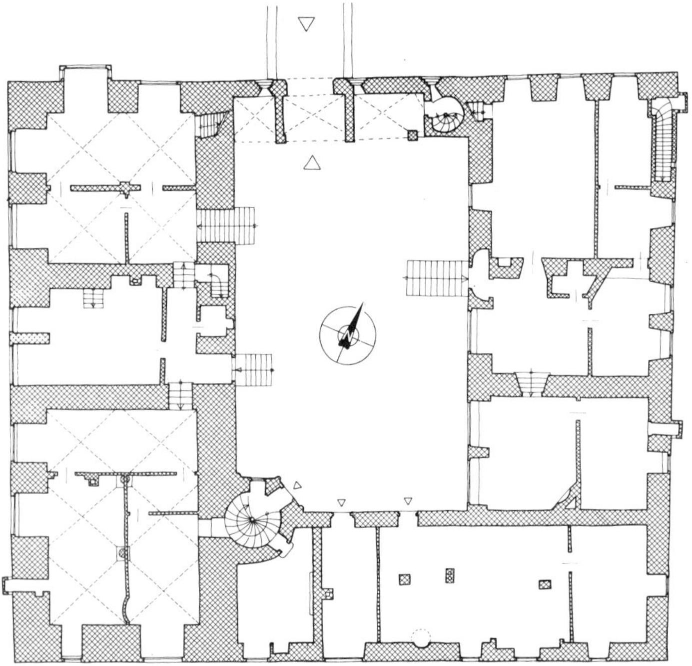

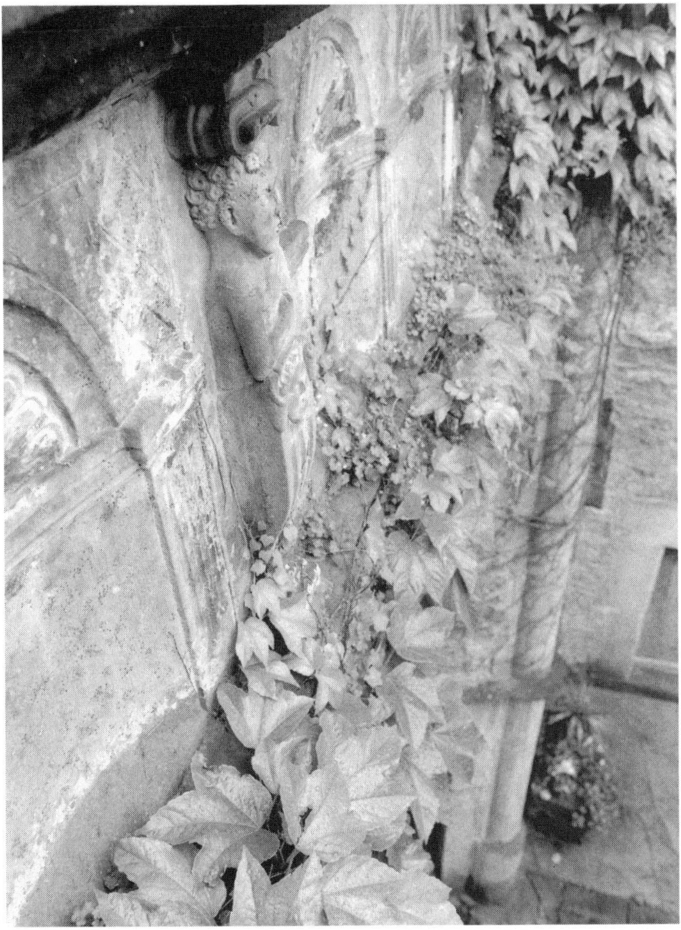

Schloß Hülsede, Brüstung der Galerie im Hof.

damals als freistehendes Gebäude mit einfachen Dreiecksgiebeln existierte. Erst in den 50er Jahren wurde ihm der östliche Abschnitt hinzugefügt. Der Südflügel folgte 1548. In diesem Gebäudeteil sind auf dem Dachboden prächtige Kamine erhalten, von denen einer in das Jahr 1548 datiert ist. Dies ist eine ungewöhnliche Anordnung: solche repräsentativen Kamine befinden sich normalerweise nicht im Dachgeschoß.

Der kleine Torflügel mit Wendeltreppe im Nordosten, der von der Eingangsfront aus zu sehen ist, sowie der Ostflügel stammen aus dem Jahre 1555. Der Torflügel ist hofseitig im Erdgeschoß in offene Arkaden aufgelöst und enthält im Obergeschoß einen Verbindungsgang zwischen Süd- und Nordflügel. Im Ostflügel lagen ursprünglich die Küche, die später in den Südflügel verlegt wurde, und die zu einem Gut gehörenden Wirtschaftsräume wie Back-, Schlacht- und Waschhaus.

Diese Gebäude wurden nach der Rückkehr Klaus von Rottorps errichtet, der 1550 in die Acht gefallen und von seinem Anwesen vertrieben worden war. Rottorp starb bereits 1559, der letzte seiner beiden Söhne 1584. Der Landesherr, Graf Adolf von Schaumburg, übergab nach dem Aussterben der männlichen Linie der von Rottorps das Lehen an den Landdrosten Hermann von Mengersen. Die hier noch wohnenden Töchter Rottorps mußten das Gut verlassen. Unter von Mengersen wurde der Südflügel umgebaut sowie 1585 der Treppenturm hinzugefügt. Um 1600 veränderte man einen zu dieser Zeit schon bestehenden hofseitigen Laufgang vor dem Ostflügel. Die Schmuckteile sind hier als Bauspolien zweitverwendet worden; sie entstanden 1560. Die Brüstungsfelder des Ganges sind mit jeweils zwei gekoppelten Gewölbenischen und darüberliegenden Muschelabschlüssen geziert, die von kannelierten Karyatiden gegliedert werden und das Brüstungsgebälk zu tragen scheinen. Der Laufgang ist den Gängen am Bückeburger und Detmolder Schloß in Bauplastik und Gliederung sehr ähnlich. Der Treppenturm ist für das Jahr 1589 erstaunlich schlicht gehalten und erinnert mit seinen Eckdiensten eher an Türme der ersten Jahrhunderthälfte.

An den äußeren Traufseiten der Anlage, die noch unregelmäßig über die Wand verteilte Fenster besitzt, die keine Fensterachsen bilden, sind noch mehrere Abortschächte erhalten.

Ein Epitaph für Klaus von Rottorp und seine Familie, entstanden 1587, hängt in der evangelischen Pfarrkirche von Hülsede, **St. Aegidius**. Vor einer angedeuteten Hintergrundlandschaft mit Architektur, im flachen Relief gearbeitet, kniet die Familie im strengen Profil unter einem Kruzifix: rechts vom Kreuz Klaus von Rottorp mit seinen beiden früh verstorbenen Söhnen, links seine Gattin mit den Töchtern. Die Szene ist in eine Blendarkade gesetzt und von einem tektonisch strengen Rahmen umgeben. Besonders sehenswert ist die Renaissance-Ausmalung der um 1300 gebauten Kirche. 1497 wurde das Langhaus neu gewölbt, dessen Gewölbekappen noch die Malereien von Hans Schu-

meier d.Ä. (1577) bewahrt haben. Die Malereien zeigen Szenen aus dem Alten und Neuen Testament. Im Chorgewölbe ist die Taufe Christi abgebildet. Es sind die Illustrationen einer Bibelausgabe von 1577 von Jos Ammann – jedenfalls für einige der Malereien – als Vorlage in Betracht gezogen worden. An den Wänden und in der Sakristei kann man die Reste von Malereien des 14. Jh. sehen, die erst 1960 wiederentdeckt wurden.
Die hölzerne Kanzel (1574) wird von einem als Mönch verkleideten Atlanten getragen. Gleichzeitig mit der Kanzel wurde die Nordempore mit zwölf halbfigurigen Aposteldarstellungen und dem Bild Luthers in den Brüstungsfeldern geschaffen (1577–1578). Der Taufstein mit Puttenköpfen entstand 1671.

Die seit 1033 benutzten Solequellen des Ortes **Bad Münder** haben den Ort bekannt gemacht. Die Mindener Bischöfe, zu

Bad Münder, Plan der Innenstadt.

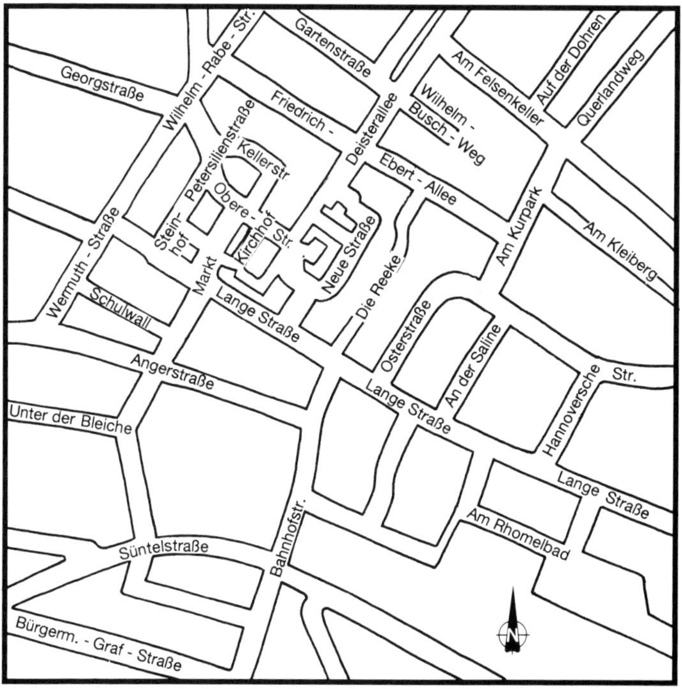

deren Territorium die Ortschaft gehörte, gaben das Gebiet 1260 an die Welfen ab; aus dem 13. Jh. stammt auch das Stadtrecht.

Am Markt wurde 1560 ein Vorratsspeicher gebaut, der heute unter der Bezeichnung **Haus der Väter** bekannt ist. Über einem hohen Hauptgeschoß erheben sich drei Giebelgeschosse, ins Innere führt ein rundbogiges Tor. Das Herrenhaus, das zu dem Kornspeicher gehörte, der sogenannte Hotzesche Hof, liegt in der Petersilienstraße. Der heutige Bau ist von 1721, der Vorgängerbau nicht mehr erhalten.

Direkt daneben errichtete Tieleman Büsung 1596 (Datierung auf der Wappentafel) den Eddingerodeschen Gutshof, den sogenannten **Münchehof**. Hier ist das Rundbogenportal durch Pilaster und ein Zahnschnittfries bereichert. Die zweigeschossige Auslucht zeigt ionische und korinthische Kapitelle, Löwenmasken und ornamentale Formen. Das neben dem Tor gelegene Fenster liegt etwas höher als die übrigen, weil sich dahinter wahrscheinlich ein unterkellerter und damit auch erhöhter Saal befand.

Im Norden des Ortes, in der Kellerstraße, liegt der **Wettbergsche Hof** (Pächterhof). Das Fachwerkobergeschoß und das Dach sind im 18. Jh. neu aufgestockt worden. Die Sitznischen des Eingangstores sind ein in der Weserrenaissance recht selten auftauchendes Motiv. Der Erker vor dem Erdgeschoß mit Rauten und Maskenschmuck wurde nachträglich verändert. Im Gebäude zeigt das **Heimatmuseum** eine Ausstellung zur Stadtgeschichte, die aufs engste verknüpft ist mit den Solequellen und den bis 1925 ebenfalls betriebenen Salinen.

Hameln

Wohl keine andere Stadt in Deutschland ist so eng mit einer alten Sage verknüpft wie **Hameln** mit der Geschichte vom Rattenfänger, die durch alle Jahrhunderte lebendig geblieben ist. Aus der Renaissance, d.h. vom Ende des 16. Jh., stammt die älteste erhaltene Darstellung vom Pfeifer mit den ausziehenden Kindern. Sie ist in einer Chronik des elsässischen Freiherrn Augustin von Mörsperg erhalten. Der Freiherr hatte auf einer Reise in das Wesergebiet den Ort kennengelernt und der Chronik die farbige Kopie eines Glasbildes zugegeben.
Das seltsame Ereignis soll sich 1284 zugetragen haben, als ein schöner Jüngling mit einer silbernen Pfeife die Kinder des Ortes zum Ostertor hinauslockte. In diesem Märchen, von dem auch die Inschrift an der Schwelle des Obergeschosses (seitlich) am sogenannten Rattenfängerhaus in der Osterstraße berichtet, sind zwei Ereignisse miteinander verknüpft worden. Zum einen der Auszug vielleicht sehr junger Bürger (Kinder), die sich im Osten niederließen, so geschehen im 13. Jh., mit der Geschichte von einem Rattenfänger. Aber für diejenigen, denen die romantische Version lieber ist, wird im Sommer jeden Sonntag Punkt 12 Uhr auf der Terrasse vor dem Rathaus das Rattenfängerspiel noch einmal lebendig.

Die Geschichte der Stadt begann im 8. Jh., als Fuldaer Missionsmönche in das fruchtbare Tal des Weserberglandes kamen und hier, an diesem siedlungsgünstigen Ort, ein Kloster gründeten. An der Stelle des heutigen Münsters wurden die Kloster und Stiftsgebäude errichtet. Der heutige Kirchenbau der **Münsterkirche St. Bonifatius** folgt in seiner Grundstruktur einer Basilika des 11. Jh., doch wurde er vor allem im 14. Jh. stark verändert. 1955 und in den 70er Jahren wurden unter der heutigen Kirche Reste des ottonischen und des karolingischen Vorgängerbaues entdeckt. In der Kirche befinden sich noch einige Epitaphe der Renaissance, unter anderem vom Bürgermeister Jost Rike, dessen Wohnhaus in der Osterstraße erhalten ist.
Der sich entwickelnde Ort, 1176 als villa publica erwähnt, kämpfte in der Folgezeit gegenüber dem dominierenden Stift hart um seine Selbständigkeit. 1277 wurden dem seit 1260 welfischen Ort die begehrten städtischen Privilegien eingeräumt, so daß sich die Stadt zu einem blühenden Handelsplatz entwickeln konnte und 1426 (bis 1572) Mitglied der Hanse wurde, jedoch auch schwere Krisen erlebte; so Mitte des 16. Jh., als die Pest

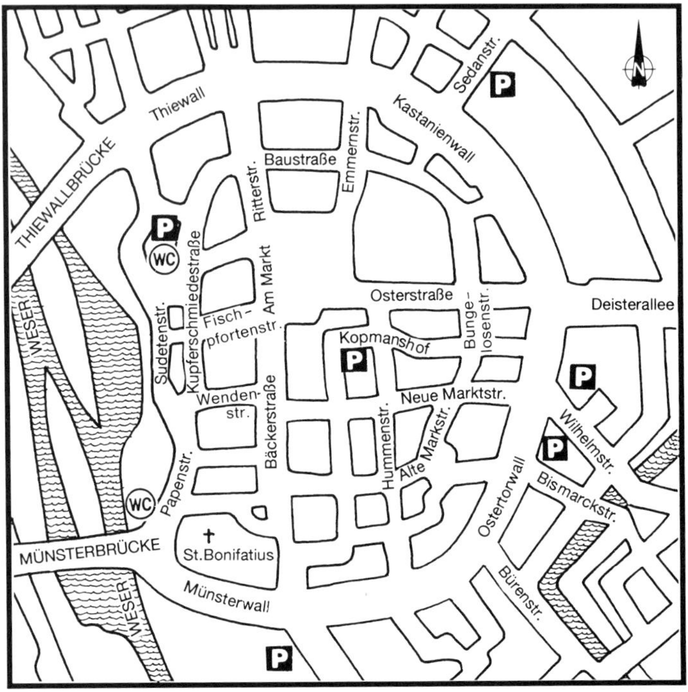

Hameln, Plan der Innenstadt.

wütete und schwere Brände große Teile der Bausubstanz zerstörten.

Geldkrise, Mißstände und politische Skandale (Münzmanipulationen) belasteten das Gemeinwesen zu Beginn des 17. Jh., und mit dem Dreißigjährigen Krieg wurde die wirtschaftliche Struktur vollends zerstört. Nach dem Krieg wurde die Stadt zur welfischen Landesfestung ausgebaut. Der Verlauf der alten Wallanlagen ist noch in den Straßen Münsterwall, Ostertorwall, Kastanienwall und Thiewall zu erkennen. Im Zweiten Weltkrieg blieben die Schäden im wesentlichen auf die Zerstörung des barocken Rathauses und der Marktkirche St. Nikolaus (wiederaufgebaut) beschränkt. (Weniger Glück hatten einige Gebäude in den 60er Jahren während der Sanierungsmaßnahmen.) So bestehen noch heute bedeutende Bauten des 16. und 17. Jh., die das Stadtbild wesentlich mitbestimmen.

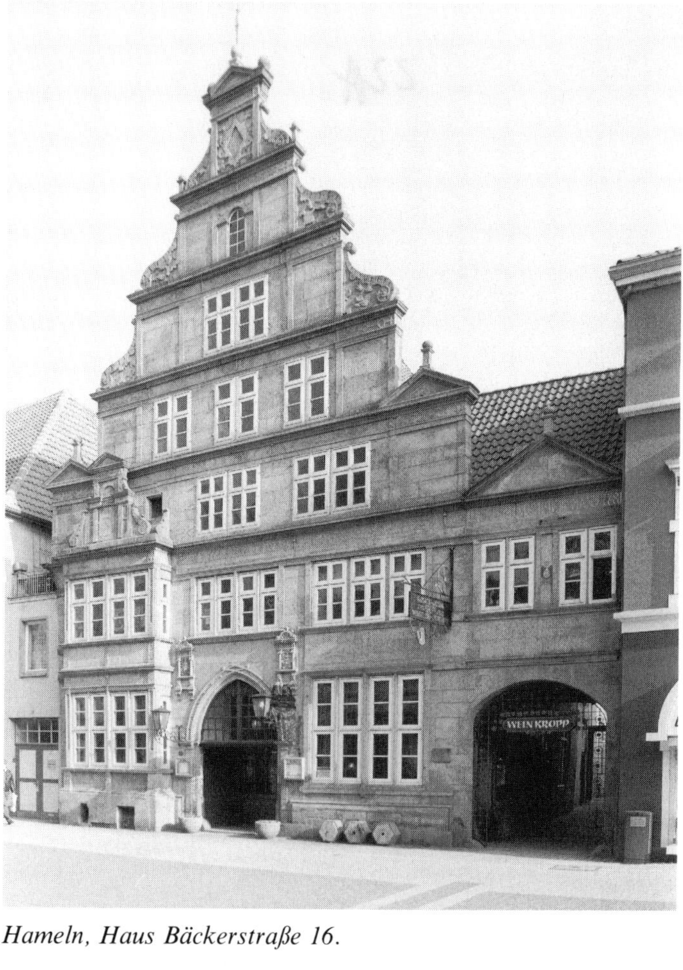

Hameln, Haus Bäckerstraße 16.

Hält man sich am Münsterkirchhof östlich, erreicht man die Bäckerstraße. Auf dem Grundstück **Bäckerstraße 16** (heute Rattenkrug) erhebt sich das Patrizierhaus des Johann Rike. Cord Tönnis leitete den Umbau des mittelalterlichen Gebäudes (Mitte 13. Jh.), das noch am rückwärtigen Giebel mit Kreuzblumen zu erkennen ist. Mitte des 16. Jh. wurde zunächst das

Innere stark verändert und in mehrere Räume aufgeteilt. Vordem war das Haus wohl als übliches Großraumhaus mit Diele und Saal ausgebildet. 1568/69 wurde dann eine neue Fassade mit einer zweistöckigen Auslucht vor das Gebäude gesetzt. In spätgotischer Manier ist noch das spitzbogige, mittige Tor mit sich kreuzendem Stabwerk gerahmt. An der Bogenspitze befindet sich das Meisterzeichen Cord Tönnis. Neu ist der Einschub eines niedrigen Zwischengeschosses, in dem zwei Wohnräume untergebracht wurden. Der hohe Giebel wird von ungewöhnlich weit vortretenden Gesimsen und einer breiten Attikazone aufgeteilt. Über dem Zwischengeschoß ist in Goldbuchstaben ein Bibelzitat angebracht. Ädikulen mit Dreiecksgiebeln zieren den Hauptgiebel sowie die Auslucht und treten am untersten Giebelgeschoß in schlichterer Form wieder auf. Der rechte Toranbau erfolgte 1781, paßt sich in Struktur und Ausprägung jedoch dem Renaissancebau stark an. Die strenge, fast klassische Gliederung der Fassade und einige bis dahin im Weserraum kaum übliche architektonische Kleinformen wie Ädikularahmungen und wohlproportionierte Dreiecksgiebel sind für einen Meister, der bis dahin Werke wie das Detmolder Schloß und das Archivhäuschen in Rinteln geschaffen hatte, recht erstaunlich. Diese Bauten zeigen zwar schon Tönnis' ausgeprägte Vorliebe und stares Interesse für Bauschmuck und Bauornamentik, die er oft in ungewöhnlicher Weise verändert, sind aber noch weit entfernt von der klassischen Ordnung dieser Fassade. Für diesen Wandel dürften einige prägende Einflüsse – vielleicht eine Reise – verantwortlich sein.

Weitere Gebäude in der Bäckerstraße aus dem 16. Jh.: **Nr. 21** (zweites Viertel 16. Jh.), **Nr. 43** mit Fachwerkobergeschoß von 1516 und **Nr. 44** mit Fachwerkrosetten von 1541.
In der **Alten Marktstraße 20/21** steht eine **Stiftskurie**, ein Fachwerkbau mit vorkragenden Geschossen aus dem beginnenden 16. Jh.
Kupferschmiedestraße Nr. 10 präsentiert sich als farbig gestaltetes Fachwerkhaus mit Fächerrosetten und vorkragenden Giebelgeschossen, das heute als **Bürgerhaus** genutzt wird.
In der näheren Umgebung, so in der **Fischpfortenstraße** und **Wendenstraße,** einem alten Handwerkerviertel, sind noch zahlreiche Bauten des 16. und vor allem 17. Jh. zu sehen.

An der Ecke Am Markt/Osterstraße steht der imposante Festsaalbau der Stadt, das sogenannte **Hochzeitshaus**. Es wurde zwischen 1610 und 1617 von der Bürgerschaft errichtet.

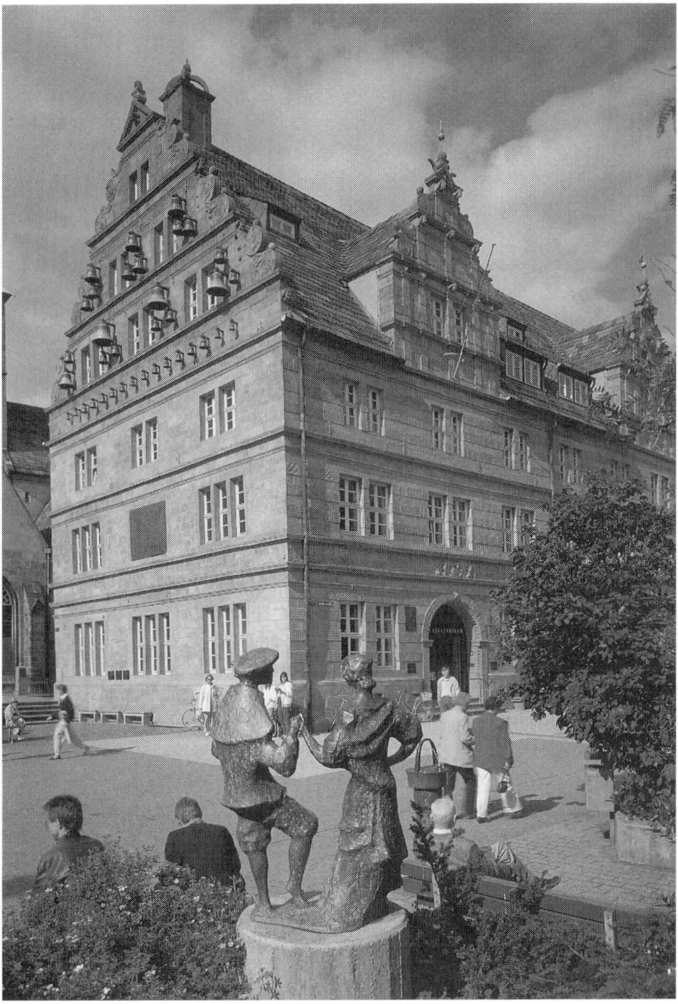

Hameln, Hochzeitshaus.

Optisch bestimmt werden die Außenmauern auf allen Seiten von umlaufenden, mit Bossenquaderflächen verzierten schmalen Bändern, die sich mit glatten Mauerstreifen abwechseln (sog. Specklagen). In Fußbodenhöhe des Obergeschosses läuft ein

Fries mit flachem Beschlagwerkmuster entlang. Die Horizontalgliederung durch bossierte Steine, die Zwerchhäuser über dem Dachgesims und die zahlreichen männlichen und weiblichen vorkragenden Köpfe weisen eine starke Ähnlichkeit mit Schloß Hämelschenburg auf, das kurz zuvor – 1607 – entstanden war. An der südlichen Front befinden sich die Eingangsportale, die ins Erdgeschoß führen, wo die Ratswaage, eine Apotheke und die Weinschänke untergebracht waren. Im Obergeschoß lag der große Festsaal, in dem die Bürger ihre gesellschaftlichen Ereignisse wie Hochzeiten oder Kindtaufen feiern durften. In einigen Orten erfüllte ein Saal im Obergeschoß des Rathauses gleichzeitig diese Funktion, wenn sich eine Gemeinde kein eigentliches Tanzhaus leisten konnte.
Über dem Saal lag die Rüstkammer. Von dieser inneren Aufteilung ist jedoch nichts mehr erhalten, da das Gebäude seit 1932 als Verwaltungsbau benutzt wird und vorübergehend, nach Zerstörung des Rathauses im Zweiten Weltkrieg, dessen Funktion erfüllt hat.

Ebenfalls am Marktplatz (Nr. 7) liegt das **Demptersche Haus**, errichtet 1607/8 für den Bürgermeister Thomas von Dempter. Die massiven unteren Stockwerke, die einen Fachwerkaufbau tragen, besitzen ebenfalls schon die Horizontalgliederung der Hämelschenburg, während die Auslucht dem Aufbau der Auslucht des Leisthauses (1585–1589) in der Osterstraße folgt. Die oberste Nischenfigur der Auslucht wurde erst 1970 hier eingesetzt. Die Brüstungsfelder der Gefache zeigen besonders qualitätvolle Beschlagwerkschnitzereien. Die heutige farbige Fassung wurde in den 70er Jahren frei gestaltet.

Vom Marktplatz zweigt die **Osterstraße** ab, an der das fälschlich als **Stiftsherrenhaus** bezeichnete **Fachwerkhaus** (Nr. 8) liegt.
In dem traufenständigen Fachwerkgebäude wohnte der Bürgermeister Friedrich Pöppendiek und kein Stiftsherr, wie es lange angenommen wurde. Eine Besonderheit sind die als Figuren ausgebildeten Knaggen, die zudem von Balkenmaskenköpfen nach vorne abgeschlossen werden. Hier sind biblische Gestalten mit Wesen aus der Mythologie und antike Planetengottheiten bunt gemischt. Die Beischlagwangen vor der Eingangstür dienten als Sitzbänke und stellten eine Art offene Terrasse zur Straßenfront dar. Von solchen Beischlägen, mit denen viele Bürgerhäuser ausgestattet waren, sind leider nur noch wenige erhalten.

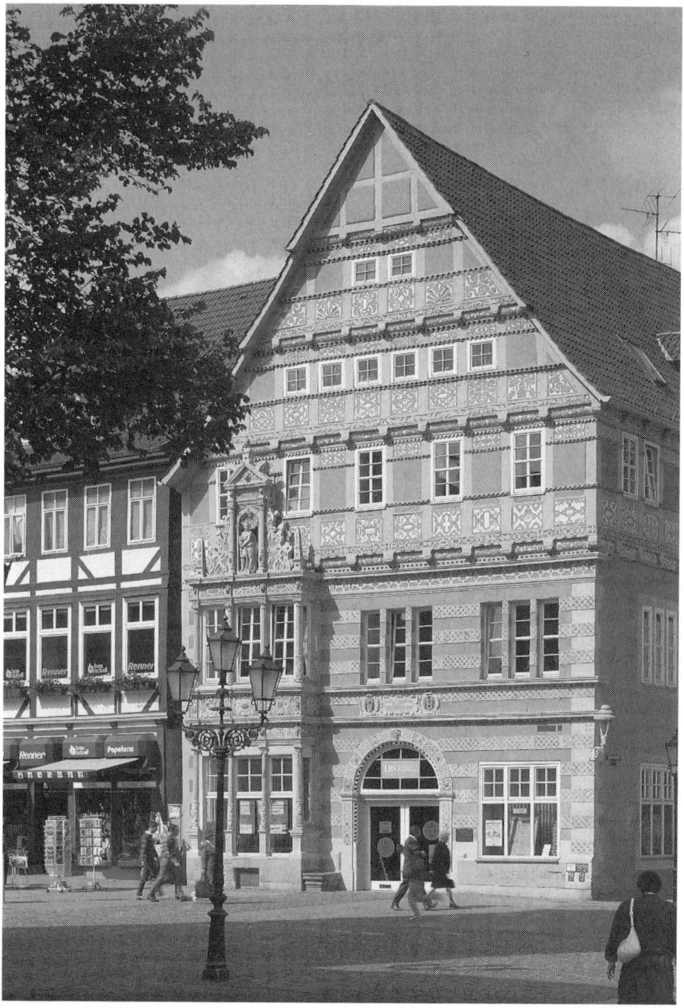

Hameln, Dempttersches Haus am Marktplatz.

Direkt nebenan steht das **Leisthaus** (Nr. 9), einst Wohnsitz des Kaufmannes Gerd Leist, der sein Geld vor allem mit Kornhandel verdiente. Der Baumeister Cord Tönnis, der das Haus zwischen 1585 und 1589 errichtete, hinterließ sein Meisterzeichen am Kamin im Saal. Es ist schwer vorstellbar, daß er diese kleinteilig gegliederte Fassade nach der klassischen Fassade des Hauses Bäckerstraße 16 konzipiert hat. Vielleicht waren Geschmack und Wünsche der Bauherren bestimmend. Das aufgemalte Ziegelmauerwerk wurde nach alten Farbbefunden rekonstruiert. Eine der Traufwände besteht aus Fachwerk. Die geschoßgliedernden Gesimse zeigen an der Unterkante Zahnschnittfriese, der Giebel ist in scharfkantige Volutenkonturen aufgelöst und wird durch kannelierte Halbsäulen gegliedert, die manieristisch in die Lücken zwischen die Fenster gestellt wurden. Die Auslucht, hinter der im Erdgeschoß das Kontor (Geschäftszimmer) und oben ein Wohngemach lag, ist besonders reich mit ornamentaler und figürlicher Bauplastik ausgestattet. Der Figurenschmuck des Brüstungsfrieses der Auslucht stellt die sieben Tugenden dar, eingerahmt von Adam und Eva. An exponierter Stelle, im Giebelfeld der Auslucht, steht in einer Rundbogennische die naturalistisch bewegte Figur der heiligen Lucretia, die als Hüterin von Recht und Ordnung in der Renaissance bevorzugt vom Bürgertum an Hausfassaden abgebildet wurde. Im obersten Aufsatz befinden sich ein vollplastischer Neidkopf und die Jahreszahl 1589.

In diesen beiden Häusern Osterstraße 8 und 9 befindet sich das **Stadtmuseum**. Die Exponate informieren über Handwerk und Kulturgeschichte Hamelns, und natürlich erfährt man alles über den sagenhaften Rattenfänger.

Nur wenige Schritte von den Häusern entfernt ließ der Bürgermeister Jost Rike 1576 sein Wohn- und Geschäftshaus **Osterstraße Nr. 12** errichten. Die Fassade mit zwei Ausluchten, denen heute die Aufsätze fehlen, wird durch flache Lisenen gegliedert und von einem Rollwerkgiebel mit Obelisken abgeschlossen.

Das **Rattenfängerhaus** an der Ecke Osterstraße Nr. 28/Bungelosenstraße wurde 1602/3 von einem bislang nicht sicher bestimmbaren Baumeister für den Ratsherrn Hermann Arendes errichtet. Rein spekulativ werden Johann Hundertossen und/oder Eberhard Wilkening als Architekten in Betracht gezogen. Seinen Namen erhielt der Bau erst sehr viel später durch die alte Inschrift vom Kinderauszug (an der Traufseite zur Bungelosenstraße).

An diesem Bau sind zum ersten Mal im Hamelner Umkreis die sogenannten Specklagen verwirklicht. Dabei handelt es sich um bossitierte und glatte Mauerschichten, die abwechselnd über-

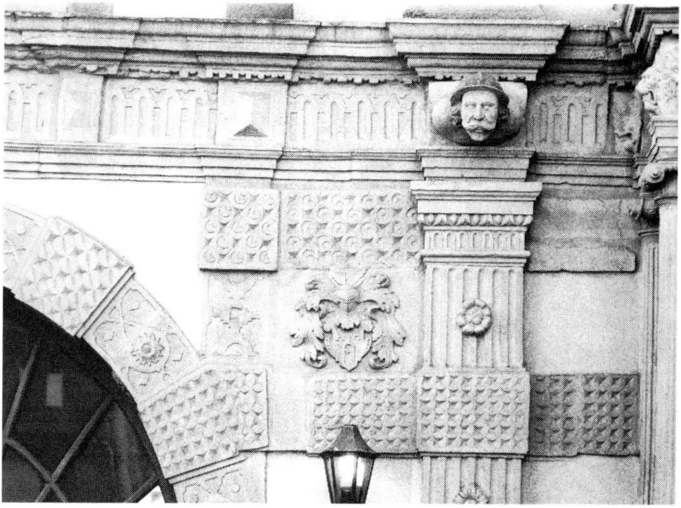

Hameln, Wächterkopf am Rattenfängerhaus, Osterstraße 28.

einander getürmt sind. Die Gliederung des Außenbaues ist hier schon genauso konsequent aufgebaut wie an der Hämelschenburg einige Jahre später. Auch die Bartmannsköpfe fehlen nicht. Die durch Gesimse getrennten Geschosse zeigen in der vertikalen Einteilung Pilaster in klassischer Ordnung, das heißt mit dorischen (Erdgeschoß), ionischen (Obergeschoß) und korinthischen (2. Obergeschoß) Kapitellen. (An der Auslucht treten nur ionische und korinthische Kapitelle auf.) Am Giebel dominieren die vertikalen bossitierten Pilaster, während der Giebelumriß durch Voluten und Obelisken gebildet wird. Im Gegensatz zur Hämelschenburg und zum Hochzeitshaus, wo die bossitierten Steine jeweils nur ein Kerbschnittmuster zeigen, treten bereits alle vier in der Weserrenaissance vorkommenden Ausprägungen auf.

Obwohl die Fassade gleichmäßig und konsequent durch Lisenen, Gesimse und die abwechselnden Mauerschichten geordnet ist, wird deutlich, daß der Symmetrie noch keine gestalterisch bestimmende Rolle eingeräumt wird. Während der Anfang der 80er Jahre durchgeführten umfassenden Renovierung wurde der stark angegriffene Sandstein soweit nötig erneuert sowie die ursprüngliche Fenstereinteilung rekonstruiert. Die begleitenden Bauuntersuchungen konnten die bereits bestehende Vermutung, daß es sich beim Rattenfängerhaus um einen umgebauten, im Kern mittelalterlichen Fachwerkbau handelt, der aus zwei Gebäudeteilen besteht, bestätigen. Ferner stellte sich heraus, daß mit der Errichtung der Fassade kurz nach 1600 auch die Geschoßeinteilung im vorderen Gebäudeteil verändert und angepaßt wurde.

Schloß Schwöbber

Einen Besuch wert ist Schloß Schwöbber, das auf der Nebenstrecke zu erreichen ist. Während Hilmar von Münchhausen in Rinteln das bekannte und in Bautyp und Ausprägung einmalige Archivhäuschen von Cord Tönnis erbauen ließ, gründete er gleichzeitig, nahe bei Hameln, einen großzügig angelegten Gutshof, **Schloß Schwöbber**. Kurz zuvor war der erfolgreiche Kriegsoberst aus dem dänisch-schwedischen Krieg heimgekehrt, an dem er ein beträchtliches Vermögen verdient hatte; hinzu kamen Einkünfte aus dem Freiheitskriege der Niederländer gegen die Spanier, an denen er auf spanischer Seite teilgenommen hatte. In den 60er Jahren, knapp 50 Jahre alt, zog sich Hilmar von Münchhausen aus dem Kriegsgeschäft zurück und begann, mehrere Schloßbauten und Güter zu kaufen und auszubauen. Zu diesen Anlagen zählen neben Schwöbber und Rinteln auch Lauenau, Leitzkau bei Magdeburg, Apelern und Aerzen.

Nachdem die hier angesiedelten Bauern abgefunden (abgemeiert) worden waren, begann er mit den Vorbereitungen zum Bau der Schloßanlage. Die Leitung übertrug er wiederum Cord Tönnis. Das unwegsame Gelände muß für die Fundamentierung und die Befestigungsanlagen recht große Schwierigkeiten bereitet haben. Jedenfalls wurde erst 1570 mit dem Bau des Hauptflügels begonnen.

Schloß Schwöbber, Grundriß.

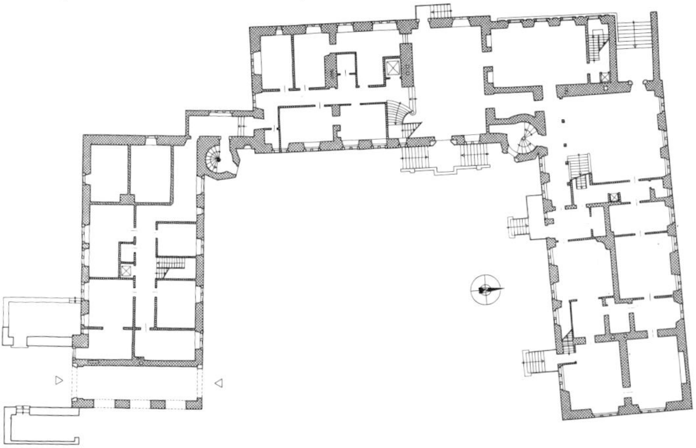

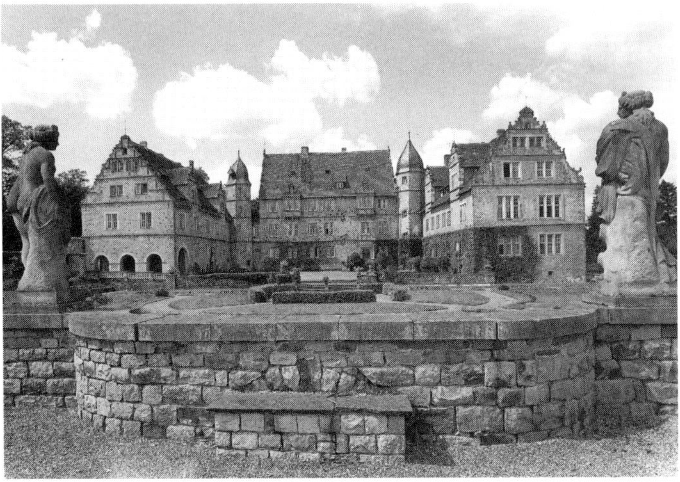

Schloß Schwöbber, Gesamtansicht mit Parklandschaft.

Im weiten Tal des Biberbaches liegt die dreiflügelige Anlage mit mehreren, außerhalb der Schloßanlage stehenden Wirtschaftsgebäuden, die zum größten Teil aus der Mitte des 19. Jh. stammen. Die inzwischen abgebrochenen Wirtschaftsgebäude des 16. Jh. lagen im Osten des Schlosses und zusammen mit diesem auf der von einer Graft umzogenen Insel. Im Norden ist die Graft zu einem großen Teich erweitert. Der Zugang zum nach Osten offenen Hof befindet sich im Süden. Ein tonnengewölbter Arkadengang am Ostende des Südflügels bildet die Zufahrt. Der Mittelflügel ist der älteste Teil der Anlage, dessen Fertigstellung 1576 der Bauherr Hilmar von Münchhausen jedoch nicht mehr erlebte, er starb bereits 1573. Sein Sohn, Hilmar von Münchhausen der Jüngere, vollendete den Bau, fügte den Torflügel im Süden 1588 hinzu und vervollständigte den Komplex 1606 mit dem nördlichen Teichflügel.
Der Mittelflügel überragt die beiden anderen Gebäude um ein Stockwerk. Seine hofseitige Fassade ist mit schlichten Zwillingsfenstern und zwei symmetrisch angeordneten, jedoch unterschiedlich ausgeschmückten Erkern vor dem zweiten Obergeschoß versehen. Die Aufbauten der Erker bestehen aus einer Ädikula mit Dreiecksbekrönung. Die schräg gestellten Fenster in der nördlichen Hälfte der Fassade kennzeichneten eine Wen-

deltreppe im Inneren, die 1920 leider entfernt wurde. Der ursprüngliche Zugang im Erdgeschoß existiert nicht mehr, dafür wurde das rechts vom Treppenhaus liegende historistische Portal eingesetzt. Dabei wurde leider die sehr geschickte Aufteilung – vom Treppenturm führten zwei Türen zur rechts liegenden Küche und links zu den übrigen Räumen – zerstört.

Die beiden Giebelseiten des Mittelflügels sind in das Jahr 1574 datiert, letzterer ist von Baumeister Cord Tönnis mit seinem Meisterzeichen versehen worden. Ihre Schmuckformen sind den Giebeln des Hauses Osterstraße 12 in Hameln sehr ähnlich, das etwas später (1576) in Hameln ebenfalls Cord Tönnis errichtete. Polygonale Treppentürme stellen die einzige bauliche Verbindung zu den beiden Seitenflügeln her. Der südwestliche Turm besaß ursprünglich jedoch keine Verbindung zum Mittelflügel. Der heutige Übergang wurde erst zu Beginn des 20. Jh. geschaffen.

Der Südflügel, den hof- und außenseitig zwei Zwerchhäuser zieren, enthielt im Erdgeschoß die Pferdeställe und darüber Magazinstockwerke. Der westliche Giebel des Südflügels ähnelt dem Giebel des Mittelflügels, während der östliche Schaugiebel mit einer schmalen Rollwerkkontur abschließt. In den obersten Halbkreisgiebel ist die Jahreszahl 1588 eingeschrieben. Erst 20 Jahre später wurde der Nordtrakt gebaut, der 1908 durch einen Brand stark beschädigt und in den Jahren 1921 – 1923 durch den Architekten von Wangenheim wiederaufgebaut wurde. Aus dieser Renovierungsphase stammt auch das historistische Portal des Mittelflügels, dessen Türsturz eine Inschrift trägt, die von den Geschehen berichtet: „Dies Haus Schwöbber wurde nach dem Brande A.D. 1908 wieder hergestellt und erweitert von Domänenrat Eduard Meier und Helene geb. Freiin von Wangenheim in schwerer Zeit 1921 bis 1923." Die Innenräume des Nordflügels wurden in historistischem Geschmack neu gestaltet, der auch nicht vor dem Mitteltrakt haltmachte (Obergeschoß). Ein Kamin des Jahres 1606 wurde während des Wiederaufbaus aus dem Obergeschoß in die neue Halle des Erdgeschosses versetzt. Einige der barocken Ausstattungsstücke des Teichflügels stammen aus Süddeutschland. Im Erdgeschoß des mittigen Westflügels ist im südlichen Teil noch die alte Schloßküche mit dem dazugehörigen Kamin erhalten. Sie liegt direkt hinter dem heutigen Eingangsportal.

Die ursprüngliche Aufteilung des Erd- und Obergeschosses des Mittelflügels in jeweils drei gleich große Räume, die durch

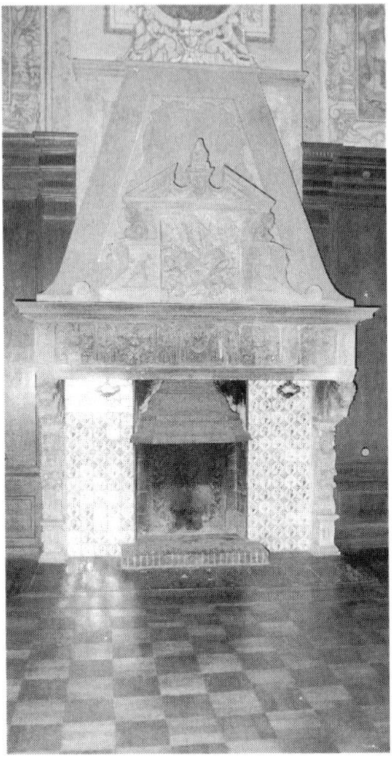

Schloß Schwöbber, Kamin im Nordflügel.

Kamine beheizt wurden (neben dem Küchenkamin in der nördlichen Trennwand befindet sich auch in der südlichen Innenmauer eine alte Kaminstelle), ist am Grundriß noch abzulesen. An den Zwerchhäusern und dem Schaugiebel des Nordflügels dominieren Bossensteine, die zur Abtrennung der Staffeln und an den Volutenbändern des Giebelumrisses auftreten. Das oberste Giebelgeschoß schließt ein gesprengtes Giebeldreieck ab, eine frühe Form des im Barock so beliebten Architekturelementes. Der Nordflügel wird aufgrund seiner Ähnlichkeit zum Schloß Barntrup dem Hamelner Baumeister Eberhard Wilkening zugesprochen.

Zu Beginn des 18. Jh. war Schwöbber für seinen Schloßgarten berühmt, den Otto von Münchhausen anlegte und mit seltenen ausländischen Gewächsen ausstatten ließ. Mitte des 18. Jh. verwandelte ein Sohn Ottos den Garten, einer zeitgemäßen Mode folgend, in einen englischen Park. Im Zuge des Wiederaufbaus und der Renovierung ab 1922 entstand auf der östlichen Hälfte der Schloßinsel, wo im 16. Jh. die Wirtschaftsgebäude standen, die heute noch in Grundzügen existierende neubarocke Gartenanlage mit zwei Pavillons. Die auf die umliegende Landschaft bezogene Disposition des Schlosses erhält durch diese symmetrische Garteneinbindung einen besonderen Reiz.

Die im Süden des Schlosses stehende **Schloßkapelle** wurde 1840 errichtet und enthält nur einige wenige Baureste aus der Renaissance.

Hämelschenburg

Kehren wir zurück auf die Hauptstrecke der „Straße der Weserrenaissance“, die nun von Hameln nach Lemgo führt. Es lohnt sich auf diesem Weg, Schloß Hämelschenburg zu besichtigen, das ein Meisterwerk der Weserrenaissance ist. Im Tal der Emmer an der Stelle des heutigen Schlosses lag eine Burg der Grafen Everstein. Diese konnten ihre Machtansprüche zu Beginn des 15. Jh. (Eversteinscher Erbfolgekrieg 1408/09) jedoch nicht behaupten und verloren das Territorium an die Welfen. 1437 erhielt die Familie Klenke die Burg und das dazugehörige Gelände als Lehen. Eine zweite Burganlage hat wahrscheinlich auf dem Gelände südwestlich des heutigen Schlosses gestanden, bis sie 1487 während Auseinandersetzungen der Familie Klenke mit den Welfen (Herzog Wilhelm von Braunschweig) zerstört und die Familie von dem Adelssitz vertrieben wurde. Nachdem Wilken von Klenke bereits 1493 das Lehen zurückgewinnen konnte, hat er wohl die alte Burg wieder herstellen oder einen Nachfolgebau errichten lassen, der 1544 abbrannte.

Ludolf Klenke, Gutsherr auf der Schlüsselburg (Kreis Minden-Lübbecke) ließ ab 1556 die südlich des heutigen Schlosses gelegenen **Wirtschaftsgebäude** erbauen, die wahrscheinlich bis zur Errichtung des heutigen Schlosses auch einen Wohntrakt ent-

Schloß Hämelschenburg.

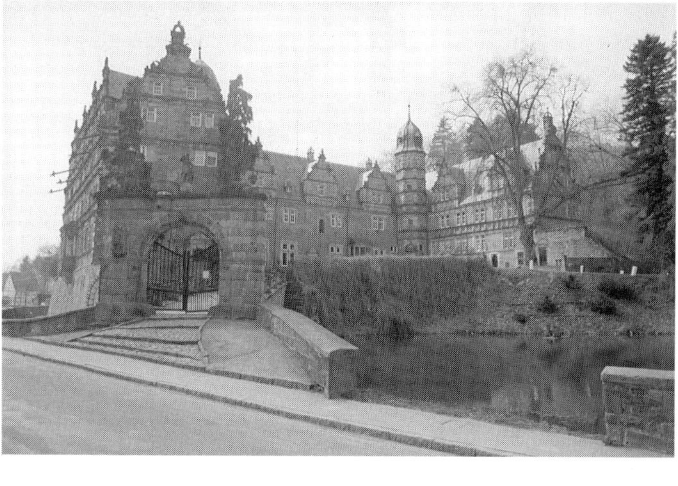

hielten. Zwei schlichte große Steingebäude, die mit spitzen Giebeln zur Straße ausgerichtet sind, verbinden zwei Steinmauern und umschließen so einen Wirtschaftshof. Im östlichen Bau werden die Wohnräume gelegen haben, die durch einen Erker an der Fassade zur Emmer (im Süden) hervorgehoben werden.

Bereits seit der Gotik gab es eine isoliert stehende **Schloßkapelle**, die jedoch ebenfalls dem Brand zum Opfer fiel und 1563 von Ludolf Klenke wieder aufgebaut wurde. Diese Kapelle dient heute als evangelische Gemeindekirche. Sie liegt südlich des Schlosses in einer merkwürdigen Schräglage direkt an der Straße. Vielleicht waren Mauerreste oder die Grundrißdisposition des gotischen Vorgängerbaues für die Lage maßgebend. Im Inneren des leider häufig verschlossenen Gotteshauses tragen Holzstützen in der Mittelachse die kassettierte Balkendecke. Sehenswert ist das achteckige Taufbecken mit einem interessanten Holzdeckel, dessen Kranenbügel aus Karyatiden besteht. Im Norden befindet sich die Prieche (Loge) für die Adelsfamilie, an dessen Brüstung auf Leinwand aufgezogene Passions-Kupferstiche angebracht sind, die nach Vorlagen von Christian Schwartz von Elias van den Boß gestochen wurden. Auf dem Altar ein Holzrelief (1480), das Maria im Kreise von sechs heiligen Frauen im Paradiesgärtlein zeigt. Es handelt sich wahrscheinlich um eine Hildesheimer Arbeit vom Epiphanias Meister oder seinem Umkreis. Im Süden der Kirche befindet sich ein Epitaph mit einem Kreuzigungsgemälde im Zentrum. Es wurde zwischen 1530 und 1540 unter dem Einfluß oder im Umkreis Lucas Cranachs gemalt. Vor dem Gemälde knien als vollplastische Figuren Jürgen Klenke und seine Gemahlin Anna von Holle, die Erbauer des heutigen Schlosses, für die dieses Grabmal 1619 geschaffen wurde (darunter weitere Familienmitglieder).

Nachdem Ludolf Klenke 1562 verstorben war, fiel der Besitz an seine Söhne Wilken und Jürgen. Die Brüder einigten sich auf einen Tausch der ererbten Besitzungen, so daß der Jüngere, Jürgen Klenke, ab 1583 alleiniger Inhaber der **Hämelschenburg** wurde.

Der Rittmeister Jürgen Klenke, für den Kriegsdienst ausgebildet, fand während eines Aufenthaltes am Hofe des Bischofs Eberhard von Holle (Verden) Kontakt zu einem Kreis, der sich vor allem mit philosophischen Fragen beschäftigte. Hier lernte er seine spätere Gattin, Anna von Holle, kennen, eine Nichte des Bischofs Eberhard und von diesem großgezogen und unterrichtet. Sie ist als überaus schöne und kluge Gutsherrin in die Geschichte eingegangen. Ihre nicht unbeträchtliche Mitgift, die von drei Onkeln Annas sowie Vettern und Brüdern des Bräutigams ausgehandelt worden war, betrug 2000 Taler Barvermögen sowie „standesgemäß Kleider, Kleinodien und Kistenpfand". Eines der Möbelstücke aus ihrer Aussteuer, ein geschnitzter Schrank, ist noch heute im Schloß zu bewundern. Die Hochzeit wurde im Oktober 1588 auf dem Schloß Hessisch Oldendorf unter der Obhut von Heilwig von Münchhausen gefeiert. 1588 begann das Ehepaar mit dem Bau der Hämelschenburg, die erst etwa 18 Jahre später vollendet wurde. Zunächst mußte in dem ansteigenden Gelände – der Wohnsitz sollte oberhalb des Wirtschaftshofes liegen – eine Terrasse für das Gebäude und die rechteckigen Verteidigungsgräben und Wälle geschaffen werden. Dann konnte mit der Errichtung der Dreiflügelanlage begonnen werden, die heute nach Osten geöffnet ist, ursprünglich jedoch hier von einem kleinen Fachwerkflügel und einem hohen Wall abgeschlossen wurde. Die Wälle wurden Mitte des 19. Jh. beseitigt, der nördliche Graben zugeschüttet.

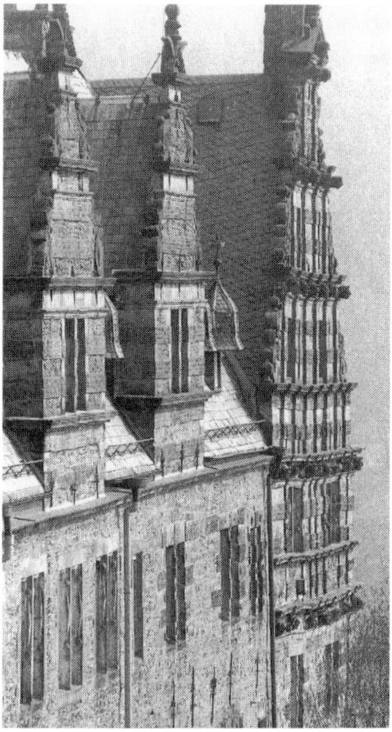

Schloß Hämelschenburg, Westansicht.

Vom Südosten führt ein prächtiges Eingangsportal zur Brücke und zum Schloß. In seiner Ausprägung als Rundbogentor mit Bossensteinverzierung und vorkragendem Wächterkopf im Bogenscheitel sowie einem Beschlagwerkfries unter dem abschließenden Gesims ist es dem Schloßtor vom Schloß Haddenhausen eng verwandt und ungefähr gleichzeitig mit diesem 1613 entstanden.
In den Binnenwinkeln des Hofes stehen sechseckige Treppentürme, die die Flügel überragen und zu denen in einer Ädiku-

larahmung eingefaßte Türen mit darüber liegendem Wappen führen. Beachtenswert vor allem die Darstellung Gottvaters im Giebeldreieck der Tür des nordwestlichen Turmes, die durch ihre lebendige Ausdrucksstärke besticht. Der Nordflügel, 1588 begonnen und – wie ein Datum am Treppenturm aussagt – 1592 abgeschlossen, wird durch Pilaster und Halbsäulen mit korinthischen und ionischen Kapitellen gegliedert und mit Masken und vollplastischen Köpfen geziert, besonders zahlreich sind sie in den Gesimszonen der beiden Zwerchhäuser. Zu dieser aufwendig gestalteten Fassade gehörte die Auslucht (Gerichtslaube), die 1887 an den Westflügel versetzt wurde, aufgrund ihres Dekors allerdings besser an ihren einstigen Platz paßt als zu der sehr schlicht gehaltenen Westfassade. Auffallend an der Auslucht sind die sehr großen, teilweise behelmten Männerköpfe der Brüstungszone.

Einige bevorrechtigte Adelssitze besaßen das von der Landeshoheit verliehene Recht zur Rechtsprechung in ihrem Gebiet über Verwaltungs-, Eigentums-, Wirtschafts- und zivile Streit-

Schloß Hämelschenburg, Lageplan.

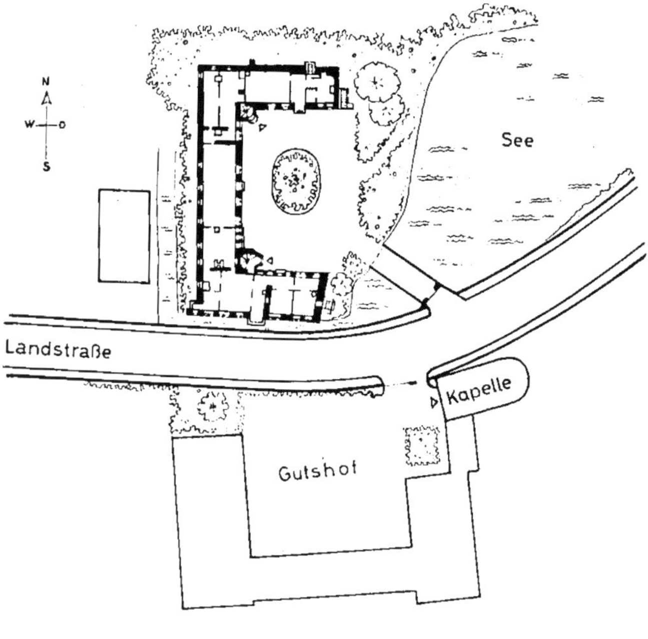

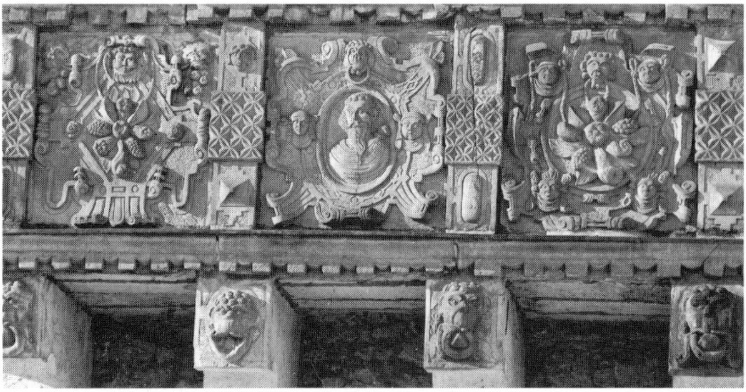

Schloß Hämelschenburg, Erker am Südflügel.

fragen. Davon zeugt die Gerichtslaube. Das Recht der Familie Klenke über das sogenannte Hohe Gericht (Kriminalfälle) im Gegensatz zum Niedergericht wurde jedoch vom Landesherrn Herzog Julius um 1600 heftig bestritten. In den Auseinandersetzungen scheint sich Jürgen Klenke aber behauptet zu haben, denn auf dem Schloß wird noch heute das alte Richtschwert aus dem Jahre 1606 bewahrt, mit dem die unglücklichen Gefangenen, die auf ihren Prozeß im Verlies unter der Schloßküche warten mußten, bei Schuldspruch enthauptet wurden (Inschrift an der Blutrinne: „Die Herren steuern dem Unheil, ich irriquiere ihr Urteill"; auf der anderen Seite: „Wenn ich das Schwert dhue aufheben, so wünsche ich den Sönder das ewige Leben."
Ende des 16. Jh. entstand der Mittelflügel (= Westflügel), an dem besonders die Fenster in der südlichen Hälfte hervorzuheben sind. Es handelt sich um eine später hierher verlegte sogenannte Pilgerlaube, die zur Speisung Vorüberziehender diente und ursprünglich als selbständiger Bau in der Nähe der Küche existierte.
Im Mittelflügel, der ursprünglich in zweieinhalb Geschosse aufgeteilt war, lagen im Erdgeschoß die Pferdeställe, daneben die Küche und das Brauhaus. Der Raum darüber wurde als Lagerplatz genutzt. Der Eingang zum Pferdestall ist im Giebeldreieck mit der von Humor (und Bescheidenheit) zeugenden Inschrift versehen: „Diesen Stall muß der meiden, wer stärker denn vier Pferde will reiden."
Das Innere von West- und Nordflügel ist vollständig verändert worden. Während Umbauarbeiten ab 1887 wurden hier Festsäle

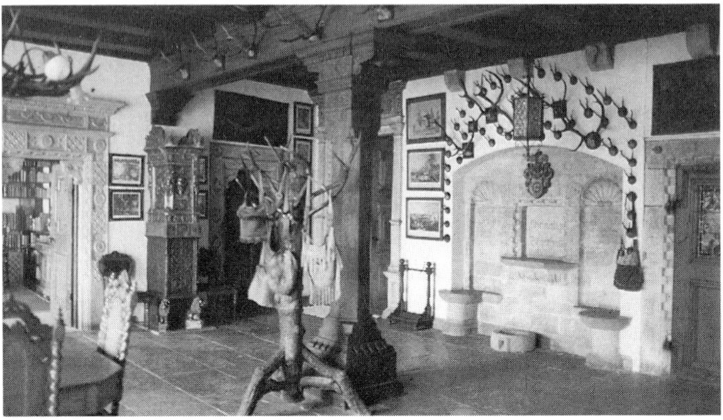

Schloß Hämelschenburg, Raum im Erdgeschoß des Westflügels.

eingerichtet, die noch heute bei Familienfeierlichkeiten genutzt werden.
Am üppigsten verziert und am stärksten gegliedert ist der Südflügel. Hier wohnte das Erbauer-Ehepaar mit seinen zahlreichen Kindern. Die Schaufront direkt an der Straße ist in horizontale Streifen aufgelöst, die optisch voneinander abgesetzt sind, in dem Bossenstein verzierte Reihen mit glatten Mauerflächen abwechseln (Specklagen). Hofseitig führt ein Portal mit Ädikularahmung und Sitznischen in das Gebäude.
Auf einem Merianstich aus dem Jahre 1654 ist zu erkennen, daß sich an den Südflügel im 17. Jh. noch ein Fachwerktorhaus anschloß, das nicht mehr existiert. Da nur sehr wenige Quellen im Familienarchiv erhalten sind, die Aussagewert zur Geschichte des Bauvorganges haben, ist leider bislang der Baumeister unbekannt geblieben. Für den Nordflügel wird oft Cord Tönnis in Betracht gezogen, der kurz zuvor das Leisthaus Osterstraße 9 in Hameln entworfen hatte, das einige Parallelen zum Nordflügel aufweist. Genannt werden auch Johann Hundertossen und Eberhard Wilkening. Die Frage kann jedoch bisher nicht beweiskräftig beantwortet werden. Es steht auch nicht fest, ob die drei ungleich großen, für unterschiedliche Funktionen geschaffenen Flügel von einem oder mehreren Baumeistern stammen.

Viele Räume des Schlosses, ausgestattet im Stil des Historismus, sind innerhalb einer Führung zu besichtigen.

Bad Pyrmont – Schloß Barntrup – Schloß Wendlinghausen

Die Alleen und Straßen von **Bad Pyrmont** entstanden zum großen Teil im 17. sowie im 18. Jh., denn 1668 wurde der Ort durch Fürst Friedrich von Waldeck zum Bad erhoben, die – wahrscheinlich schon seit römischer Kaiserzeit bekannten – Heilquellen erschlossen und der Ort planmäßig ausgebaut. Die Geschichte des Schlosses dagegen ist älter und wechselvoller. Im 11. Jh. gelangte Pyrmont in den Besitz des Kölner Erzbischofs, der auf dem Schellenberg eine Burg errichten ließ. Die Grafen von Schwalenberg, die zeitweise die Burg als Lehen besaßen, verlegten ihren Wohnsitz nach Lügde; die Burg verfiel. Erst die Spiegelberger Grafen ließen im 16. Jh. das „Feste Schloß zu Pyrmont" entstehen. Erhalten sind allerdings nur noch die Befestigungsanlagen der Renaissance, die jedoch zu den besterhaltenen ihrer Art in Deutschland zählen. Das heutige Schloß im Stil des Barock wurde in der ersten Hälfte des 18. Jh. in zwei Bauphasen von Hermann Korf, Julius Rothweil und Franz Friederich Rothweil geplant.
Graf Friedrich VI. von Spiegelberg, seit 1522 mit der Grafschaft belehnt, begann 1526 mit dem Festungsbau, der erst 1562 nach Aussterben der Spiegelberger Grafenlinie unter Hermann Simon zur Lippe fertiggestellt wurde. An das Renaissanceschloß erinnern nur noch zwei Wappen der Grafen von Lippe und Spiegelberg von 1562 am Einfahrtstor. Am südlichen Wall wurde ein Sockelgeschoß des 16. Jh. in die Barockanlage miteinbezogen, was am Außenbau jedoch nicht mehr zu erkennen ist. Mitgewirkt am Bau hatte Jörgen Eddeler, sein Vertrag hierüber aus dem Jahre 1556 blieb erhalten. Von alten Abbildungen wissen wir, daß das Gebäude mit Zwerchhäusern und Halbkreisabschlüssen entsprechend einer Anlage der ersten Hälfte des 16. Jh. ausgestattet war.
Das **Museum im Schloß** zeigt unter anderem Gemälde von Johann Heinrich Tischbein und Friedrich August Tischbein.

1567 hatte Anna von Canstein den aus den Hugenottenkriegen in Frankreich heimgekehrten Söldnerführer Franz von Kerssenbrock geheiratet. Das Ehepaar lebte in Lemgo und bewohnte dort den kurz zuvor errichteten Kerssenbrockschen Stadtadelshof in der Papenstraße, bis sich Anna von Kerssenbrock 1584 – ihr Mann war bereits 1576 gestorben – entschloß, in dem Ort Barntrup nahe bei Lemgo den sogenannten Obernhof der Fa-

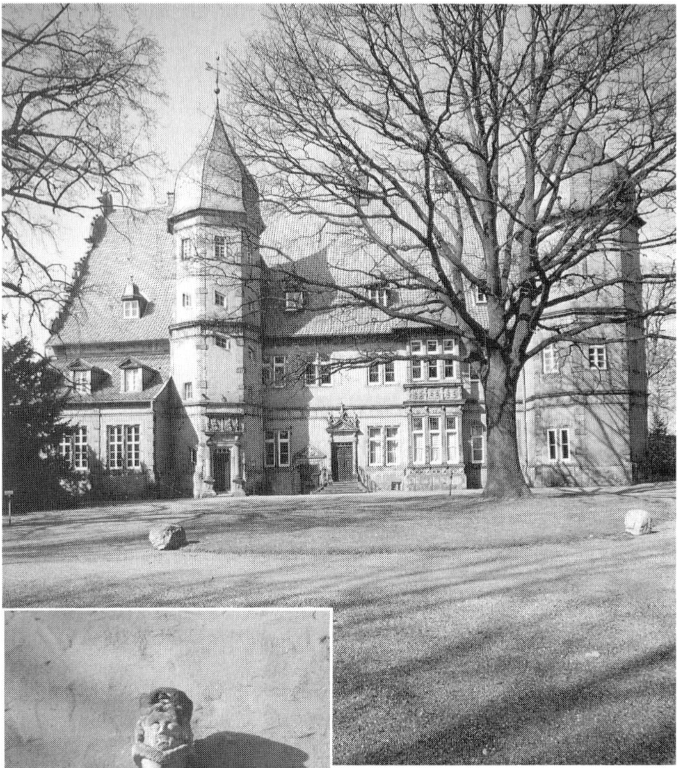

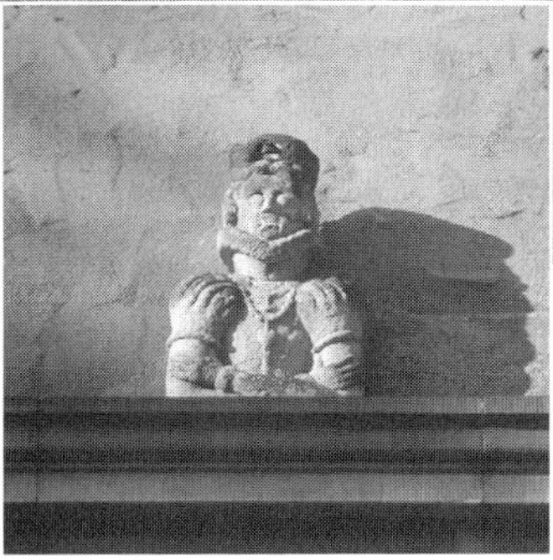

Barntrup, Schloß. Das kleine Foto links zeigt die Bauherrin Anna von Kerssenbrock über dem Eingang des Treppenturms.

milie zu einem Stammsitz, **Schloß Barntrup,** auszubauen. Sie beauftragte Eberhard Wilkening aus Hameln mit dieser Aufgabe und führte eigenhändig die Bauregister. Westlich am Rande des kleinen Städtchens Barntrup steht die einflügelige Anlage mit zwei Rundtürmen nach Norden und einem polygonalen Turm an der südlichen Ecke, der dem ebenfalls polygonalen Treppenturm angeglichen wurde. Die Fassadenstruktur ist bereits einem einheitlichen Schema unterworfen. „Es ist der erste Bau, der reiche architektonische Gliederung, Zierquaderung und bizarre Giebelkontur miteinander verbindet“ (Otto Gaul). Besonders aufwendig gestaltet ist die zweistöckige Auslucht. Kannelierte Pilaster mit ornamentierten Schäften im unteren Drittel trennen die schmalen Fenster, in der oberen Hälfte wird die Auslucht von Fruchtgehängen und Löwenköpfen verziert. Die Wappenfelder unterteilen Karyatiden, die jedoch eine sehr unklassische westfälische Variante dieses griechisch antiken Bauschmuckes darstellen. Das Eingangsportal links der Auslucht stammt aus dem Historismus (1879–1880), als man auch das Innere des Gebäudes stark verändert hat. Links vom historistischen Portal liegt ein Kellereingang, dessen Tür von Diamantquadern gesäumt wird. Ihm sollte man Beachtung schenken. Aus dem Giebeldreieck schaut als Halbfigur ein Weinschenk in zeitgenössischer Tracht heraus, der Wein in einen Becher gießt und daran erinnert, daß hinter diesem Eingang der Weinkeller des Schlosses gelegen hat. Das Portal zum Turm ist mit dem Familienwappen geschmückt, und über der umlaufenden Attikazone ist eine halbfigurige Frauengestalt mit verschränkten Armen und hohem modischen Mühlsteinkragen dargestellt, in der sich die selbstbewußte Bauherrin Anna von Kerssenbrock ein kleines Denkmal setzen ließ (Original als Leihgabe im Weserrenaissance-Museum Schloß Brake).

Ein wenig abseits der Strecke Barntrup-Lemgo liegt **Schloß Wendlinghausen**. Hilmar von Münchhausen d.J., der nach dem Tod seines Vaters den Bau von Schloß Schwöbber zu Ende geführt hatte, ist auch für dieses Schloß verantwortlich. 1566 war das Gebiet an seinen Vater gefallen. Dessen Sohn Kurt erbte das Anwesen und kaufte Schloß Haddenhausen hinzu. Aber schwere Geldkrisen und hohe Schulden zwangen Kurt von Münchhausen, beide Besitzungen zu verkaufen. Sein Bruder Hilmar übernahm Wendlinghausen für seinen Sohn und vermittelte Schloß Haddenhausen an seine Tochter und den Schwiegersohn Johann von dem Bussche. So begann die Familie, auf beiden Besitzungen gleichzeitig zu bauen. Wendlinghausen, im Gegensatz zu Haddenhausen, besteht heute nur noch aus einem Flügel. Ein zweiter Flügel ist jedoch mit großer Wahrscheinlichkeit vorhanden gewesen.
Hierfür sprechen mehrere Gründe: Zum einen fehlen die Gesimse des Treppenturmes an der westlichen Gebäudeecke auf einer Seite; zudem ist, auf einer Karte der „Gueter zu Wendling-

hausen und Stumpenhagen“ von 1756 ein zweiter Flügel im Grundriß auch eingezeichnet; darüber hinaus wurden an der Giebelseite des Obergeschosses zugesetzte ehemalige Türöffnungen entdeckt.
Der östliche Giebel und die Zwerchhäuser der beiden Traufseiten (je drei) ähneln in ihren Zierformen dem Nordflügel des Schlosses Schwöbber, Schloß Barntrup und Schloß Haddenhausen. Letztgenannter Bau verzichtet, genau wie Wendlinghausen, auf jegliche vertikale Gliederung (die in Schwöbber angedeutet und in Barntrup am stärksten ausgeprägt ist). Der Schmuck setzt sich lediglich aus Gesimsen und Beschlagwerkfriesen zusammen, die Staffeln werden durch geschlossene Voluten gefüllt.
Die oberste Bekrönung, ein gesprengter Giebel, der auch die Zwerchhäusern schmückt, findet sich auch am Schloß Schwöbber. Diese Übereinstimmungen haben Otto Gaul bereits in den 50er Jahren dazu veranlaßt, alle vier Bauten dem Hamelner Baumeister Eberhard Wilkening zuzuschreiben. An der südlichen Trauffassade ist zusätzlich zu dem Eingang des Treppenturmes eine zweite Tür mit Freitreppe vorhanden (vgl. auch Haddenhausen).
Die einstöckige Auslucht ist fast identisch mit der Auslucht in Haddenhausen. Hier wie dort sitzt der Brüstungsfries über hohem Sockel mit Bossensteinen und Beschlagwerk, darüber eine Fensterfront mit kannelierten Dreiviertelsäulen und ionischen Kapitellen und ornamentierten Schäften. Doch fehlt hier in Wendlinghausen der figurenreiche, bewegte Aufsatz, wie er am Schloß Haddenhausen vorhanden ist. Der obere Abschluß wirkt sehr provisorisch und hat sicherlich im 17. Jh. anders ausgesehen. In der Kartusche an der Brüstung stehen die Buchstaben V.D.M.I.E.T. = „Verbum Domini Manet In Eternum“. (Das Wort des Herrn bleibt in Ewigkeit).

Lemgo – Schloß Brake, Weserrenaissance-Museum

Die Stadt Lemgo (Limego —› Lemgaw —› Lemgow) breitet sich in einer Bergmulde inmitten des lippischen Berg- und Hügellandes aus. Der historische Stadtkern liegt auf einer Niederterrassenzunge der Bega, nur wenige Meter über der Wiesenaue. Der fruchtbare Lößboden und der Auelehm schufen ideale Voraussetzungen für die Landwirtschaft. Im ersten Jahrzehnt des 11. Jh. wird der Name Lemgo zum ersten Mal erwähnt, die Siedlung hat man sich für diese Zeit als kleinen Gau vorzustellen.

Die Herren zur Lippe bauten diese Siedlung im endenden 12. Jh. zu einer Stadt aus. Südlich der Altstadt (Markt) entstand nach der Mitte des 13. Jh. ein zweiter selbständiger Ort mit eigenen Befestigungsanlagen, die sogenannte Neustadt, die erst 1385 mit der Altstadt zu einer Stadt mit gemeinsamem Rat zusammengelegt wurde. Wichtige Fern- und Handelswege, die direkt in die Stadt führten, begünstigten den Warenhandel. So wurde Lemgo im 13. Jh. Hansestadt. Die Kaufleute lebten vorwiegend in der Altstadt (Echternstraße, Mittel- und Papenstraße), wo auch noch heute viele der alten Kaufmannshäuser des 16. und 17. Jh. (Fassaden, Häuser im Kern meist älter) das Stadtbild prägen. Die Neustadt wurde hauptsächlich von Handwerkern und Ackerbürgern besiedelt.

Einen Rundgang beginnt man am besten mit dem Besuch des **Hexenbürgermeisterhauses**, Breite Straße 19. Es ist das Wahrzeichen der Stadt. Hier hat man Gelegenheit, einen Eindruck von der Innenansicht eines Geschäfts- und Wohnhauses eines wohlhabenden Kaufmanns des ausgehenden 16. Jh. zu bekommen und erfährt auch Näheres zur Stadtgeschichte Lemgos, denn in diesem Gebäude ist stilgerecht das Museum für Stadt- und Rechtsgeschichte untergebracht. Zur Ausstellung gehören darüber hinaus ein Münzkabinett und Beispiele zur Wohnkultur der verschiedenen Jahrhunderte.

Das Haus ließ der Tuchhändler Hermann Crüwell zwischen 1568 und 1571 errichten. Die Crüwells gehörten zu den alteingesessenen, einflußreichsten und wohlhabendsten Familien der Stadt. Der wirtschaftliche Ruin der Familie gegen Ende des 16. Jh. war kein Einzelfall, sondern steht im Zusammenhang mit einer allgemeinen Wirtschaftskrise in dieser Zeit, die auch Hameln und andere Hansestädten zu spüren bekamen (neue Handelswege!). Nach dem Konkurs der Crüwells 1595 wurde das

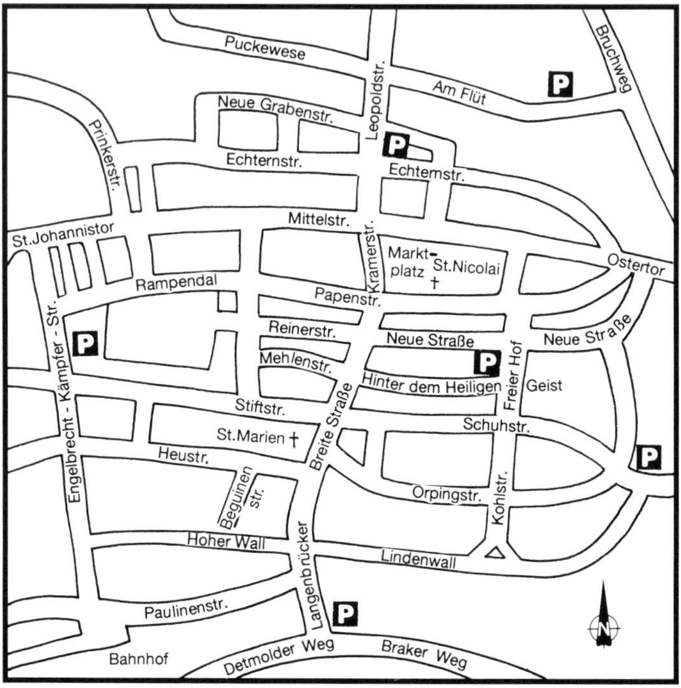

Lemgo, Plan der Innenstadt.

Gebäude verkauft und gelangte schließlich in der zweiten Hälfte des 16. Jh. in den Besitz des Bürgermeisters Hermann Kotmann. Seine berüchtigten Hexenverfolgungen gaben dem Haus seinen Namen. Im Museum wird eine Dokumentation zu diesen Hexenverfolgungen gezeigt (Folterinstrumente, Protokolle der Verfahren und Folterungen).
Baumeister des Hauses war Ludolf Crossmann; Hermann Wulff fügte 1571 die Fassade hinzu. Er war in der zweiten Hälfte des 16. Jh. einer der erfolgreichsten Architekten der Region, der in den 70er und 80er Jahren viele öffentliche und private Bauten errichtete. Bestimmend gliedern kannelierte Halbsäulen die Fassade in allen Geschossen. Sie sind jedoch in sehr unklassisch manieristischer Weise auf Lücke angeordnet, so daß die Fenster von den Säulen darüber halbiert werden. Die Stufen des Giebels werden von einem Volutenhalbkreis mit Fächerfüllung abge-

schlossen. In der Rundnische der Giebelbekrönung steht Christus mit der Weltenkugel als „Salvatore Mundi" (Erlöser der Welt). Der übrige figürliche Schmuck ist auf die unteren beiden Geschosse beschränkt. Die Brüstungsfelder der Auslucht zeigen rechts und links die Tugenden Glaube und Hoffnung, dazwischen die Wappen der Familie Crüwell. Aus der Bekrönung der Auslucht lugen zwei Köpfe hervor, die wohl das Erbauerehepaar darstellen. Am Erker werden die Tugenddarstellungen fortgesetzt. Abgebildet sind in der Brüstungszone Stärke, Liebe und Gerechtigkeit. Über dem rundbogigen Tor, seitlich des Dielenoberlichtes, stehen Adam und Eva, die mit dem Baum der Erkenntnis in der Mitte zu einer Sündenfalldarstellung komponiert werden. Die Inschrift benennt Bauherr und Vollendungsdatum.

Lemgo, Hexenbürgermeisterhaus. Diele mit Kamin.

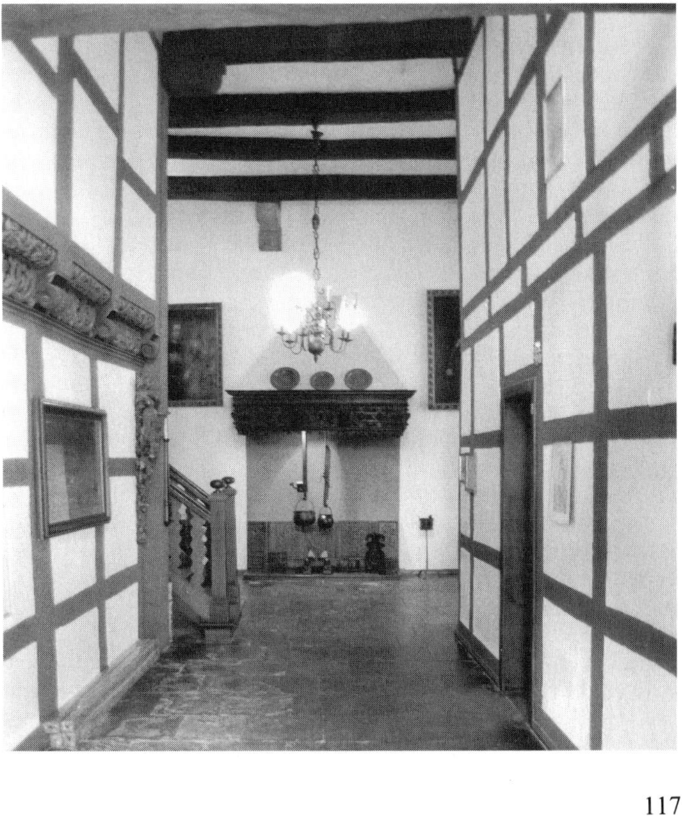

Das Innere besteht aus einer Großraumdiele mit abgetrennten Nebenräumen und dem unterkellerten Saal im rückwärtigen Teil. Hinter diesem Saal existierte früher ein sogenanntes „Kleines Beyhaus“, in dem zwei weitere Säle lagen; das Beyhaus wurde im 18. Jh. abgerissen. Solche Anbauten sind nur an sehr wenigen Häusern vorhanden gewesen und sprechen für den ungewöhnlich hohen Lebensstandard und Wohlstand der Erbauerfamilie. Zentrum der Diele, die Hauptraum des Hauses war, ist der große Kamin, der dem Eingang direkt gegenüber an der Stirnseite des Vorderhauses liegt. Hier wurde für die gesamte Hausgemeinschaft gekocht, und gleichzeitig war hier der Eßplatz für die Mägde und Knechte des Hauses. Der hölzerne Rauchfang des Kamins stammt von 1629 und ist aus einem anderen Gebäude hierher versetzt worden. Zur Bauzeit des Hauses waren die beiden Einbauten in der Diele kleiner und bescheidener als heute. Sie wurden erst später, als der Wunsch nach stärkerer Raumdifferenzierung stieg, weiter ausgebaut. Der Raum rechts wird in den Listen, die zur Versteigerung des Hausrates 1595 angefertigt wurden, als „Lütke Stuben“ bezeichnet. Er diente als Geschäftsraum. Links lag eine große Stube. Über diesen Einbauten waren Schlafkammern und Abstellräume, die ursprünglich nur über Leitern zu erreichen waren. Die Treppe mit Galerie ist eine spätere Zutat. Links vom Kamin ist der Zugang zum Hof, wo der Brunnen und die Stallscheune standen. Auf der gegenüberliegenden rechten Seite befand sich ein heute zugemauerter Ausgang zur Heustraße. Im erhöhten Saal ist ein zweiter Kamin, dessen Sturz die Wappen des Erbauerpaares zeigt. Der Saal diente unterschiedlichsten Funktionen. Hier wurde gefeiert, hier aß die Familie, und er war gleichzeitig Schlafraum. In dem Keller unter dem Saal bewahrte man die Lebensmittel auf. Obergeschoß und Dachgeschoß waren nicht ausgebaut und dienten nur zu Lagerzwecken der Handelsware.

Nicht weit vom Hexenbürgerhaus liegt die Pfarrkirche der Neustadt, **St. Marien**, eine Hallenkirche des ausgehenden 13. bis beginnenden 14. Jh.. Im Inneren ist ein Taufstein mit allegorischen Darstellungen der Tugenden (Glaube, Liebe, Hoffnung und Geduld) von Georg Crossmann von 1592 zu sehen. Der Deckel der Taufe war ursprünglich mit einer Kette an einem schwenkbaren, schmiedeeisernen Arm aufgehängt, der an einem Pfeiler befestigt war (ursprünglicher Standort im ersten Langhausjoch).

Die hölzerne Renaissance-Empore mit ornamentalen Schnitzereien im dritten Joch des Nordschiffes stammt von 1600, die benachbarte Empore (2. Joch) entstand 1686. An der Westwand des Südschiffes steht der sogenannte Bürgermeisterstuhl. Bedeutendstes Ausstattungsstück des Gotteshauses aber ist die Renaissance-Orgel, die auf Konsolen an der Ostwand des Nordschiffes angebracht ist und zu den wenigen erhaltenen Renaissance-Orgeln in Deutschland zählt. Der Orgelmacher Gottfried Fritzsche aus Meißen, der in Archivalien als Meister Fritze bezeichnet wird, schuf das Instrument 1612/13 für 600 Taler, eine beträchtliche Summe im 17. Jh. (Orgelprospekt im 18. Jh. etwas verändert). Die Lemgoer Orgeltage bieten die Möglichkeit, die Orgel auch wieder zu hören, die dem Klangideal der Spätrenaissance entspricht.

Folgt man der Breiten Straße in nördlicher Richtung, gelangt man zur Kramerstraße. Das Haus **Kramerstraße 2** ist eines der ältesten Fachwerkhäuser in Lippe. Es wurde 1983 hier wieder aufgebaut.

Schräg gegenüber steht das **Wippermannsche Haus** (Kramerstr. 5). Die Giebelgestaltung mit gotischem Maßwerk, Kielbögen und schmalen, hohen Fialen fällt gegenüber anderen Bauten der Zeit völlig aus dem Rahmen (Bau am Sockel in das Jahr 1576 datiert). Nur die großen mehrbahnigen Fenster des hohen Erdgeschosses und der Erker, der jedoch wieder von gotisierenden Kielbögen und Maßwerk bekrönt wird, passen sich dem „modernen“ Stil an. Die Fassade war ursprünglich mit Streifenputz überzogen. Wahrscheinlich war eine bewußte Absetzung im Sinne eines Individualisierungswunsches von den übrigen Neubauten angestrebt (Fred Kaspar). Auch hier sind im Inneren noch die alte Diele mit Feuerstelle und Einbauten aus Fachwerk erhalten.

In der Papenstraße liegt der **Kerssenbrocksche Stadtadelssitz** (Nr. 24). Hier wohnte die Familie Kerssenbrock bis zur Errichtung des Schlosses Barntrup bei Lemgo. Ein schlichter Dreiecksgiebel schließt das zweistöckige Gebäude ab (1562). An der Fassade befindet sich ein Erker mit Halbkreisaufsätzen und einer Justitiafigur. Während der gründlichen Renovierung 1973/74 wurde der Streifenputz rekonstruiert. Einige Bauspolien des 1973 abgerissenen Schlosses Eimbeckhausen konnten hier angebracht werden, so an der östlichen Seite die Auslucht und das Torgewände sowie im Inneren eine Türfassung aus Sandstein.

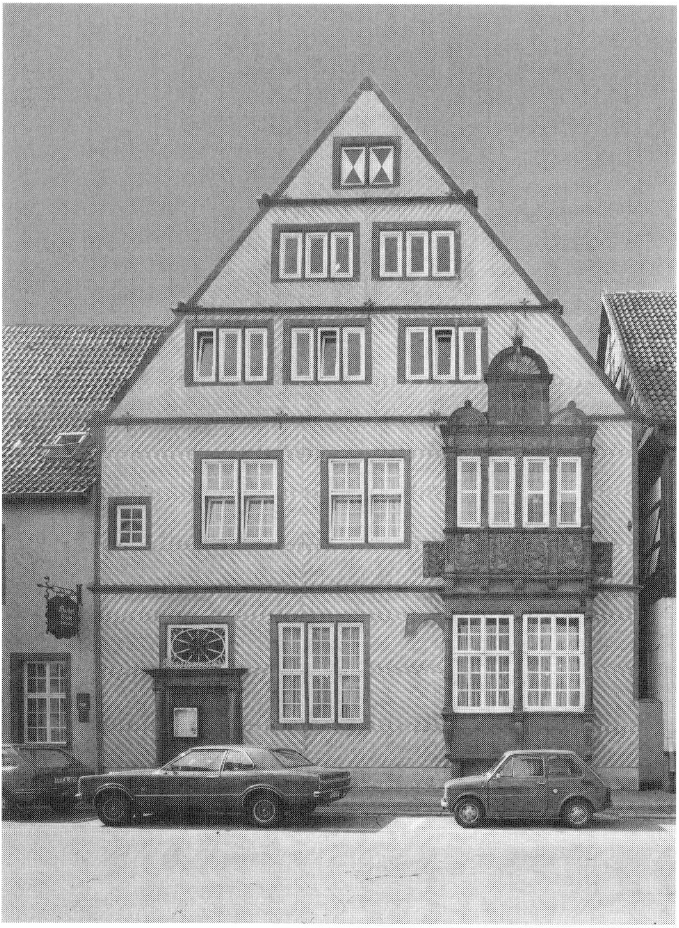

Lemgo, Adelshof in der Papenstraße 24.

Papenstraße 22 ist der **Adelshof** des Gerlach von Kerssenbrock (1562). Er steht wie die meisten Adelshöfe mit der Traufseite zur Straße – im Gegensatz zu den giebelständigen Bürgerbauten – und besitzt ein Fachwerkobergeschoß.

Weitere wichtige ehemalige Adelshöfe sind: der **Donopsche Hof** von 1560 in der Echternstraße 6–8 sowie **Echternstraße 117;** Nr. 137 ist ehemalige **Primhof** der Familie von Wendt mit einem

Steinerker, den Ludolf Crossmann 1582 vor das Gebäude setzte. Das Fachwerkhaus **Echternstraße Nr. 92** aus dem Jahre 1591 zeigt geschnitztes Beschlagwerk (vgl. das Haus in Hameln, am Markt 7), das aus der Steinarchitektur erst relativ spät in die Holzarchitektur übertragen wurde.

Am Marktplatz liegt das **Rathaus**, das sich als Gruppenbau an der gesamten östlichen Langseite des Platzes entlangzieht.
Die einzelnen Gebäudeteile stammen aus dem 14. bis 17. Jh. Der älteste Teil der zweischiffigen Anlage ist der östliche, 46 Meter lange Saalbau, der 1330 zum ersten Mal genannt wird und ursprünglich in beiden Geschossen je einen Raum enthielt, die im 16. Jh. zu einem einzigen hohen Saal umgebaut wurden. Die südliche Giebelseite mit Fialen stammt von 1470. An dieses Gebäude wurden zum Marktplatz in verschiedenen Bauabschnitten kleinere Gebäudeteile angefügt. In der Mitte sitzt der fialenbesetzte Staffelgiebel des zum Platz gerichteten Ratskammerbaues. Das Erdgeschoß öffnet sich in einer offenen Bogenhalle, darüber lag die hohe Ratskammer (heute Zimmer des Stadtdirektors).
Parallel zum Kernbau an der nördlichen Hälfte baute man 1540 den sogenannten „Neuen Bau“ an. 1589 folgte der südliche

Lemgo, Rathaus.

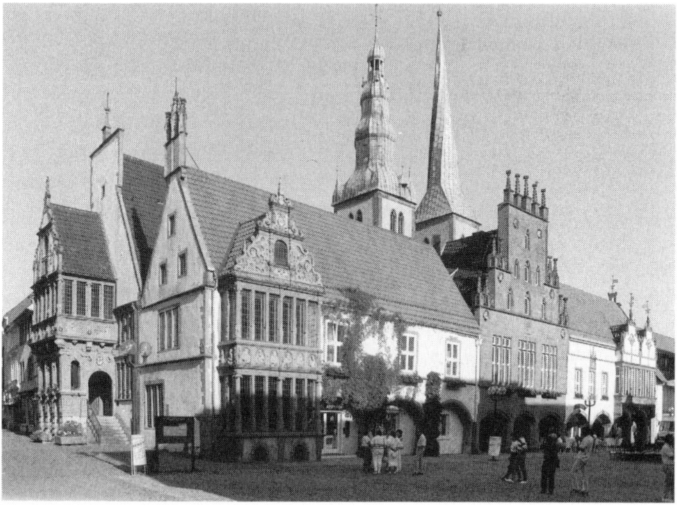

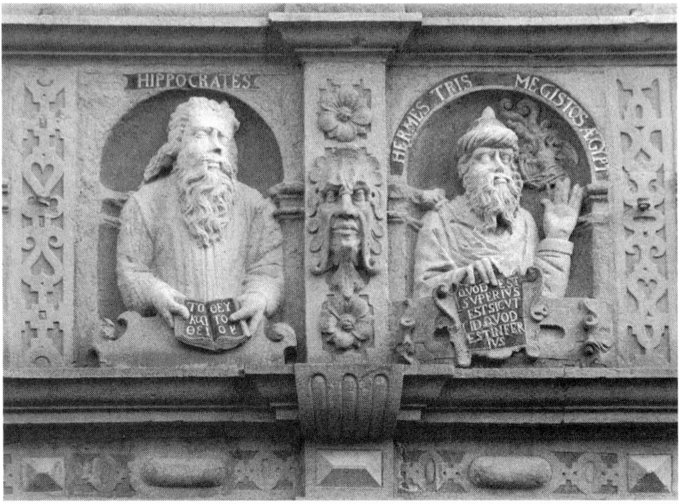

Lemgo, Apothekenerker am Rathaus mit Darstellungen bekannter Wissenschaftler.

Anbau, die 'Neue Ratsstube'. Dieser wurde dem benachbarten Ratskammerbau angepaßt und erhielt im Erdgeschoß ebenfalls offene Arkaden. Der Zwillingserker vor dem Obergeschoß mit Beschlagwerkgiebeln stammt von Georg Crossmann.

Beliebte Fotomotive des Rathauses, das noch heute diese Funktion erfüllt, sind die Rathauslaube zur Mittelstraße und der Apothekenerker zum Marktplatz. Letzteren bauten Johann und Hermann Roleff 1612 an den sogenannten „Neuen Bau" an. Die Reliefs an der zweistöckigen Auslucht stellen bekannte Naturforscher, Ärzte, Alchemisten und Philosophen dar. Als Repräsentanten der neuentdeckten Wissenschaften sind sie mit entsprechenden Attributen und ihren Lehrsätzen ausgestattet. (von der nördlichen Schmalseite beginnend: Dioskurides, Arzneimittelspezialist des 1. Jh.; Aristoteles, griechischer Philosoph, mit Himmelskugel; Rhazes, persicher Arzt und Philosoph; Galen, römischer Arzt griechischer Herkunft; Hippokrates, griechischer Arzt, Hermes Hrismegistos, Verfasser und Verkünder einer spätantiken religiösen Offenbarungs- und Geheimlehre; Lullus, katalanischer Theologe und Philosoph; Geber, arabischer Arzt und Alchimist des 8. oder 9. Jh.; Andreas Vesalius,

flämischer Mediziner des 16. Jh.; Paracelsus, deutscher Arzt und Naturforscher). Für letztgenannten wurde ein Stich Augustin Hirschvogels von 1540 als Vorlage benutzt. Einige Darstellungen entsprechen in Aufbau und Ausprägung dem Titelblatt eines Apothekerbuches „*Basilica chymica*", das 1609 erschien, also eine sehr aktuelle Vorlage darstellte. Wahrscheinlich schufen zwei verschiedene Meister die Reliefs. In Betracht gezogen werden Hans und Jonas Wolff aus Hildesheim für acht der zehn Arbeiten. Allegorien der fünf Sinne sowie Heilpflanzen zieren die Schäfte der Obergeschoß-Säulen. In diesem Figurenprogrammen äußert sich der bürgerliche Stolz des Bauherren auf das neue wissenschaftliche Weltbild und humanistische Bildungsgut. Die Bekrönung der Auslucht mit Blattmasken, Fruchtgehänge und Hermen zeigt in den ornamentalen Formen Anklänge an den Ohrmuschel- und Knorpelstil, der zum Frühbarock überleitet.
Der Vorbau an der nördlichen Stirnseite des Saalbaus zur Mittelstraße wurde 1565 von Hermann Wulff hinzugefügt (Meisterzeichen). Das etwas vorkragende Obergeschoß stammt aus dem Jahr 1589. Diese sogenannte **Rathauslaube** mit Freitreppe führt zum erhöht liegenden Erdgeschoß und war eine Art Vorhalle und Empfangsraum für die Eintretenden. In ihrer Funktion ähnelt sie damit den prächtig ausgeschmückten Treppentürmen der Schlösser. Die Reliefs des Obergeschosses veranschaulichen die Artes liberales, die Sieben Freien Künste der Spätantike: Grammatik, Rhetorik, Dialektik, Arithmetik, Geometrie, Astronomie und Musik.
Innen zeigt der Ratskeller mit gewölbter Decke noch die Architektur des 16. Jh. Ein Kamin von 1612 wurde aus einem Bürgerhaus hierher versetzt. Die übrigen Geschosse wurden inzwischen stark umgestaltet und modernisiert, vor allem in den 60er Jahren des 20. Jh. Erhalten blieb ein Kamin von 1590 in der Ratskammer, den Georg Crossmann baute, sowie in der neuen Ratsstube (heute Sitzungssaal) eine sehenswerte Wandvertäfelung mit Wandschränken.

An der **Mittelstraße**, die die Altstadt parallel zu der Echtern- und Papenstraße von Osten nach Westen durchzieht, haben sich die meisten Bauten des wohlhabenden Bürgertums und einige adelige Stadthöfe erhalten. Die wichtigsten Bauten seien hier kurz aufgezählt (von Osten nach Westen): Mittelstraße **13:** Steinbau mit Fachwerkgiebel von 1591; die Fassade mit den großen Fenstern wurde nach einem Umbau wieder rekonstruiert. Haus

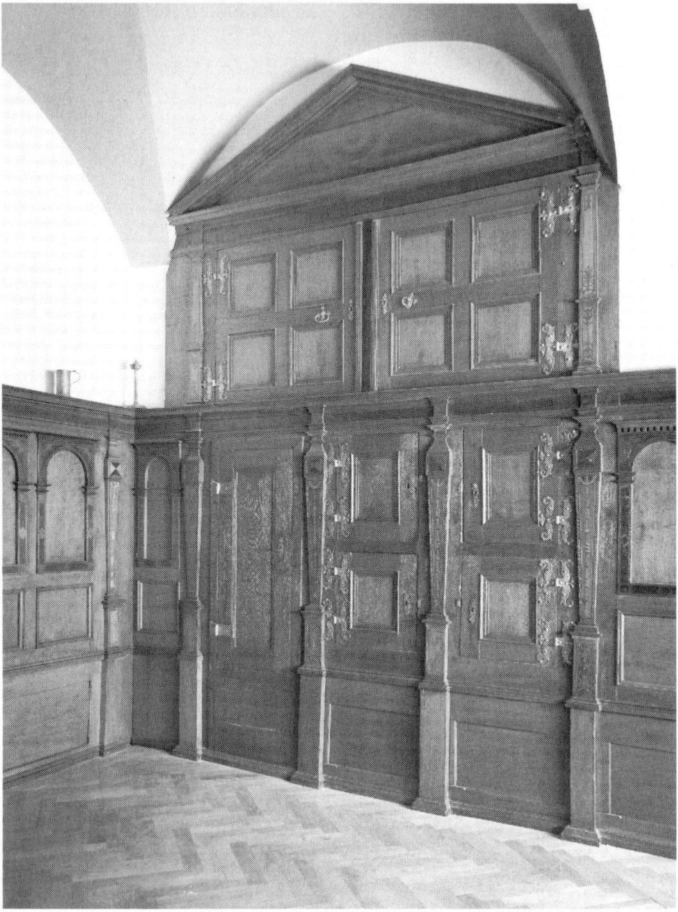

Lemgo, Rathaus. Wandvertäfelung in der ehemaligen Ratsstube.

17: ein besonders reich ausgestatteter Fachwerkbau mit Fächerrosettenschmuck in den Brüstungstafeln und Schnitzwerk an Ständern und Rähm. Die Häuser **Nr. 22, 24** und **27** stammen aus der zweiten Hälfte des 16. Jh. Haus **Nr. 36:** ein reines Patrizierwohnhaus ohne Speicherstockwerke mit Personifikationen der Planeten und Darstellungen antiker Gottheiten (Jupiter, Saturn, Sonne, Venus, Mars und Mond). Mittelstraße **42**

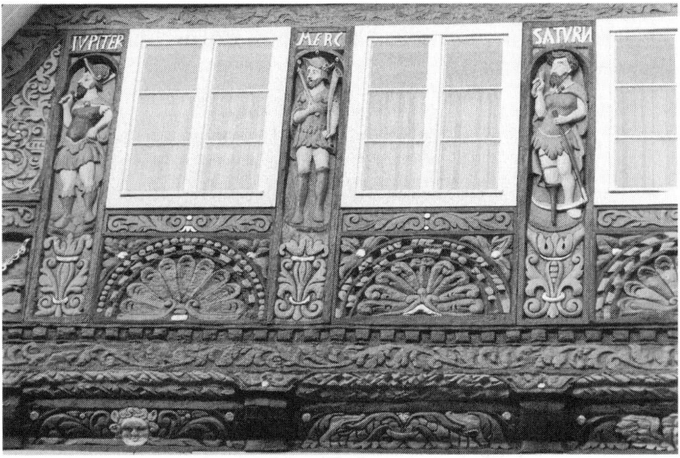

Lemgo, Patrizierwohnhaus in der Mittelstraße 36 mit geschnitzten Darstellungen der Planetengottheiten.

besitzt einen Treppengiebel, der wahrscheinlich Anfang des 16. Jh. vor ein noch älteres Gebäude gesetzt wurde. Der Giebel ist mit kielbogigen Fächerfüllungen modernisiert worden. Wegen der identischen Steinmetzzeichen mit dem Wippermannschen Haus sollen beide Gebäude von ein- und demselben Baumeister stammen, Jürgen Soenke schlägt Ludolf Crossmann vor, Otto Gaul hält Hermann Wulff für wahrscheinlicher. Das Haus **Nr. 52,** noch mit unverändert schlichtem Staffelgiebel, wie es für die Bauten der Spätgotik typisch war, ist aus dem Jahre 1520/21; Haus **Nr. 56** besitzt am Schaugiebel eine andere Variante der Fächerrosette, hier sind sie, zusammen mit konkav geschwungenen Bögen, in die Staffeln gesetzt. Spätgotisch wirkt noch das spitzbogige Eingangsportal des 1556 errichteten Gebäudes, während sich niederländischer Einfluß in den dreibahnigen Kreuzstockfenster äußert. Bauherr war der Lemgoer Bürgermeister Johann Koch, ein Berater Graf Simon VI. zur Lippe. Am linken Anbau sitzt eine Relieftafel, die urzeitlich wirkende Männer im Kampf mit einem Löwen zeigt, der eine Frau angegriffen hat. Aufbau, Darstellung und Thematik entstammen noch einer mittelalterlichen Vorstellungswelt. Der Giebelumriß des Hauses **Nr. 58** wird von schlichten Konkavbögen gebildet. Aus dem Jahre 1580 stammt das Gebäude **Nr. 64,** wahrscheinlich ein Wohnhaus des Goldschmiedes Johann Ist; der Volutengiebel ist ursprünglich, das Erdgeschoß wurde 1903/04 umgebaut und mit dem bestehenden Erker versehen.

Die Pfarrkirche der Altstadt, **St. Nicolai**, ist dem Schutzpatron der Kaufleute geweiht. Sie wurde zwischen 1210 und 1250 als Basilika erbaut und um 1300 in die bestehende Hallenkirche verwandelt. Zwei unterschiedliche Westtürme prägen das Äußere. Der nördliche Wächterturm (im Inneren war bis ins 19. Jh. noch die Wohnung und der Ausguck des Wächters erhalten) ist mit einem Renaissancehelm von 1569 versehen, den Bürger der Stadt stifteten. Der benachbarte höhere Glockenturm entstand 1661 bis 1663. Besonders schöne spätromanische Stufeneingangsportale befinden sich im Norden, Süden und Westen. Im Inneren gibt es noch einige Ausstattungsstücke der Renaissance zu sehen: so ein Taufbecken von Georg Crossmann mit schwenkbarem Holzdeckel und ein Epitaph des Franz von Kerssenbrock (gestorben 1576, sein Stadtadelssitz in der Papenstraße erhalten).
Besonders sehenswert ist das Epitaph für Moritz von Donop, das 1587 ebenfalls Georg Crossmann entwarf. Der bildnerische Schmuck des Epitaphes wurde nach einem Holzschnitt Lucas

Lemgo, Mittelstraße 56/58.

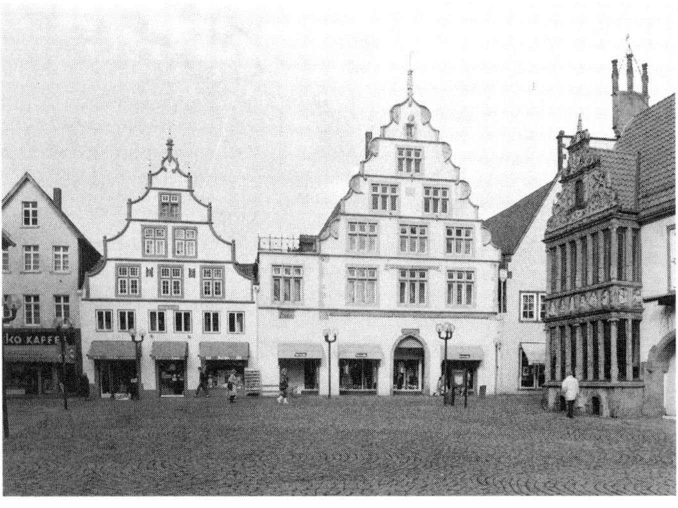

Cranachs von 1529 geschaffen. Links sind Szenen aus dem Alten Testament, rechts aus dem Neuen Testament abgebildet: Verkündigung an Maria, Verkündigung an die Hirten und die Darstellung des Kreuztodes Christi mit Moritz von Donop und Christina von Kerssenbrock.
Wegen des Seltenheitswertes seien noch spätromanische und frühgotische Ausmalungen erwähnt.In den 50er Jahren des 20. Jh. wurden sie in der Kirche entdeckt und wieder freigelegt. Die Gewölbeausmalungen zeigen vegetabile Formen. Im Südosten figürliche Wandmalereien. An der Ostwand Aposteldarstellungen, die in eine gotische Hintergrundarchitektur gestellt sind und aus dem letzten Viertel des 14. Jh. stammen. Die Südwand zeigt Apostelbilder des beginnenden 15. Jh.

Der Kirchplatz ist mit seinem Baumbestand sowie den umstehenden Fachwerkbauten des frühen 16. Jh. einer der schönsten Plätze der Stadt.

Im Lemgoer Stadtteil **Brake,** einst selbständiges Dorf, liegt die ehemalige Residenz der Edelherren zur Lippe, **Schloß Brake**. Ein Vorgängerbau des heutigen Schlosses, das „castro Brac“, das 1306 zum ersten Mal urkundlich erwähnt wird, gründeten die Lipper Grafen im 12. Jh. als ersten Stützpunkt neben der Falkenburg bei Detmold. Da in der Folgezeit Detmold vorwiegend Residenz der Grafen wurde, scheint der Bau, der zudem in der Soester Fehde stark zerstört worden war, im Spätmittelalter keine große Bedeutung besessen zu haben. Er wurde sogar zeitweise verpfändet so noch 1562 an den Landdrosten Christoph von Donop.
Erst Simon VI., der Mitglied des kaiserlichen Hofrates in Prag und Vertrauter Rudolf II.war, bestimmte Brake zu seinem ständigen Verwaltungs- und Wohnsitz.
Die heute dreiflügelige Anlage war früher auch nach Westen durch einen 1603 von Hermann Roleff erbauten Flügel abgeschlossen, den man jedoch 1811 abriß. Seinen Grundriß konnte man aufgrund von Grabungen im Hof währende der Renovierungsarbeiten am Schloß (1986–1989) teilweise rekonstruieren. Der Südflügel von 1510, ältester Teil der heute bestehenden Anlage, wurde 1571 von Hermann Wulff umgebaut und blieb bis zur Errichtung des Nordflügels wichtigster Teil des Schlosses. Zwischen 1584 und 1592 baute Hermann Wulff auch den Nordflügel mit Schloßturm, der an der Stelle des alten Bergfriedes steht und die Fernwirkung des Schlosses wesentlich bestimmt. Am Turm zeichnet sich noch der Giebel des abgebro-

chenen Westflügels ab. Noch heute sind der Entwurf eines nicht unterschriebenen Vertrages zwischen Simon VI. und Hermann Wulff sowie die Rechnungshefte erhalten.
Der Ostflügel wurde unter Verwendung alter Bausubstanz 1666 wesentlich verändert. Hier waren von 1584–1592 Küche und Vorratsräume sowie das Back- und Brauhaus untergebracht. Nach Fertigstellung des Nordflügels wurde die Küche dorthin verlegt.
Der Nordflügel war Zentrum des Baues unter Graf Simon VI., unter dem das Schloß seine größte Blüte erlebte. Die Privatgemächer des Grafen lagen in dem Turm, der sich über rechteckigem Grundriß in sieben Stockwerken erhebt und den ehemals ein Dachumgang bekrönte, von dem heute nur noch die Kragsteine erhalten sind. Im Inneren des Turmes verbindet eine breite gradläufige Treppe, die im 16. Jh. höchst selten ist, die Stockwerke miteinander (darunter Bibliotheksräume). Zusätzlich sind noch zwei kleinere Wendeltreppen in die Mauer eingebaut. Die durch sie zugänglichen privaten Räume des Grafen, bestehend aus zwei Wohnräumen und einem Raum zur Astronomie/Astrologie, sind neuerdings wieder zu besichtigen. Renais-

Lemgo, Schloß Brake. Grundriß.

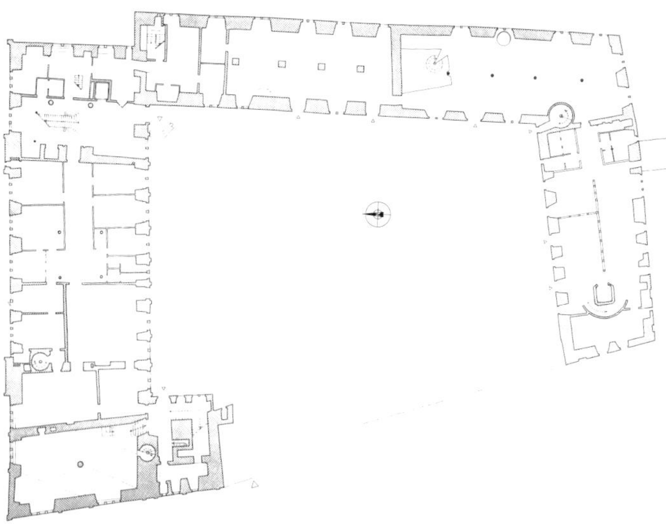

sancestukkaturen an den gewölbten Decken und Fensterrahmungen blieben teilweise erhalten, sie stammen von Conrad Rotermundt (1586). Im Westen des Nordflügels liegt die ehemalige Schloßkapelle, die mit den Gemächern des Grafen durch die Wendeltreppe in der Nordmauer des Turmes direkt verbunden ist.
Das Äußere des Nordflügels wird im wesentlichen durch Pilaster mit Bossensteinen und Gesimsen mit Zahnschnittfries an der Unterkante, die sich um die Pilaster verkröpfen, bestimmt. Der westliche Giebel, der zur Eingangsseite ausgerichtet ist, schließt mit Voluten ab, die jedoch nur im untersten Geschoß ursprünglich sind. Die beiden Staffelfüllungen darüber und der Dreiecksgiebel wurden zu Beginn des 19. Jh. abgebrochen und 1923

Lemgo, Schloß Brake. Schloßhof.

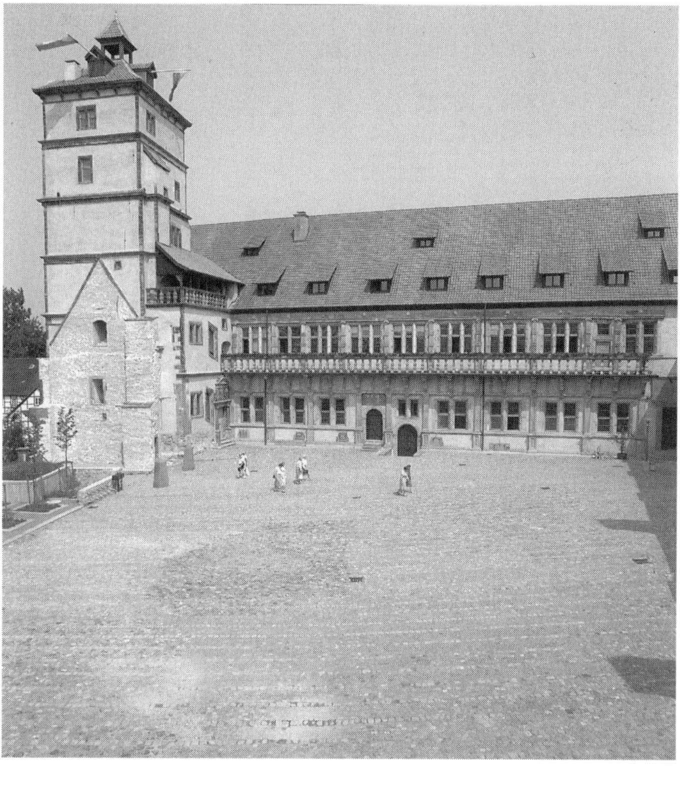

ergänzt. Die Rekonstruktion ist jedoch nicht korrekt, so daß man heute nur einen unvollständigen Eindruck von dem Aussehen dieses Giebels bekommt. Der Giebel war ursprünglich höher und stärker auf eine aufwärts strebende Wirkung angelegt, den die heutigen zu breiten Staffeln nicht mehr vermitteln. Die starke Höhendiskrepanz zwischen Turm und Westgiebel, der etwas gedrungen neben dem Turm wirkt, hat es im 16. Jh. also nicht gegeben. Gliederung und Schmuck des Turmes wechseln von Stockwerk zu Stockwerk und sind den Funktionen der Etagen im Inneren angepaßt. Besonders ungewöhnlich ist die

Lemgo, Schloß Brake. Lageplan.

1 Schloß; 2 Waschhaus; 3 Fundamente Bastion Christine; 4 Fundamente Hexenturm; 5 Schafstall, heute Magazin; 6 Meierei, heute Werkstatt; 7 Vorwerk, heute Ausstellung; 8 Großes Dreschhaus, heute Schloßscheune; 9 Marstall; 10 Mahlmühle; 11 Ölmühle; 12 Sägemühle; 13 Ehem. Gärtnerhaus, heute Amtsgericht; 14 Orangerie, heute Institut f. Lipp. Landeskunde; 15 Lindenhauskomplex.

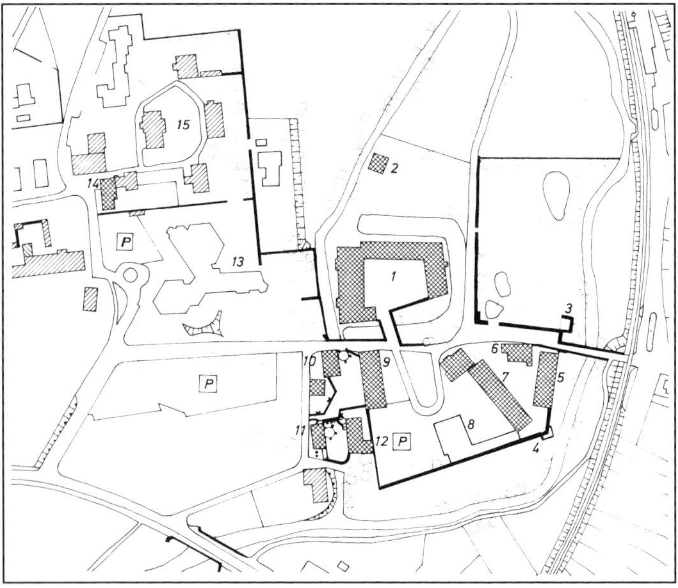

Verwendung von rotem und hellem Sandstein, der offenbar bewußt zur farblichen Gestaltung eingesetzt wurde. Die sorgfältige Durchgestaltung, die Ausprägung des Turmes und die verschiedenfarbigen Materialien sind sicherlich durch italienische Renaissancevorbilder angeregt worden. Von Graf Simon ist bekannt, daß er mehrere Italienreisen unternommen hat.
Pilaster, Gesimse und Gebälk gliedern auch die Hoffront des Nordtraktes. Das Gebälk ist zusätzlich mit Triglyphen oder Löwenköpfen ausgestattet. Vor dem Saal, der hier im Obergeschoß lag, läuft eine Galerie entlang, die auf beschlagwerkverzierten Konsolen ruht. Die Balustrade des Ganges wurde 1962 in barockisierenden Formen ergänzt. In der Renaissance soll hier ein schmiedeeisernes Gitter gesessen haben. Die Altanbalustrade des Turmes stammt aus dem Barock.
Das Relief über der rundbogigen Eingangstür, den Sündenfall darstellend, stammt von Hermann Wulff. Bemerkenswert ist die Landschaftschaftsdarstellung mit Paradiestieren im Hintergrund. Hauptzugang zum Trakt war das heutige Portal des Turmes, das ursprünglich an einer anderen Stelle stand.
Der gesamte Schloßkomplex wurde in den Jahren 1986–1989 zur Aufnahme des neu gegründeten Weserrenaissance-Museums restauriert und umgebaut. Soweit alte Bausubstanz im Inneren nach den Umbauten des 19. und 20. Jh. noch vorhanden war, wurde diese kenntlich gemacht. Sie ist Bestandteil der Ausstellung. So sind im Keller die Grundmauern und Substruktionen der Burg des 12. Jh. freigelegt.

Das **Weserrenaissance-Museum** Schloß Brake, das im April 1989 eröffnet wurde, dokumentiert in einer ständigen und einer von Jahr zu Jahr wechselnden Ausstellung die Kunst der Region zwischen Reformation und dem Dreißigjährigen Krieg. Dies geschieht durch originale Exponate für die Bereiche Graphik, Malerei, Technik des Bauwesens, Kunstgewerbe, Wohnkultur und Gebrauchsgüter sowie für die Architektur durch Modelle, Fotos, Grundrisse, einzelne Bauteile und den Einsatz audiovisueller Medien. Dem Besucher wird innerhalb der Ausstellung verdeutlicht, daß die Kunst des 16. und 17. Jh. an der Weser sich nicht allein auf das Bauen beschränkt hat, sondern viele der Territorialherren eine Hofkultur pflegten, die auch Bereiche wie Malerei, Wissenschaft und Musik einbezog. Es liegt in der Natur der Dinge, daß sich Architektur weitestgehend der musealen Darstellbarkeit entzieht. So ist das Museum als ein Zentrum zu verstehen, das Aufmerksamkeit für die Weserrenaissance erzeu-

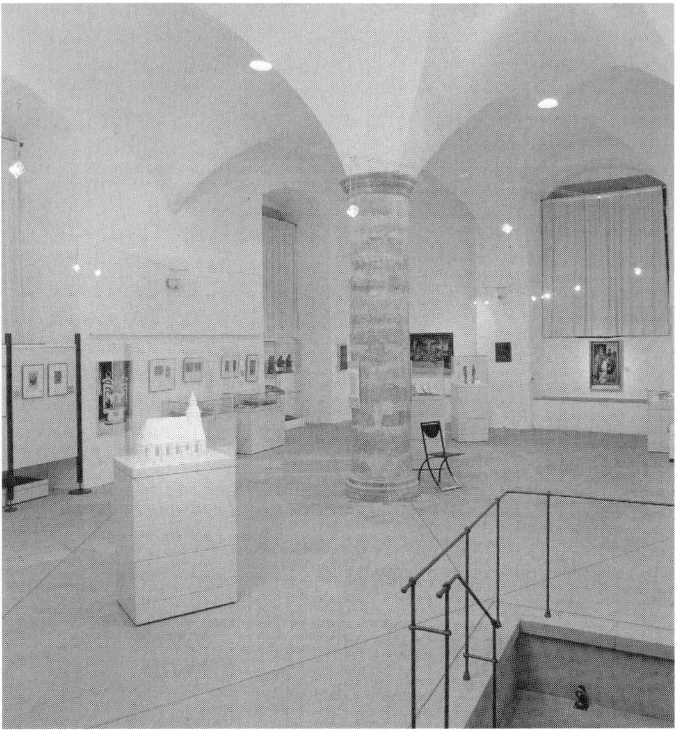

Lemgo, Schloß Brake Weserrenaissancemuseum, Ausstellung in der Schloßkapelle.

gen will, nähere Hintergrundinformationen bieten und vor allem zum Reisen und Sehen vor Ort anregen möchte.

Zum Schloßkomplex gehörten noch weitere Gebäude, so ein großer Lustgarten mit Gartenhaus und **Orangerie**. Bekannt ist auch die Existenz eines Tiergartens, für den der Graf 1597 drei Kamele geschenkt bekam. Heute erhalten ist nur noch die Orangerie (Institut für Lippische Landeskunde) und eine Bruchsteinmauer (um 1820), die den alten Umfang des Gartens markiert.

Für eine Besichtigung besonders zu empfehlen ist die **Ölmühle** von 1805 mit einer kompletten und funktionierenden Ausstattung und die **Kornmühle** (und Sägemühle), ein zweigeschossiger

Bruchsteinbau von 1800 mit einem oberen Fachwerkgeschoß von 1903 (ab 1991 Museumscafé).

Das **Marstallgebäude** an der Schloßbrücke hat im wesentlichen das Aussehen der Erbauungszeit 1708/09 bewahrt.

Südlich des Schlosses liegt das ehemalige **Vorwerk**, das, im Kern dem 16. Jh. angehörend, im 18. und 19. Jh. stark verändert wurde. Der hintere scheunenartige Anbau wird ab 1991 dem Museum als Ausstellungsfläche dienen. Westlich schließt sich die sogenannte Schloßscheune an, die als Stadthalle neu errichtet wurde (nur geringe Teile der Wehrmauer miteinbezogen), während ein Dreschhaus, das an dieser Stelle stand, für die Schloßscheune abgerissen wurde.

Weiter südlich steht der alte **Schafstall**, den man 1507/08 an die Wehrmauer anlehnte (Umbau 1688). Dort ist heute das Magazin des Museums untergebracht, in einem benachbarten **Gebäude** befindet sich die Restaurierungswerkstatt.

Am Nordgraben der Schloßgräfte steht das alte **Waschhaus**, das im Zustand des 19. Jh. renoviert wurde und als Teil des Museums zu besichtigen ist.

Lemgo, Schloß Brake, Ölmühle.

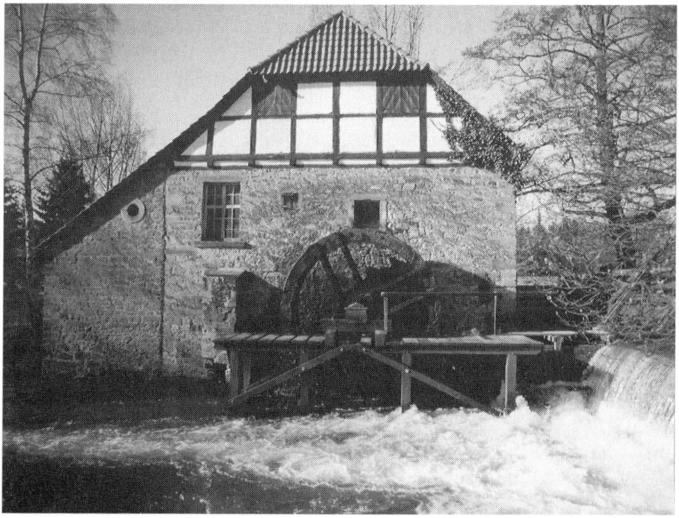

Bad Salzuflen – Herford

Eine Nebenstrecke führt von Lemgo nach Bad Salzuflen und Herford.

Die fast kreisförmige, mittelalterliche Altstadt **Bad Salzuflens** umgibt das Salzwerk mit Salzbrunnen, das einst Zentrum der Salzgewinnung war und bis zum 18. Jh. die Existenzgrundlage der Stadt darstellte. Bereits aus dem Jahre 1048 stammt die älteste erhaltene Urkunde, die über die Salzgewinnung spricht. Zu dieser Zeit befand sich die Salzstätte im Besitz des Paderborner Bischofs. Erst später gingen die Salzhäuser an Bürger der Stadt über (Stadtrechte 1488), die eine Salzsiedergenossenschaft gründeten und ihr Produkt sowohl in die nähere Umgebung verkauften als auch auf der sogenannten Salzstraße nach Vlotho brachten und dort auf der Weser verschifften. (Die Gradierwerke des 18. Jh., die zu den zweitgrößten Deutschlands zählen, stehen im heutigen Kurpark.) Um 1600 kam der Handel mit Leinen als neue Erwerbsquelle hinzu. Heute ist Bad Salzuflen hauptsächlich Kurort.

Der Wohlstand, den das Salz brachte, spiegelt sich noch in einigen Wohnhäusern des 16. und 17. Jh. und in dem mächtigen **Rathaus** wider. Es steht an der Nordseite des Marktplatzes. Der Wandkasten des Bruchsteinbaues entstand 1545–1547. Das langrechteckige Gebäude (29 m lang, 12 m breit) ist mit der als Schaufassade ausgebildeten südöstlichen Giebelseite zum Markt ausgerichtet. Das Giebeldreieck wurde in den 80er Jahren des 16. Jh. zur heutigen Form umgestaltet. Die zweiläufige Freitreppe, die zum Hauptgeschoß führt, ist von dem Lemgoer Architekten Karl Overbeck 1859/60 entworfen worden.
Der Giebel kragt gegenüber den beiden Hauptgeschossen seitlich leicht vor. Die drei Giebelgeschosse werden durch Gesimse geteilt sowie die Staffeln durch Voluten mit Beschlagwerk gefüllt. Zwei gegenläufige Voluten, in dieser Ausprägung sehr selten, bilden den obersten Abschluß. Ein spitzbogiges Tor mit spätgotischem Stabwerk führt ins Innere. An der nordwestlichen Traufseite sind die Fenster des Erdgeschosses erst im 19. Jh. zu ihrer heutigen Größe verändert worden. Hier saß ursprünglich auch ein Erker, der im 19. Jh. abgerissen wurde. Die drei kleinen Fenster rechts vom Eingang zum Ratskeller markieren eine Wendeltreppe, die ehemals die beiden Stockwerke im Inneren miteinander verband.

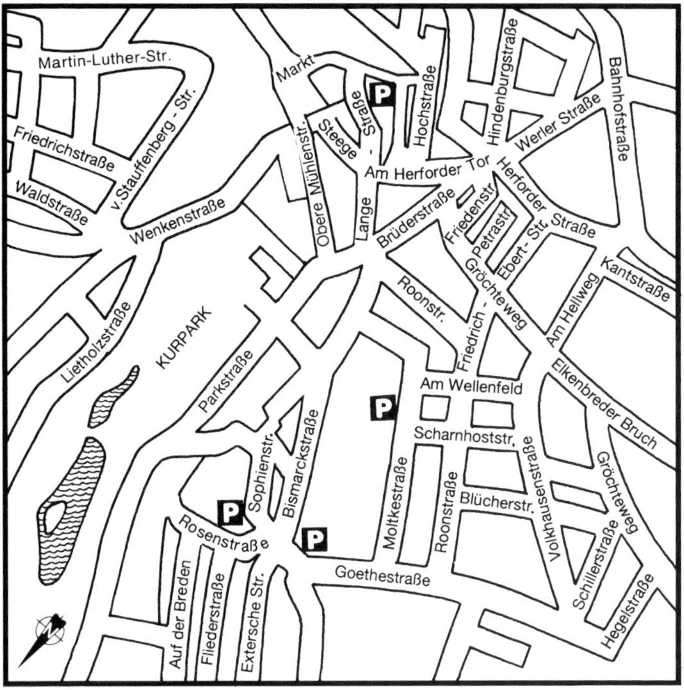

Bad Salzuflen, Plan der Innenstadt.

Der rückwärtige, heute zugebaute Giebel und die gegenüberliegende Traufseite sind sehr schlicht gestaltet, da sie keinerlei repräsentative Funktion aufgrund ihrer Ausrichtung zu erfüllen hatten. Innen ist der ehemalige Ratssaal im Obergeschoß in seiner ursprünglichen Ausdehnung noch vorhanden und mit einem Handwaschbecken und Nischen (ehemalige Wandschränke) ausgestattet. Davor lag der sogenannte Bürgersaal, von dem bereits 1598 eine Ratsstube abgetrennt worden ist. Die weitere Aufteilung in Bürozimmer erfolgte im 19. Jh. Bis ins 19. Jh. wurde der große Dachraum als Lager für das Zehntkorn benutzt.

Gegenüber dem Rathaus liegen zwei „Zeitgenossen“, die Bürgerhäuser Markt 32 und 34. Sie sind die einzigen, die noch einen Eindruck vom Aussehen der Gebäude vermitteln, die im 16. und 17. Jh. den Marktplatz dichtgereiht umstanden. **Markt 32** (rechter Bau) stammt, wie die dendrochronologische Datierung festgestellt hat, von 1529/30. Der Giebel ist in Aufbau und Formen dem Rathaus nah verwandt und wohl einige Jahre früher oder später, also ebenfalls in den 80er Jahren des 16. Jh., hinzugefügt worden. Der Relieffries über der heutigen Eingangstür, der von dem Sündenfall Adams und Evas berichtet, ist hierher als Bauspolie versetzt worden. Da das Erdgeschoß stark verändert worden ist, könnte er ehemals als Türsturz des ursprünglichen Eingangstores oder als Brüstung einer vielleicht vorhandenen Auslucht gedient haben. Die Wappenschilder zwischen den Szenen geben die Initialen eines der Inhaber an, des Bürgermeisters Jobst Gießenbier und seiner Gemahlin, Margarete Schütte, die wohl in den Köpfen darüber portraitiert sind.

Direkt nebenan, **Markt 34**, wohnte der Bürgermeister Johann Barkhausen in einem Haus, das 1564 errichtet wurde und dessen Giebel (wohl aus den 90er Jahren) an Mindener Patrizierhäuser erinnert (Bäckerstraße 45; Scharn 17). Der zweistöckigen hohen Auslucht links fehlt der sicherlich ehemals vorhandene Aufsatz oder obere Abschluß. Rechts ist noch das alte Einfahrtstor mit darüberliegendem hohen Dielenfenster erhalten. Otto Gaul und Jürgen Soenke denken an Heinrich Overkotte als Baumeister,

Bad Salzuflen, Häuser am Markt.

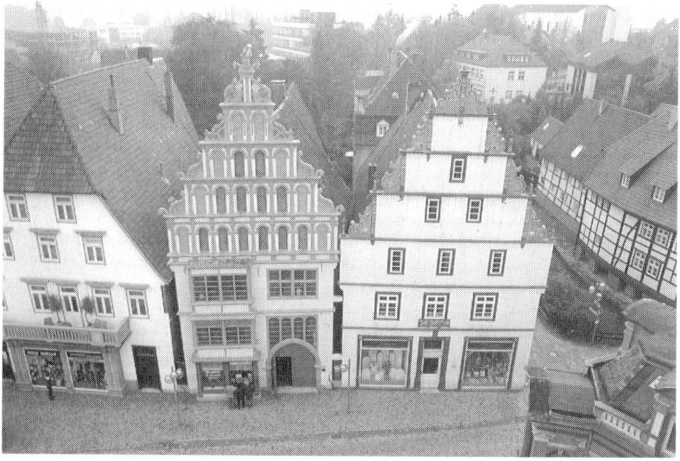

der nachweislich ein heute abgerissenes Haus in Herford am Markt (1589) mit ähnlichem Giebel für einen Neffen des Johann Barkhausen errichtet hat.

In der **Lange-Straße** stehen einige besonders schöne Fachwerkbauten aus der ersten Hälfte des 17. Jh., die den typischen Renaissanceschmuck in ungewöhnlichem Reichtum an Schwellen, Ständern und Riegeln sowie den Brüstungsplatten zeigen. Hier befindet sich auch das **Museum** des Ortes (Nr. 41), das Einblicke in die Stadtgeschichte gibt und mit Modellen und Geräten die Salzherstellung des alten Salzhofes und der Gradierwerke inszeniert. Darüber hinaus veranschaulichen viele Gebrauchsgegenstände, wie alte Textilien, Geschirr, Zinn oder Möbel, das Alltagsleben der Bürger in den verschiedenen Jahrhunderten.

Auf dem Grundstück **Obere Mühlenstraße 1** steht das **Haus Backs,** das Wohn- und Geschäftshaus einer der erfolgreichen und großen Kaufmannssippen der Stadt, der Familie von der Wipper. Sie war auch in Lemgo ansässig und hat dort Häuser erbaut (vgl. Wippermannsches Haus, Kramerstraße 5). Wer das Haus in der zweiten Hälfte des 16. Jh. errichtete, kann nicht mehr mit Sicherheit festgestellt werden. Nach 1600 befand es sich jedoch offensichtlich im Besitz der Familie Wipper; auf einem Kamin ist das Familienwappen zu sehen. Um 1630 erwarb es Hermann von Exterde, der das Haus zum Adelshof umbauen ließ. Dabei wurde es um ein Speicherstockwerk erhöht, d.h.der Fachwerkabschnitt zwischen Steinwandkasten und Dachschräge eingesetzt. Hierbei wurde unter Verwendung älterer Giebelteile der prächtige Fachwerkschnitzgiebel geschaffen. Die ungewöhnlich vielen Fenster dieses Giebels, der auch zu diesem Zeitpunkt nur als Speicherraum diente, werden nach außen durch Lüftungsgitter und kleine Holzläden verschlossen. Seine

Bad Salzuflen, Haus Backs.

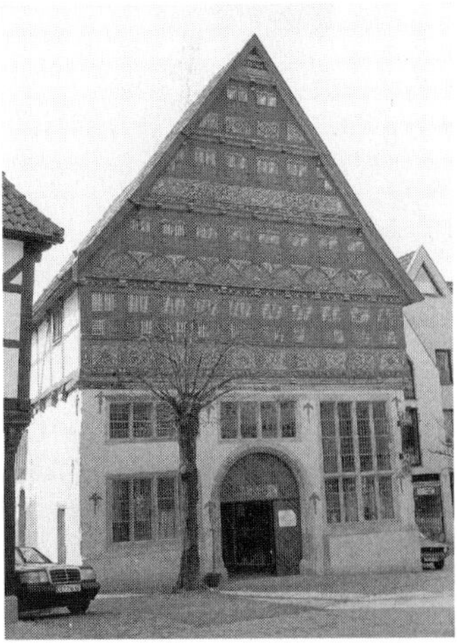

farbige Gestaltung beruht nicht auf historischen Befunden, wahrscheinlich war der Giebel im 17. Jh. nicht bunt gefaßt, sondern in verschiedenen Brauntönen lasiert. Das gesamte Gebäude, das bis 1985 sowohl innen als auch außen stark verändert, ja verunstaltet worden war, wurde von 1985–1987 in vorbildlicher Weise in den Zustand des 17. Jh. zurückversetzt. Diese gelungene Renovierung wurde von der internationalen Denkmalschutzkommission Europa Nostra mit dem ersten Preis ausgezeichnet.

Die Umbauten am Haus Backs während der 30er Jahre des 17. Jh. sowie die Errichtung prächtiger Fachwerkgebäude in der Lange-Straße in dieser Zeit, also mitten im Dreißigjährigen Krieg, beweisen, daß die Wirtschaft der Stadt auch in den Kriegswirren nicht völlig zerstört wurde, obwohl die Stadt von der Pest und schweren Bränden getroffen worden war. Ein Grund mag die Wichtigkeit des Haupthandelsproduktes (Salz) gewesen sein. Um 1600 blüht jedoch auch der Handel mit Leinen, zu einer Zeit also, in der andere Städte, wie beispielsweise Lemgo, durch veränderte wirtschaftliche Bedingungen (Verlegung der Handelswege) schon in tiefe wirtschaftliche Krisen gestürzt worden waren. Vielleicht waren die Salzuflener Kaufleute in der Lage, flexibler auf die geänderten ökonomischen Umstände zu reagieren.

Die Straße der Weserrenaissance führt weiter nach Herford.

Der längliche, ovale Stadtkern **Herfords** wird von der Aa und der Werre, die hier in die Aa mündet, durchflossen.
Als Gruppenstadt aus unterschiedlichen Siedlungen zusammengewachsen, sind die verschiedenen Bereiche noch heute deutlich zu erkennen. Das älteste Zentrum ist ein ehemaliges adeliges Damenstift, das im 9. Jh. gegründet wurde und im Mittelpunkt des Ortes innerhalb der Altstadt mit Markt lag. Erhalten ist noch die ehemalige Stiftskirche, heute evangelische Münsterkirche. Im Süden der Stadt lag die sogenannte Radewig – ursprünglich eine Ansiedlung von Fernhändlern – mit Jakobikirche und dem Gänsemarkt. Das Stift Berg ist ein Stadtteil, der sich aus einem zweiten, für den niederen Adel bestimmten Damenstift gebildet hat. Direkt neben dem alten Markt entstand seit dem 13. Jh. eine Neustadt mit neuem Markt. In diesem Bereich haben noch einige Bauten des 16. Jh. überlebt, auch wenn die meisten von ihnen Kriegzerstörungen oder dem Abbruchbagger zum Opfer gefallen sind.

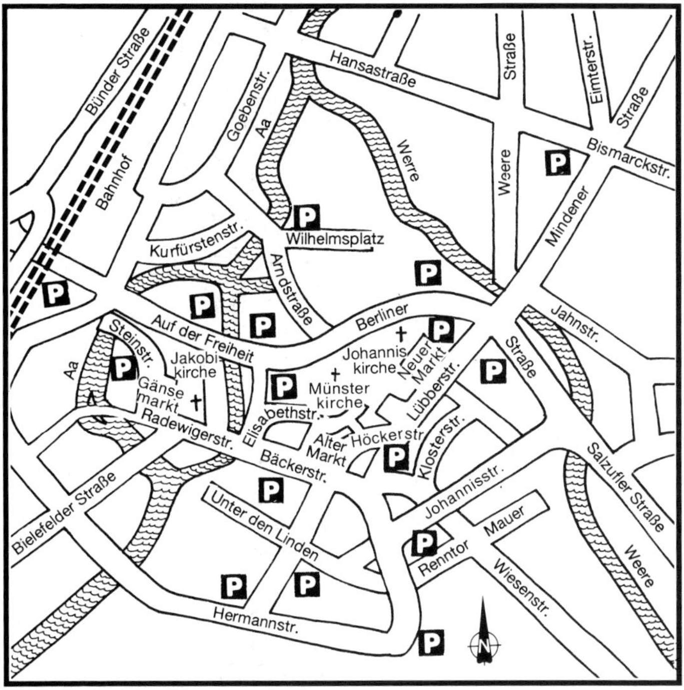

Herford, Plan der Innenstadt.

Das Haus **Neuer Markt 2** wurde 1560 von dem Baumeister Johann von Brachum für den Herforder Ratsherrn und Kaufmann Jobst Wulfert errichtet und 1978/79 restauriert. Dem rechteckigen Gebäude, das an Giebel und Traufseite im Erdgeschoß durch große bleiverglaste Fenster belichtet wird, ist ein hoher Giebel vorgeblendet. Dieser Backsteingiebel, der vermutlich erst in den 70er Jahren des 16. Jh. hinzugefügt worden ist, wird von gemauerten plastischen Bändern, Kreisen und Rauten überzogen. Die Staffelvorsprünge sind durch kielbogenförmige Bänder mit Muschelfüllung besetzt. Die Muschelfüllungen wiederholen sich noch einmal in den Dreiecksgiebeln über den Kreuzstockfenstern. Diese Gestaltung des Giebels zeigt eine große Ähnlichkeit zu den Schlössern Overhagen und Hovestadt, die stilistisch zu einer Sonderform, der sogenannten Lippe-

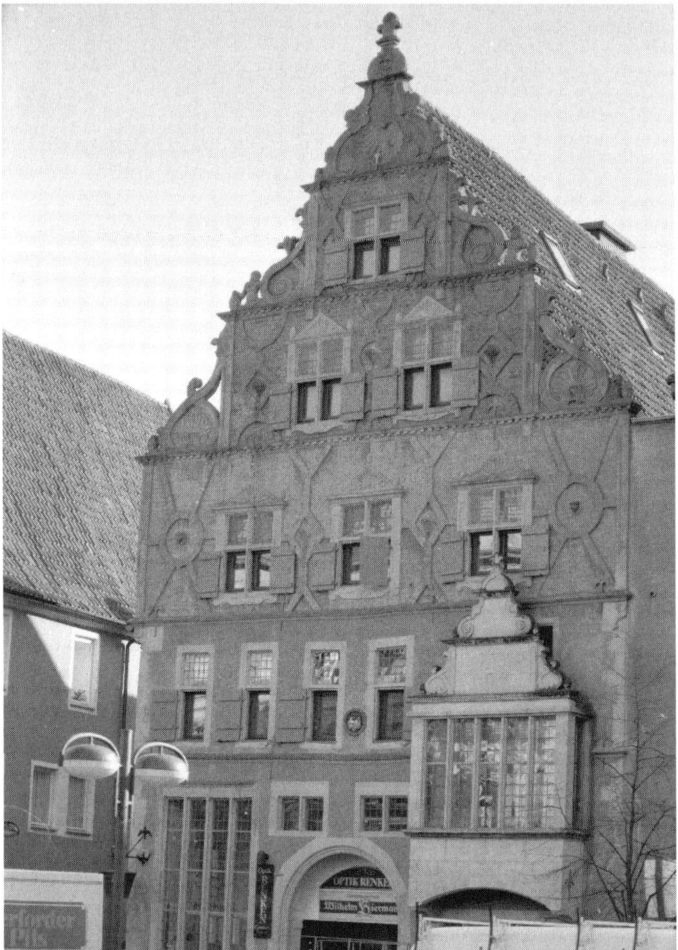

Herford, Neuer Markt 2 mit reichgeschmücktem Ziergiebel.

Renaissance, gerechnet werden. Die beiden Halbfiguren auf der mittleren Staffel, Adam und Eva, erinnern an die Figuren der Mindener Häuser Bäckerstraße 45 und Scharn 17. Die Figuren sind hier jedoch noch nicht so eng mit der Architektur verflochten, wie es in Minden der Fall ist.

Das Giebeldreieck des gegenüberliegenden **Neustädter Rathauses**, das 1600 einem älteren Gebäude aufgesetzt worden ist, wurde 1930 abgebrochen, konnte jedoch 1988 wieder rekonstruiert werden.

In der Nähe, auf dem Neustädter Kirchplatz, steht noch der **Zisternenbrunnen** (Brunnen mit baldachinartigem Dach), der inschriftlich in das Jahr 1599 datiert ist. Er gehört zu den sehr wenigen erhaltenen Brunnen seiner Art, die in der Renaissance in Deutschland viele öffentliche Plätze schmückten. Seine Rettung verdankt er wahrscheinlich dem Umstand, daß er sich zwischen 1839 und 1964 im Privatbesitz befand und dann von der Stadt zurückerworben werden konnte. Über dem achtecki-

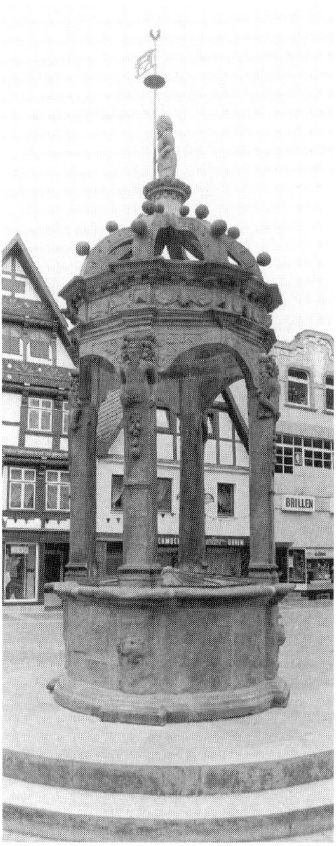

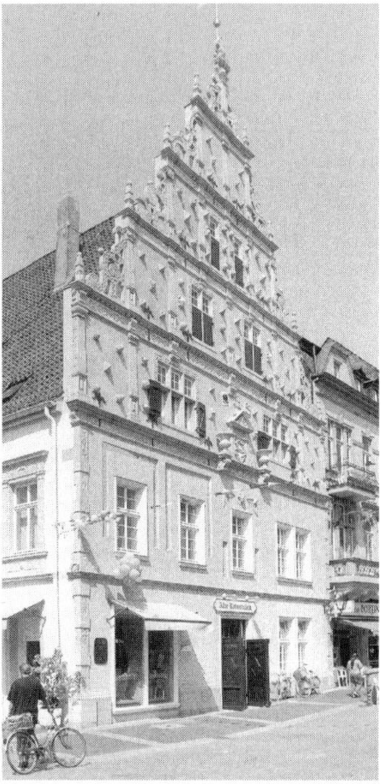

Herford, Zisternenbrunnen am Neustädter Kirchplatz (links) und Neustädter Rathaus (rechts) am Neuen Markt.

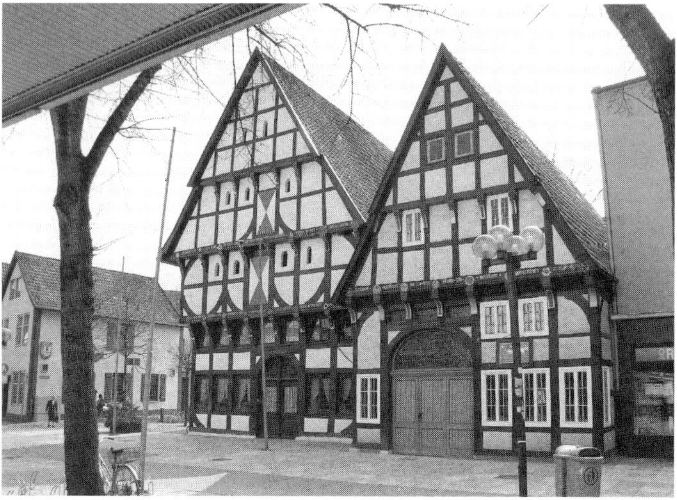

Herford, Remensniederhaus in der Brüderstraße.

gen Brunnenbecken tragen vier Hermenpfeiler einen offenen Baldachin mit Kugelbesatz. Die oberste Bekrönung bildet ein sogenannter Wappner, eine heraldisch symbolische Steinfigur. Es ist bekannt, daß in Lemgo auf dem Marktplatz ein ähnlicher Brunnen existierte, der jedoch seit dem 19. Jh. verschwunden ist.

Das Fachwerkhaus **Neuer Markt 5** stammt ebenfalls noch aus der Renaissance. Es wurde Ende des 16. Jh. erbaut.

Vom Neuen Markt zweigt die Höckerstraße ab, die in Richtung Alter Markt führt. Das Haus **Höckerstraße 4** wurde 1538 für den Bürgermeister Heinrich Crüwell erbaut. Es ist fälschlicherweise als Geburtshaus des berühmten Barockarchitekten Mattis Daniel Pöppelmann angesehen worden, der 1682 in Herford geboren wurde. Die Inschrift am Giebel VDMIE bedeutet: „Verbum Domini Manet In Eternum." (Übersetzung: „Das Wort des Herrn bleibt in Ewigkeit.")

Das prächtigste erhaltene Fachwerkhaus des 16. Jh. ist das **Remensniederhaus** aus dem Jahre 1521, Brüderstraße 26. An den geschnitzten Knaggen der oberen Geschosse sind Christus als Weltenrichter, Apostel, Heilige, Tugenden und Laster dargestellt.

Einige der zahlreichen Kirchen des Ortes bewahren Ausstattungsstücke der Renaissance. Hier ist vor allem die evangelische **Jakobikirche** (Radewig) aus der zweiten Hälfte des 14. Jh. zu nennen. Im Langhaus befinden sich ornamental geschmückte Gewölbe (Ornamente um 1600), eine Kanzel von 1590, eine Taufe (1611), einige Epitaphe sowie als Kuriosum eine Walfischrippe mit Inschrift von 1589.

In der evangelischen **Johanniskirche** in der Neustadt sind noch eine Renaissancekanzel mit prachtvoller Treppe von 1602, geschnitztes Gestühl aus der ersten Hälfte des 17. Jh., sowie ein Taufstein von 1564 mit einem Deckel aus dem Anfang des 17. Jh. zu sehen.

Das **Städtische Museum** liegt am Deichtorwall 2. Es dokumentiert die Stadtgeschichte vom Mittelalter bis zur Neuzeit.

Detmold – Westfälisches Freilichtmuseum – Horn

Über die Bundesstraße 239 kehrt man zur Hauptstrecke nach Detmold zurück.

Bereits 1538 war die Grafschaft Lippe zum protestantischen Glauben übergewechselt und dem Schmalkaldischen Bund beigetreten, dem Schutz- und Trutzbündnis der protestantischen Territorialherren gegen die katholische Partei. Der Sieg des Kaisers im Schmalkaldischen Krieg 1548 traf das Land Lippe schwer. Hohe Kontributionszahlungen mußten geleistet werden, die die Grafschaft wirtschaftlich aushöhlten. Hinzu kam eine starke politische Bevormundung. So versuchte der Paderborner Bischof Rembert von Kerssenbrock, mit Waffengewalt das Interim des Kaisers durchzusetzen. In dieser für den Landesherrn kaum aussichtsreichen Situation begann Bernhard VIII. zur Lippe nach einem schweren Stadtbrand, der wohl auch das Schloß in Mitleidenschaft gezogen hatte, die Residenz der Lipper Grafen, im 13. Jh. von diesen gegründet, zu einer anspruchsvollen Vierflügelanlage auszubauen. Dieses Verhalten Bernhards zeigt, wie wichtig das Schloß als Verwaltungs- und Wohnsitz im 16. Jh. zur Repräsentation und zur Durchsetzung eines Machtanspruches geworden war.

Detmold, Schloß und Stadt von Nordosten. Stich von Elias von Lennep, 1663.

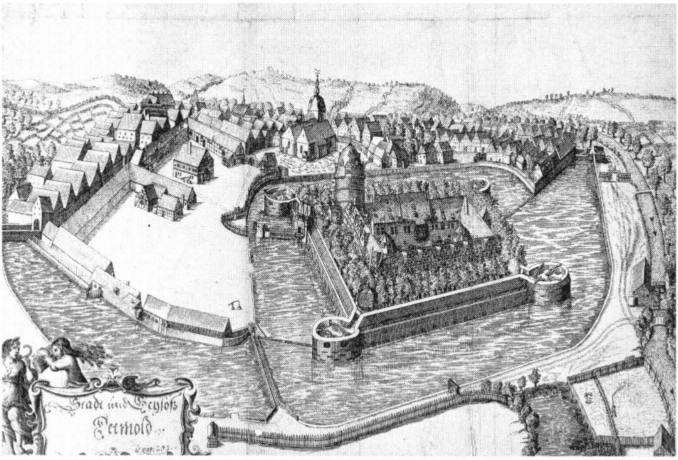

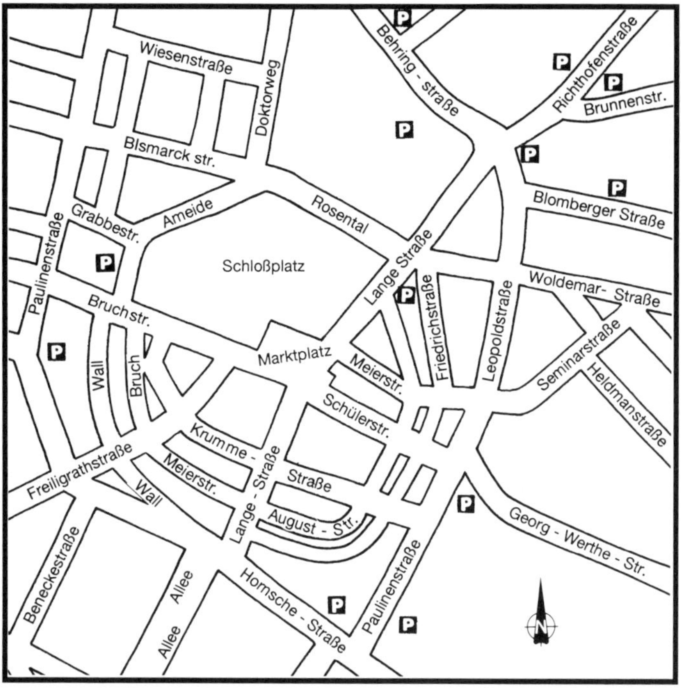

Detmold, Plan der Innenstadt.

Auf einem Stich von E. v. Lennep aus dem Jahre 1663 ist das **Schloß** inmitten mächtiger Befestigungsanlagen mit vier runden Eckbastionen, umgeben von einem Wassergraben, dargestellt. Diese Wehranlagen, die schon 1520 unter Bernhards Vater, Graf Simon V., begannen und erst nach 1550 vollendet wurden, sind im 18. Jh. zugunsten eines neu gestalteten Schloßplatzes abgebrochen und im Nordwesten völlig beseitigt worden.
Gut erhalten dagegen ist das Schloß, das inmitten der Altstadt, auf dem linken Werre-Ufer, steht. Die Planung der Gesamtanlage geht auf Jörg Unkair zurück, der den Bau in den 40er Jahren begann, jedoch während der Arbeiten 1553 starb. Die gewählte Grundrißdisposition stimmt (sogar in den Größenverhältnissen 45,50 m x 20 m) mit seinem ersten Projekt in dieser Region, Schloß Neuhaus, überein.
Nach Unkairs Tod übernahm Cord Tönnis die Bauleitung und hatte sie bis 1557 inne. Durch die Verlegung der Residenz unter

Graf Simon VI. nach Brake ruhten die Arbeiten, erst von 1619–1621 wurde das Schloß fertiggestellt. Im Jahr 1673 wurde das alte Back- und Brauhaus im Südwesten (gegenüber der Eingangsfront) durch ein neues Gebäude ersetzt.
Wohl noch unter Unkairs Leitung entstanden die beiden Langflügel, drei der vier Treppentürme in den Binnenwinkeln des

Detmold, Innenhof des Schlosses mit Trompetergang.

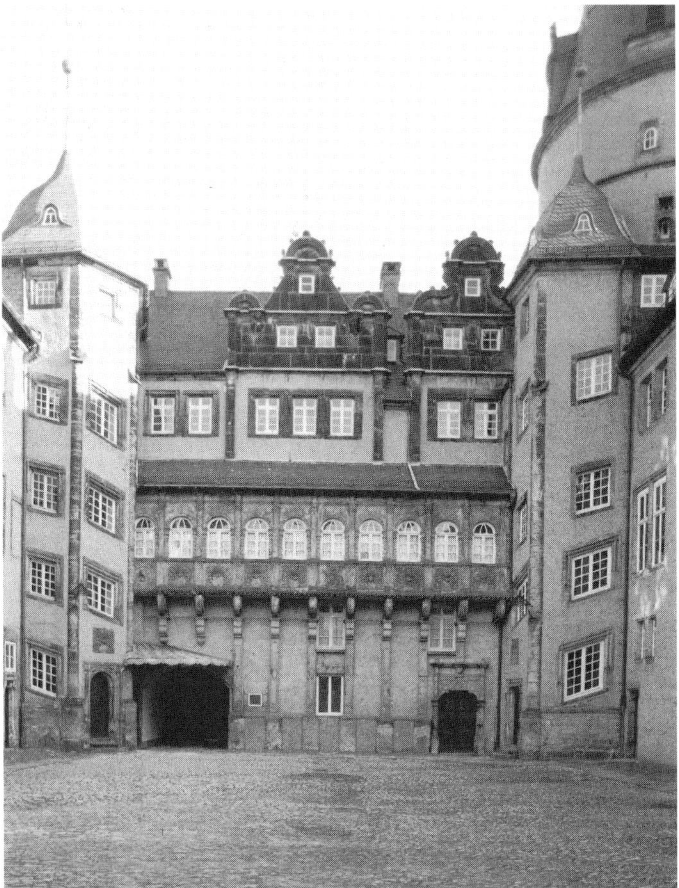

Innenhofes und die nördliche (rechte) Hälfte der Eingangsfront. Am östlichen Treppenturm, in Höhe der Unterkante der zweiten Fensterreihe, steht die Jahreszahl 1550, am Nordturm (Innenhof), ungefähr in gleicher Höhe, ist die Zahl 1551 zu lesen, daneben das Meisterzeichen Jörg Unkairs. Die Eingangsfront wird von dem mächtigen runden Bergfried bestimmt, der von

Detmold, Schloß. Stabwerkgerahmtes Portal.

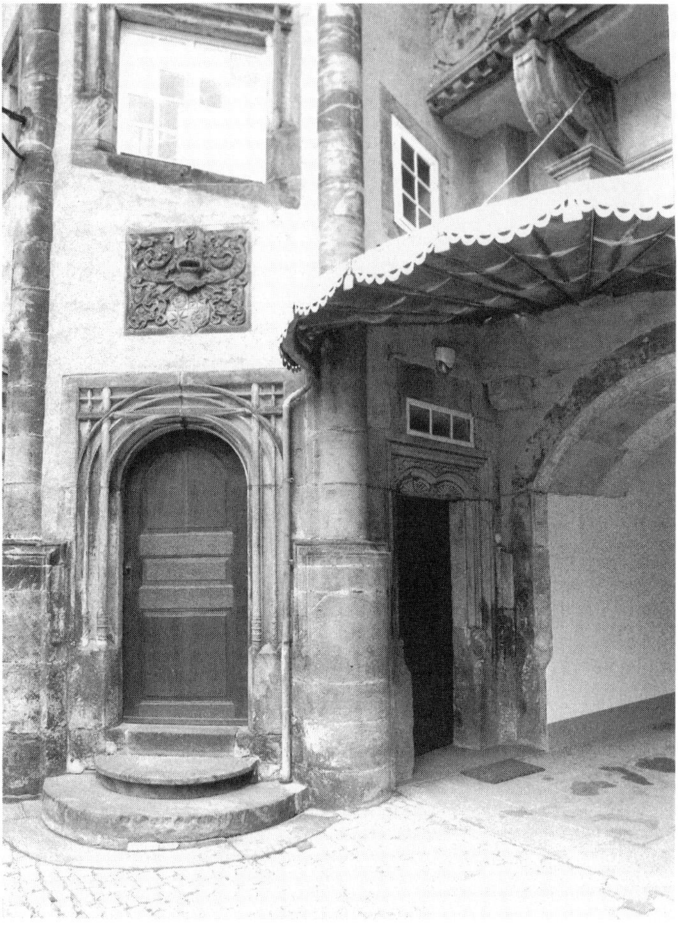

der alten Burg übernommen und mit einem neuen hohen Renaissancehelm versehen wurde.
Beide Längsflügel ließ Graf Friedrich Adolf zwischen 1705 und 1715 weitgehend verändern. Er hat auch die Innenräume des Schlosses umgestalten lassen.

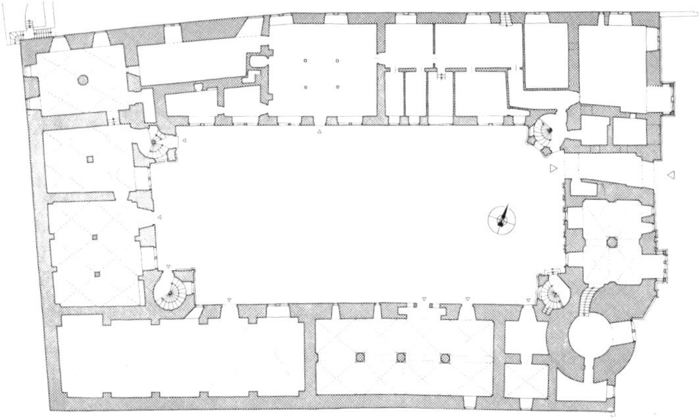

Detmold, Schloß. Grundriß.

So hat der Eingangsflügel am unverfälschtesten das Aussehen des 16. Jh. bewahrt. Die rechte, unter Unkair gebaute Fassadenhälfte gliedern zwei Ausluchten, die in Dachhöhe zu Lukanen mit Halbkreisaufsätzen ausgeprägt sind. Die Situation der heutigen Fenster ist nicht mehr urspünglich. Dem Geschmack und der Mode des 16. Jh. folgend, war die gesamte Front in drei statt zwei Fenster aufgelöst.
Die linke Hälfte, die Cord Tönnis unter Abwandlung von Plänen Unkairs ausführte, wiederholt spiegelbildlich die Grundstruktur der rechten Hälfte, allerdings mit differierender Geschoßeinteilung, da noch ein Zwischengeschoß über dem Erdgeschoß eingeschoben wurde. Trotzdem zeigt diese Fassade einige Neuerungen. So sind hier die Mauerflächen bereits durch Lisenen konsequent vertikal gegliedert. Tönnis entwickelte auch die Form des Halbkreisaufsatzes weiter, indem er die innere Fläche durch eine Muschelfüllung bereicherte und am linken Zwerchhaus die seitlichen Aufsätze zu S-förmigen Bögen auflöste, die oben in Menschenmasken enden.
Rechts zeigt sich an dieser Fassade die sehr frühe Phase der Weserrenaissance, in der zwar einzeln neue Bauformen aufge-

nommen wurden, allerdings in einer sehr strengen und schlichten Variante. Erst in der zweiten Hälfte des 16. Jh. wird Bauornamentik und Bauplastik zur Gestaltung der Mauerflächen wichtig. Diese wurden vorwiegend aus architekturtheoretischen Traktaten und Architekturbüchern sowie der zeitgenössischen Graphik kopiert oder verändert übernommen. Ein noch markanteres Beispiel für das neue Architekturverständnis befindet sich an der hofseitigen Front des Eingangsflügels. Vor dem Obergeschoß verläuft ein vorkragender geschlossener Steingang, der sogenannte Trompetergang. Pilaster teilen die wappengeschmückten Wandfelder der Brüstung (Ahnen des Bauherren), und rundbogige Fenster beleuchten den Gang. Die Gliederung der Brüstung setzt sich an den Mauerflächen darunter fort und bezieht so das Erdgeschoß mit ein. Im sechsten Brüstungsfeld von links ist eine Darstellung der Justitia (Gerechtigkeit) und links eine Frauenbüste zwischen die Wappen gesetzt. Am Gebälk hat der Steinmetz seine Initialen IR und die Jahreszahl 1557 hinterlassen, der Steinmetz konnte bislang nicht zweifelsfrei benannt werden. Das Portal an dieser Wand zeigt Ähnlichkeiten zu einem Holzschnitt Albrecht Dürers. An der Hofseite des Südostflügels ist noch ein Baufragment erhalten mit der Inschrift „Berenhart Grave un Eddel Here zur Lippe anno dni 1550“ mit der lippischen Rose und dem lippischen Wappen darüber. Es könnte sich um einen ehemaligen Fenstersturz, vielleicht eines abgebrochenen Erkers, handeln.

Innerhalb einer Führung ist eine Besichtigung etlicher Innenräume des Schlosses möglich, das bis heute von der Familie zur Lippe bewohnt wird. Das Interieur zeigt die Gestaltung des 18. Jh. mit Stuckdecken und Kaminanlagen aus dieser Zeit. Zur Ausstattung gehören neben barocken Möbeln Gemälde vom 16.–20. Jh. und wunderschöne, farblich sehr gut erhaltene Gobelins. Sie wurden 1670 in Brüssel (Werkstatt Jan Franz von den Hecke) gefertigt und zeigen einen Alexanderzyklus nach Vorlagen Charles Lebruns (Hofmaler Ludwig XIV.).

Die umliegenden, zum Schloß gehörenden Bauten, die zur Lange-Straße und zum Marktplatz ausgerichtet sind, wurden erst im 17./18. Jh. hinzugefügt. Damals erhielt Detmold, das während des 16. und 17. Jh. trotz seiner Residenzfunktion immer Handwerkerstadt und ohne Beteiligung am Fernhandel geblieben war, ein neues Gesicht. Dieses Stadtbild wurde dann im 19. Jh. durch den Neubau bedeutender klassizistischer Bauten – wie z.B. des Rathauses (1828–1830) – weiterentwickelt.

Bürgerhäuser des 16. und 17. Jh. sind aber noch vereinzelt erhalten; die sehenswertesten stehen in der Langestraße.

Im **Haus Langestr. 14** wohnte der Detmolder Bürger Johann Schmerriemen. Der giebelständige Bau besaß zwei Ausluchten und Schweifwerk an Haupt- und Ausluchtgiebeln. Darstellungen der Tugenden Fides (Glaube), Spez (Hoffnung) und Caritas (Fürsorge) befanden sich in den Nischen der Vorbauten. Die Figuren sind nicht mehr erhalten, waren aber durch Inschriften zu identifizieren. Bei Errichtung des Hauses, 1587, wurden Teile eines Vorgängerbaues (teils Fachwerk, teils Stein) aus den 40er Jahren des 16. Jh. wiederverwandt. Dieses war wahrscheinlich nach einem schweren Stadtbrand hochgezogen worden. 1592 wurde dem Gebäude an der Rückseite ein schmalerer, unterkellerter Saalbau hinzugefügt, der 1621 um einen zweiten Saal erweitert wurde. Innerhalb des jüngeren Saales existiert noch ein Kamin aus der Bauzeit. Die zum Teil verbaute Holzloggia des Hofes entstand erst um 1700.

Langestraße 19 ist wahrscheinlich kurz nach der Mitte des 16. Jh. – vielleicht von Cord Tönnis – erbaut und in den 90er Jahren des 19. Jh. stark umgebaut worden.

Auch die **Krumme Straße** zeigt noch vereinzelt Häuser des 16. und 17. Jh.. **Nr. 2:** Bürgerhaus von 1604; **Nr. 20:** um 1570; **Nr. 40:** 1981/82 rekonstruiert.

Das **Lippische Landesmuseum** an der Ameide ist in drei Fachwerkgebäuden eingezogen, die hierher versetzt wurden. 1953–1958 wurden die ehemalige Zehntscheune des Klosters Falkenhagen aus Sabbenhausen (1555) und ein Kornhaus aus Schieder (1596) innen und außen für die Präsentation der Museumsstücke wieder rekonstruiert. Der Speicher (Gaststätte) stammt aus der zweiten Hälfte des 18. Jh..

Südlich von Detmold, an der Bundesstraße 239 in Richtung Horn-Bad Meinberg, liegt das **Westfälische Freilichtmuseum**, das zu den größten Freilichtmuseen Europas zählt. Verschiedene rekonstruierte Dörfer Westfalens dokumentieren das Leben, Bauen, Wohnen und Arbeiten der Menschen des 15.–19. Jh.; mehrere Bauten zeigen Renaissancegestaltungen.

Nur 15 km östlich von Horn befinden sich die **Externsteine**. Berühmt sind die Sandsteinfelsen wegen der Nachbildung der heiligen Stätten Jerusalems, die im 12. Jh. entstand: ein Relief der Kreuzabnahme (um 1130), zwei Kapellen und das Heilige Grab in Form eines Arkosolgrabes. Im 16./17. Jh. war die Anlage lippische Grenzfestung.

Die Stadt **Horn** ist wie eine Reihe weiterer Städte des Gebietes eine Gründung der lippischen Grafen. Bernhard II. verlieh dem Ort, der nach dem üblichen mittelalterlichen Dreistraßensystem mit betonter Mittelstraße angelegt worden ist, zwischen 1230 und 1248 die Stadtrechte. Das Flüßchen Wienbeeke durchfloß den Ort, bis es zur Bewässerung des Stadtgrabens diente und künstlich um die Stadt herumgeleitet wurde. An die Stadtmauer wurde die **Burg** des Landesherrn angebaut, die wahrscheinlich 1348 erneuert und 1659 ausgebaut wurde. Der im 19. Jh. stark beschädigte Bau wurde 1927 und 1989 wiederhergestellt, er beherbergt heute das **Heimatmuseum.**

Mittelpunkt der Stadt ist bis heute der Marktplatz, wo an der Ecke zur Mittelstraße der ehemalige **Kotzenbergsche Hof** (heute Hotel Vialon) steht. 1616/17 ließ der lippische Amtmann Johann Hermann von Kotzenberg das zweiflügelige Gebäude errichten. Aufwendig gestaltet sind vor allem die Fenster des Hauses. Ionische Säulen, deren Schäfte durch Kerbschnittsteine, Masken oder Beschlagwerk bereichert sind, gliedern die Fenster. Der Sockel der Säulen wurde zusätzlich mit Diamantquadern versehen. Diese Säulen und die Art und Weise, wie die Fenster an Ober- und Unterkante von einem Gesims optisch betont und zusammengefaßt werden, erinnert an die Fassadengestaltung des Paderborner Rathauses, was Jürgen Soenke dazu veranlaßte, den Bau dem Paderborner Meister Hermann Baumhauer zuzuweisen. Hinter der zum Markt ausgerichteten Auslucht lag ehemals der Saal. Die Brü-

Horn, Eingangsportal des Kotzenbergschen Hofes.

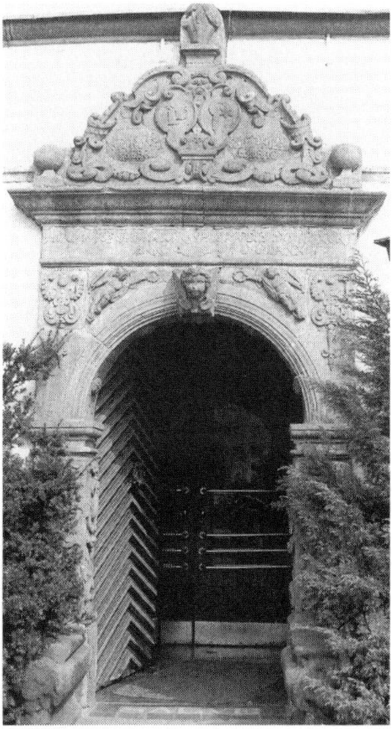

stungsfelder der Auslucht sind mit Beschlagwerk, Diamantquadern und Familienwappen versehen. Das Hauptportal, ebenfalls zum Markt, ist in barocken Formen 1680 vom Enkel des Erbauers erneuert worden. Im Inneren (Gaststube) existiert noch ein Kamin von 1680.

Horn, Haus Mittelstraße 71.

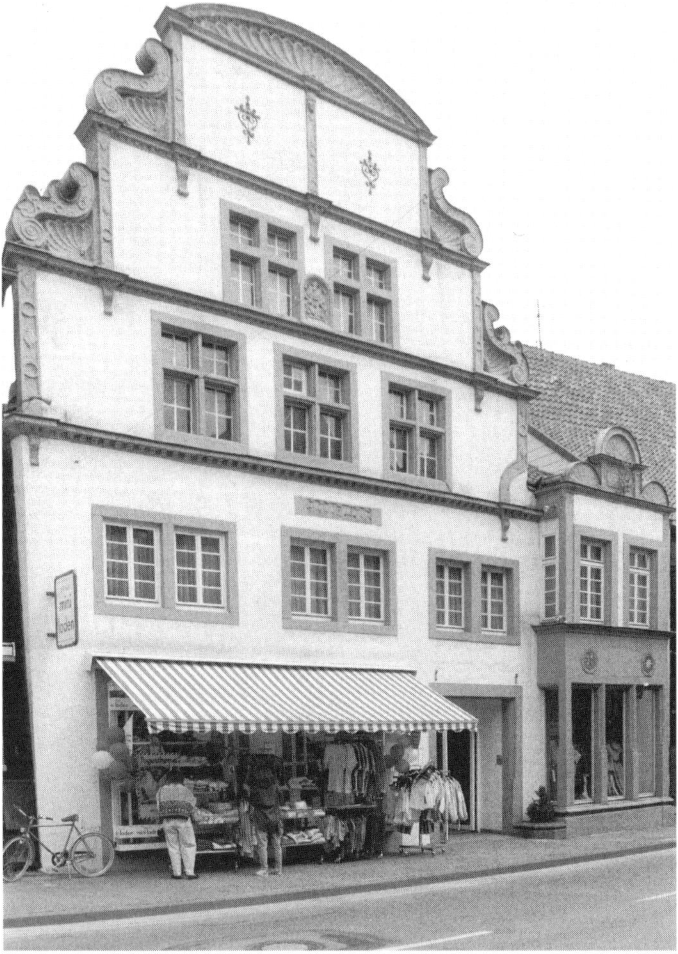

Das Haus schräg gegenüber, **Mittelstraße 71**, entstand 1564, wie ein Kamin mit dieser Jahreszahl dokumentiert. Der heute etwas veränderte Giebel stammt aus dem Jahr 1579. Die Stufen sind durch Lisenen zu den Staffelfüllungen abgetrennt. Für ihr Entstehungszeit besonders fortschrittlich sind die Konsolen unterhalb dieser Lisenen, die schon ein Stockwerk übergreifendes Gliederungsschema darstellen. Die S-förmigen Voluten der Staffelvorsprünge sind mit plastischen Muscheln ausgefüllt. Der obere segmentbogige und dadurch klassizistisch wirkende Abschluß wurde 1920 als Ersatz für den abgebrochenen originalen Aufbau hinzugefügt und entspricht nicht dem ursprünglichen Aussehen. Der Wandkasten des Gebäudes besteht teilweise aus Fachwerk. Rechts liegt ein kleiner Anbau, dem eine Auslucht mit Halbkreisaufsätzen und der Jahreszahl 1565 vorgesetzt ist. Man vergleiche diese noch sehr steif wirkenden Halbkreisabschlüsse mit den S-Schwüngen des Hauptgiebels, der nur 15 Jahre später entstand. In seiner Gestaltung ist der Giebel dem Lemgoer Haus von 1580, Mittelstraße 64, vergleichbar. Beide Häuser werden Hermann Wulff zugeschrieben, der eingerollte Volutenbänder mit Fächerfüllung in einfacherer, aber ähnlicher Weise zum ersten Mal am Hexenbürgermeisterhaus in Lemgo zu Beginn der 70er Jahre verwirklicht hat.

Ähnlich wie Detmold blieb auch Horn nach dem Mittelalter wohlhabende Handwerkerstadt, ohne an den großen Handelsgeschäften teilzunehmen. Belegt sind Schmiede-, Gerber- und Brauereiinnungen. In der **Nordstraße** liegen noch einige alte Fachwerkhäuser, so **Nr. 5** von 1613, **Nr. 9** von 1579 sowie die Häuserzeile **Nr. 20 bis 31,** die im 18. Jh. entstand.

Blomberg – Schwalenberg – Schloß Grevenburg – Schloß Thienhausen – Nieheim (Nebenstrecke)

Eine Nebenstrecke führt von Blomberg über Schwalenberg zur Grevenburg und zum Schloß Thienhausen.

Auf einem Bergsporn des Weserberglandes, nach Westen, Süden und Osten steil abfallend, liegen an dieser strategisch günstigen Stelle **Schloß und Ort Blomberg**.

Auch hier waren es die Edelherren zur Lippe, die dem Ort 1260 die Stadtrechte verliehen und Burg und Stadt planmäßig anlegten. Von den alten Befestigungsmauern sind vor allem im Westen noch Teile erhalten sowie eines der Stadttore, das sogenannte **Niedere Tor**, das an der untersten Stelle der Stadtbefestigung steht. Seit der Mitte des 16. Jh. war dieser viergeschossige hohe Bau mit Satteldach und Staffelgiebel einer der bewachten Ortseingänge.

Am Rande des Ortes, integriert in die Befestigungsanlagen, liegt **Schloß Blomberg**, das aus drei um einen Innenhof unregelmäßig angeordneten Flügeln besteht. An den äußeren Traufseiten des Nord- und Ostflügels fallen vor allem die teilweise in Fachwerk ausgeführten Obergeschosse ins Auge. Geschnitzte Renaissance-Ornamente, Fächerrosetten und ein Blattrankenfries, teilweise mit figürlichen Darstellungen durchsetzt, zieren das Obergeschoß. Die Schnitzereien wurden von dem Horner Schattilier (=Schnitzer) Barthold Sander 1569 ausgeführt (1908–1912 erneuert und überarbeitet).
Im Westen liegt der Zugang zum Hof, der südlich von der Burgmauer und dem ältesten Abschnitt der Anlage, dem im Kern noch spätmittelalterlichen Südflügel, begrenzt wird. Ort und Burg wurden 1447 in der Soester Fehde stark getroffen und der als Palas der Burg dienende heutige Südflügel anschließend erneuert. Die fast schmucklosen Außenwände dieses Baues werden nur durch die hohen, schmalen Kreuzstockfenster belebt. Figürliche Darstellungen zieren die Türstürze der beiden Eingänge. Links ist eine Szene aus dem Alten Testament dargestellt, Caleb und Josua, die als Kundschafter nach Kanaan ausgesandt wurden und eine übergroße Weinrebe als Zeichen der Fruchtbarkeit des neuen Landes mit zurückbrachten. Typologisch ist die Geschichte der Kreuztragung Christi im Neuen Testament gegenübergestellt. Die Figur über dem rechten Ein-

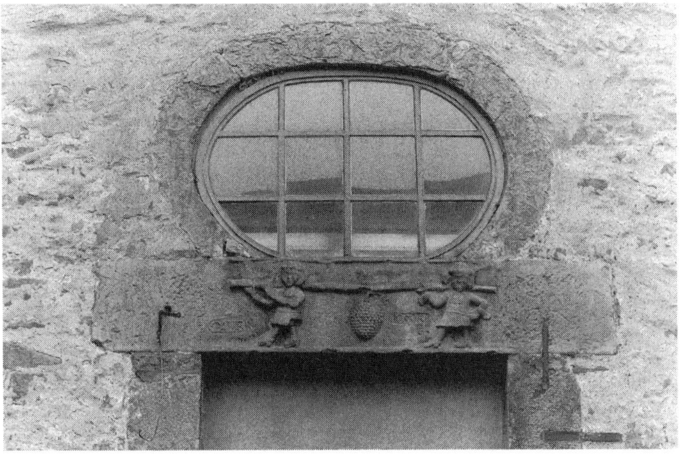

Blomberg, Schloß. Tür im Innenhof mit Figuren aus dem Alten Testament.

gang ist stark verwittert und nicht mehr zu identifizieren. Die ovalen Oberlichter der Türen wurden im 18. Jh. eingesetzt.
Im Erdgeschoß dieses Flügels waren die Magazinräume des Schlosses und zeitweilig auch eine Münzpräge und eine Schmiede untergebracht. Das Obergeschoß nahm den Saal des Schlosses auf. Erst unter Bernhard VIII., dem Bauherrn des Detmolder Schlosses, und dessen Sohn Simon VI. (Lemgo–Brake) wurden zwischen 1560 und 1569 der nördliche Flügel und der östliche Mittelflügel hinzugefügt.
Den Mittelflügel hat Hans Rade 1560/61 begonnen; Hermann Wulff führte bis 1569 die Arbeiten fort. Er nahm den Innenausbau vor und setzte die Auslucht vor die Fassade. Der Mittelflügel diente als neuer Saalbau, was man nach außen durch die Auslucht, das Prunkstück des Schlosses, kenntlich machte. Hermann Wulff hat seine Initialen H.W. und das Baujahr 1569 über dem mittleren Fenster des Erdgeschosses (der Auslucht) hinterlassen.
Die Auslucht ist im Sinne einer italienischen Frührenaissancegliederung durchgestaltet und verzichtet auf alle sonst für die Weserrenaissance typischen Merkmale, wie Bossen- und Kerbschnittsteine, Diamantquader, Beschlagwerk, Voluten oder Fächerornamentik. Kannelierte Pilaster mit korinthischen und ionischen (Obergeschoß) Kapitellen teilen die Fensterfront. Die

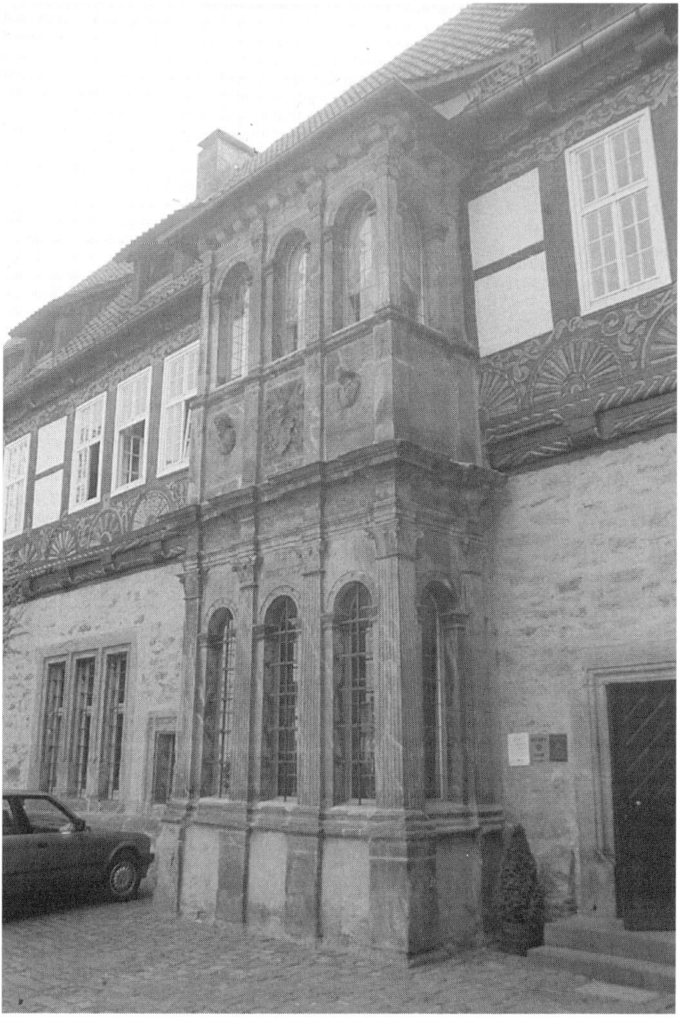

Blomberg, Schloß. Auslucht.

hohen Sockelgeschosse setzen die Pilastergliederung durch vortretende pfeilerähnliche Mauerteile fort, so daß sich ein durchgehendes Bild ergibt, das auch in dem breit angelegten Gebälk zwischen den Geschossen angedeutet wird. In die Brüstungsfeldern des Obergeschosses eingelassen ist das lippische Wappen mit der Inschrift: „Von Gottes Gnaden Simon Graf und Eddel“ sowie zwei herausschauende Halbbüsten. Die vorspringenden und zurücktretenden Architekturteile sowie das hohe Sockelgeschoß und die rundbogigen Öffnungen hatte Wulff bereits an der Rathauslaube in Lemgo wenige Jahre zuvor (1565) angewandt. Dort sind seine Bauformen allerdings noch nicht zu solch klassischer Ausprägung gereift wie an dieser Auslucht, die wie kaum ein anderer Bau(-Teil) dieser Region an italienischen Renaissancevorbildern orientiert ist.

Der westliche Abschnitt des Nordflügels (Bruchsteingebäude) wurde als Stallgebäude in der ersten Hälfte des 18. Jh. angebaut. Der heutige Hofbrunnen stammt aus dem Jahre 1912.

Verläßt man das Schloßgelände in nördliche Richtung, kommt man an dem farbig gefaßten, reich geschmückten, in Fachwerk errichteten **Amtshaus** von 1572, dem Wohnhaus des Drosten, vorbei. Das Schnitzwerk schuf ebenfalls Barthold Sander.

Von hier aus gelangt man durch die Hindenburgstraße zum Marktplatz des Ortes. Dort steht das alte **Rathaus**, dessen Wandkasten der Maurermeister Hans Rade, der auch Anfang der 60er Jahre zwei Flügel des Schlosses errichtete, ab 1587 baute.

Ungewöhnlich ausgebildet ist die Dachfront. Über einem niedrigen, zwischen Steinwerk und Dach eingeschobenen Fachwerkgeschoß sind an der Traufseite zum Markt drei Blendgiebel angesetzt worden, die dem Bau die Längswirkung nehmen. Die heutigen Giebel wurden jedoch im Jahr 1830 in schlichter Form erneuert; man hat sich die Dachaufbauten des 16. Jh. wie den Dreiecksgiebel der östlichen Schmalseite vorzustellen, also mit gestaffelten Zahnschnittmustern, die auch die Knaggen und Schwellen der darunterliegenden Flächen schmücken. Aus dem 17. Jh. stammen noch die Wetterfahnen auf den Giebelspitzen. Über dem Gesims des Erdgeschosses befinden sich das Blomberger Wappen mit Burg und das Wappen der lippischen Edelherren.

Die in Goldbuchstaben angebrachte Inschrift unterhalb des Gesimses bedeutet (Übersetzung): „Trachtet nach Recht, führet der Witwe Sache. Josua 1, Rede einer mit dem anderen Wahrheit und schaffet Frieden. Sacharja 8. Im Jahr des wiedererstandenen Heils 1587.“

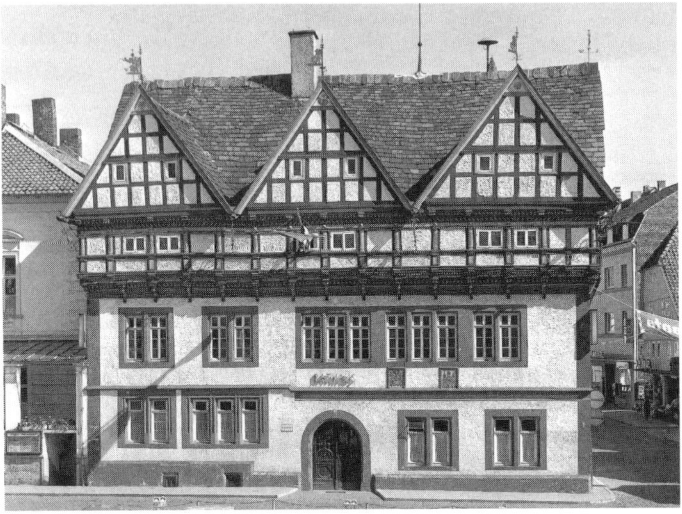

Blomberg, Rathaus.

Am oberen Gebälk unter den Blendgiebeln steht zu lesen: „Wil tu gern wissen, wen es wol stet, im Regiment glücklich zugeht, wes Bürger haben dahin gebracht, nach Lieb und Einigkeit getracht. Einnjeder auch thut, was hinzukommt und ihme gebührt, keiner den anderen ein Leib und Gerüchte berührt. In domino sivis vincere disce pati. Anno 1587." Weitere Inschriften befinden sich an der östlichen Giebelseite.
Im Obergeschoß liegt der Rathaussaal, heute noch Stätte der Blomberger Ratssitzungen. Hier wurden vor einigen Jahren Renaissancestukkaturen wiederentdeckt, die unter einer Putzschicht verborgen waren, freigelegt und anschließend ergänzt. Der Kamin im Saal, bezeichnet 1613, stammt ursprünglich aus einem Lemgoer Bürgerhaus. Daneben sind auch noch Reste der alten geschnitzten Holzvertäfelung zu sehen.

Westlich am Marktplatz stehen Häuser des **Historismus,** die Renaissanceformen wieder aufgreifen und so an die bei einem Brand 1911 zerstörten Renaissancevorgängerbauten erinnern. Das Gebäude an der Ecke zur Langenstraße ist von 1688.

Die Straßen der Stadt werden noch heute von zahlreichen **Fachwerkbauten** der Handwerker und Ackerbürger, vor allem des 17.

und 18. Jh. gesäumt, so daß sich ein Rundgang durch den Ort lohnt.

Über Schieder, wo die ehemalige Sommerresidenz der Grafen zur Lippe aus der zweiten Hälfte des 17. Jh. innerhalb eines großen Parkes liegt (heute Erholungsheim), erreicht man den malerischen Ort **Schwalenberg**. Unterhalb des Burgberges erstreckt sich halbkreisförmig die Siedlung.

Zwischen Neuer und Alter Torstraße, die an die beiden 1840 abgebrochenen Stadttore im Süden und Osten der Ortschaft erinnern, liegt der Marktplatz mit dem **Rathaus.** Der traufenständige Bau mit Blendgiebeln zum Platz erinnert in dieser Struktur etwas an das Blomberger Rathaus. Der mittlere Bauabschnitt stammt aus dem Jahre 1579. Er zeigt reichen ornamentalen und figürlichen Schmuck. Die Frauenfigur in einer der Brüstungsfelder stellt Justitia dar, mit Schwert und Waage ausgerüstet, was darauf hinweist, daß die Stadt das Privileg der Rechtsprechung besaß. In der Mitte steht das Ortswappen, rechts sind Löwe und Greif dargestellt. Die beiden Tiere versinnbildlichen Macht und Stärke.

An diesen zweigeschossigen, rechteckigen Bau wurde 1603 der kleine linke Abschnitt angesetzt. Das Flachornament der Brüstungsfelder besteht aus weit ausgreifenden Akanthusranken. Kurz nach der Fertigstellung wurde hier der Ratskeller eingerichtet. Der rechte Abschnitt wurde erst 1907 von dem Marburger Architekten A. Dauber hinzugefügt. Jüngste Bauuntersuchungen ergaben, daß die Arkaden des Erdgeschosses nie offen gewesen sind, wie es für eine Markthalle, die hier in der Regel untergebracht war, zu erwarten wäre. Im Obergeschoß lagen der Saal und die Ratsstube.

Der gesamte Ort wird noch heute durch einfache, schöne Fachwerkbauten geprägt. Im Nordwesten, auf einer Terrasse, steht die **Pfarrkirche**, die zu Beginn des 14. Jh. errichtet wurde, nachdem ein Vorgängerbau des 12. Jh. abgebrannt war. (Reste des Vorgängerbaues wiederverwandt.)

Hoch über der Siedlung liegt **Schloß Schwalenberg**, das als Höhenburg im 13. Jh. gegründet wurde. Von der großzügigen zweiflügeligen Anlage der Schwalenberger Grafen blieb nur ein Gebäude mit Treppenturm bestehen, das 1627–1632 erneuert und auf einen zeitgemäßen Standard gebracht wurde. Die Fenster mit Halbsäulen und zusätzlich kannelierten, breiten Pilastern, die nach oben durch ein Gebälk abgeschlossen werden, erinnern an die Fenster des Paderborner Rathauses und an den Kotzenbergschen Hof in Horn. Deshalb wird auch für dieses Gebäude an Hermann Baumhauer als Architekt gedacht.

Südlich von Schwalenberg, nahe Marienmünster (Abteigebäude 1670, romanische Kirche) liegt **Schloß Grevenburg**, Sitz der Familie von Oeynhausen, die die Anlage ab 1536 ausbauen ließ. Der Torbau könnte noch aus der Bauzeit von 1536 stammen. Zum fünfgeschossigen Treppenturm, der im Winkel zwischen Ostflügel und Torbau steht (1579), führt eine stabgittergefaßte Tür. Der in Fachwerk ausgeführte Ostflügel zeigt geschnitzte Schwellen und Balkenköpfe. Nord- und Westflügel wurden 1572 bis 1573 hinzugefügt.

Zwischen Rolfzen und Steinheim steht eine der schönsten Anlagen der Weserrenaissance, **Schloß Thienhausen**, das ab 1609 für Tönnes Wolf von Haxthausen unter Verwendung älterer Teile entstand.

Im 19. Jh. war das Schloß Treffpunkt vieler Schriftsteller der Romantik, die der Schloßherr August von Haxthausen unterstützte und förderte. Als passionierter Volksliedersammler und Volkskundler hat er die Literatur der Romantik nicht unwesentlich mitbestimmt. Zu seinen Schützlingen gehörten unter anderem die Brüder Grimm und Friedrich Wilhelm Weber, die zeitweise auf dem Schloß wohnten und arbeiteten. 1905 fiel das Gebäude einem Brand zum Opfer, der weite Teile, vor allem im Inneren, zerstörte. Das Gebäude wurde anschließend mit leichten Veränderungen wiederaufgebaut.

Die noch heute teilweise von einem Wassergraben umgebene Schloßinsel betritt man durch ein schlichtes Rundbogenportal. Seitlich sind die Wappen derer von Haxthausen und von Oeynhausen eingelassen. In der nördlichen Ecke der Insel steht die rechtwinkelige Zweiflügelanlage, die an ihrer nördlichen äußeren Ecke einen zweistöckigen Rundturm besitzt, der einen Zwillingsbruder im Osten hatte, von dem nur noch die Grundmauern (in der Gräfte) erhalten sind. Der südwestliche, zum Eingang ausgerichtete Giebel ist komplett mit Bauschmuck überzogen. Flaches Beschlagwerk füllt die Wandflächen, die von Schmuckpilastern und Gesimsen unterteilt werden. Der barocke Eingang im Erdgeschoß an dieser Front befand sich ursprünglich an der Traufseite dieses Flügels und ist erst nach dem Brand hierher versetzt worden. Die Fenster, die von Säulen gerahmt und einem

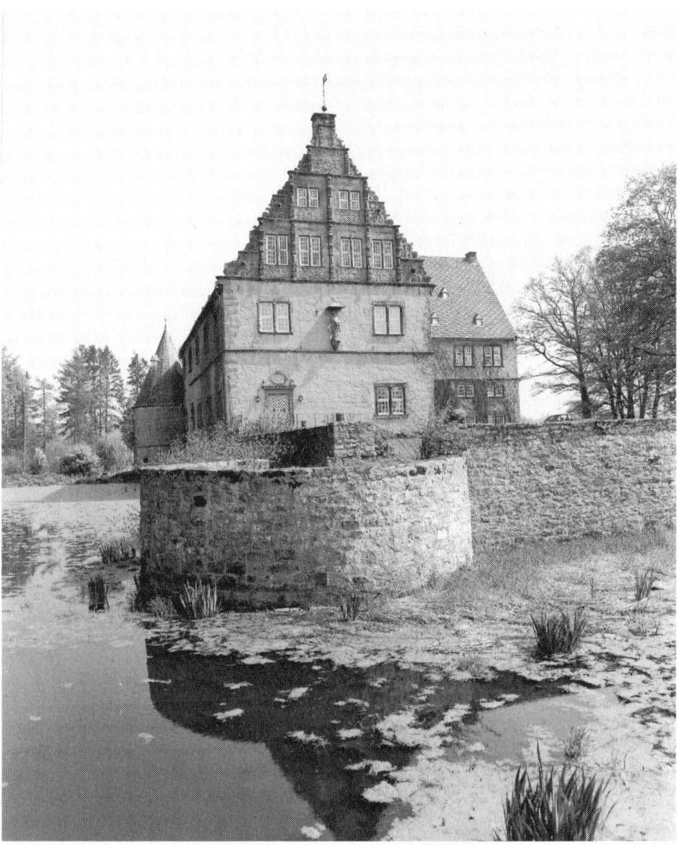

Schloß Thienhausen.

Gebälke bekrönt werden, tauchen in ähnlicher Ausprägung auch an anderen Bauten auf, z.B. am Paderborner Rathaus, Burg Schwalenberg, Kotzenbergsche Hof bzw. Hotel Vialon (Horn).
Im Winkel der beiden Flügel steht ein quadratischer Treppenturm, der erst nachträglich einen äußeren Zugang erhielt (Portal und Terrasse von 1899); ursprünglich verband er nur innen die Geschosse.
Ähnlich wie der westliche Giebel sah der jetzt schmucklose Ostgiebel des zweiten Flügels aus, der jedoch 1850 abgebrochen wurde. Mit den Staffelfüllungen errichtete man eine Grenadier-

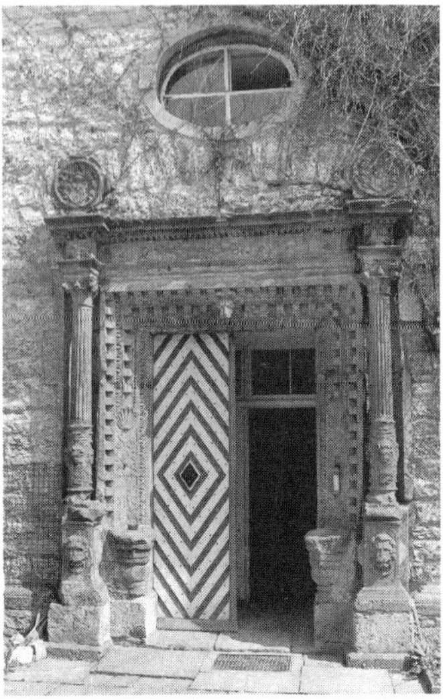

Schloß Thienhausen, Sitznischenportal.

haube am Turm. Eine Reihe weiterer Bauspolien, teilweise vom abgebrochenen Giebel, aber auch alte Fensterrahmungen und ein ehemaliger Kamin befinden sich seit 1989 im Weserrenaissance-Museum Schloß Brake, Lemgo.
Besonders schön ist das Sitznischenportal, das in den östlichen Flügel führt und einem Portal der Hämelschenburg (Hofseite des Südflügels) ähnelt. Gestaffelte Eierstab- und Zahnschnittfriese bilden die Rahmung, die von zwei Säulen und einem Gebälk eingefaßt wird. Eine Dreiecks- oder Halbkreisbekrönung wird im 17. Jh. den oberen Abschluß gebildet haben.
Innen erinnert noch ein mit 1575 bezeichneter Kamin an den Vorgängerbau des heutigen Schlosses. Die Wirtschaftsgebäude außerhalb der Schloßinsel stammen aus dem 19. und 20. Jh.

Abseits der Route, aber nur wenige Kilometer entfernt, liegt das Städtchen **Nieheim** mit einem **Rathaus** aus dem 17. Jh. 1610 als zweigeschossiger Bau errichtet, beschränkt sich der Bauschmuck auf die Fenstergewände und die bossitierten Portale. Die schlichten Dreiecksgiebel sind mit Kugeln besetzt.

In der benachbarten spätgotischen Pfarrkirche **St. Nikolaus** (vollendet 1497) sind noch ein schöner Taufstein und ein Epitaph der Renaissance zu besichtigen.

Schloß Neuhaus – Paderborn

Von Horn führt die Bundesstraße 1 in Richtung Paderborn. Die Abfahrt Schloß Neuhaus ist ausgeschildert; der Ortsteil liegt nur vier Kilometer nordwestlich von Paderborn.

Seine Bedeutung gewann Paderborn durch die hier von Karl dem Großen im 8. Jh. erbaute Kaiserpfalz, in der er alljährlich seine Reichsversammlung abhielt und wo 799 das bedeutende Treffen zwischen Papst Leo III. und Karl dem Großen stattfand. Nachdem die Pfalz durch einen Brand stark zerstört worden war, wurde sie unter dem wohlhabenden Bischof Meinwerk, einem Verwandten des Königs Heinrich II., erneuert. Meinwerk ließ eine neue und größere ottonische Königshalle errichten und den Dom in der heutigen Größe erstellen. Nördlich des Domes sind die Ausgrabungen der karolingischen und die Rekonstruktion der ottonischen Pfalz zu besichtigen. Seit Meinwerk diente die Domburg dem Bischof als Wohnsitz und dem König als Residenz. Erst in der Staufferzeit verlor Paderborn die Residenzfunktion für das Königtum. Streitigkeiten zwischen dem Bischof und einer immer stärker und selbstbewußter werdenden Stadtgemeinde veranlaßten schließlich Simon I. im 13. Jh., einen Aufenthaltsort außerhalb der Stadt zu suchen. Er wählte Neuhaus, wo er einen bischöflichen Hof ausbauen ließ. Damit war der erste Schritt zu einer Residenzgründung in Neuhaus getan, das sich durch den Zusammenfluß der Lippe, der Pader und der Alme für Befestigungsanlagen besonders eignete.

Heinrich von Spiegel (1361–1380) war es, der **Schloß Neuhaus** zur ständigen Residenz machte und den Palast in der Stadt vollständig aufgab. Er ließ die damals bestehenden Gebäude abreißen und errichtete eine neue Festung mit dem massiven sogenannten Hohen Haus als Mittelpunkt. Dieses Haus Spiegel bildet den nördlichen Teil des Westflügels und ist damit der älteste Teil der heutigen Vierflügelanlage (siehe Grundriß). Bis 1883 hat er alle anderen Flügel um ein Geschoß überragt.
Der bedeutendste Bauabschnitt folgte erst knappe 250 Jahre später unter Bischof Erich von Brauschweig-Grubenhagen, der gleichzeitig auch Bischof von Osnabrück war.

In seinem Auftrag errichtete der schwäbische Architekt Jörg Unkair ab etwa 1522 den Südflügel, das sogenannte Haus Braunschweig. Dieses Gebäude stellt den Auftakt zur Weserrenaissance dar. An ihm sind bereits einige wichtige Bauformen

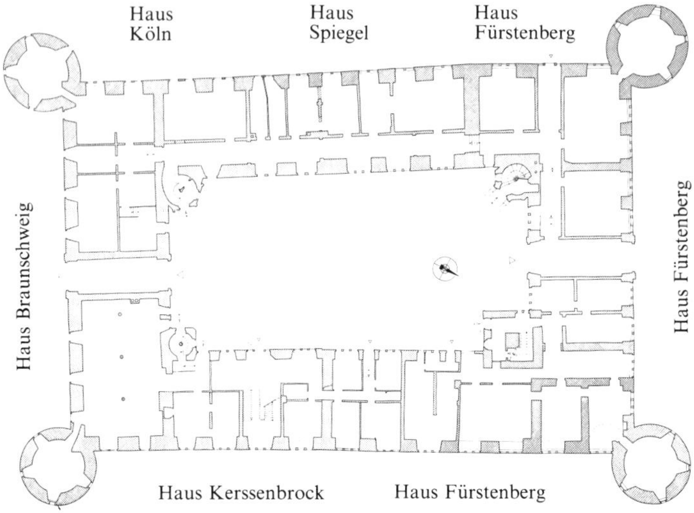

Schloß Neuhaus, Grundriß.

verwirklicht, die später für die Weserrenaissance so bedeutend werden sollten. Der langgestreckte zweigeschossige Baukörper wird über dem Dachgesims durch große Zwerchhäuser mit Halbkreisaufsätzen aufgewertet. Die Halbkreisabschlüsse tauchen hier zum zweitenmal in Deutschland, zeitlich kurz nach der Dominikanerkirche in Halle, auf und stammen ursprünglich aus Oberitalien (insbesondere Venedig). Das heutige Tor des Flügels ist aus dem Jahr 1773, ursprünglich gab es hier ein rundbogiges Tor mit rechteckiger Rahmung und einem Wappen, dessen Inschrift den Bauherrn und das Vollendungsdatum 1526 nannte. Im Innenhof gehören die beiden Treppentürme im Südwesten und Südosten noch zur gleichen Bauphase. Sie zeigen die für Jörg Unkair typische Gestaltung: Im Grundriß verschieden – der südöstliche Turm quadratisch, der südwestliche polygonal – sind die Fenster bei beiden Türmen schräg in das Mauerwerk eingeschnitten und kennzeichnen so den Verlauf der Wendeltreppe. Am südwestlichen Turm sind die Ecken durch Halbsäulen betont, das Portal wird aus sich kreuzendem Stabwerk gerahmt. Am südöstlichen Turm, dessen Ecken ebenfalls abgefaßt und verstärkt sind, wird das Portal optisch von einem

stilisierten Baumstamm beherrscht, der aus einem Henkeltopf bzw. aus einem Wurzelballen emporwächst. Diese Rahmung ist recht selten. Sie taucht noch ein zweites Mal am Schloß in Detmold auf. Die Baulücke von neun Metern, die zwischen dem Haus Spiegel und dem neuen Bau im Süden bestand, wurde in den 30er Jahren des 16. Jh. unter Erzbischof Hermann II. von Wied geschlossen. Wahrscheinlich Ende der 40er Jahre ergänzte Bischof Rembert von Kerssenbrock den südlichen Teilabschnitt des Ostflügels. Beide Gebäudeteile zeigen auffallende Ähnlichkeiten zu den Bauformen des Südflügels. Der Architekt ist unbekannt, es ist jedoch wahrscheinlich, daß dieses Gebäude noch unter der Leitung oder zumindest nach Entwürfen Unkairs gebaut wurde, obwohl er sich nicht mehr ständig in Neuhaus aufhielt. Die Anordnung der einzelnen Bauteile läßt darauf schließen, daß Unkair bereits die gesamte Grundrißdisposition geplant hat, auch wenn der Nordflügel und das Verbindungsstück zum Ostflügel erst Ende des Jh. (bezeichnet 1591) unter Theodor Dietrich von Fürstenberg fertiggestellt wurde.
Schloß Neuhaus gehört damit zu den frühesten Vierflügelanlagen der Renaissance in Deutschland.

Während des letzten Bauabschnittes (1591) wurde dem Äußeren durch ein vorgelagertes Lisenen- und Pilastersystem ein einheitliches Aussehen gegeben sowie die Rundtürme hinzugefügt, die an den vier Seiten die einzelnen Flügel optisch stärker zusammenzufassen. Den Fortschritt zu einer stärker symmetrischen Durchgestaltung des Außenbaues während der späten Renaissance kann man durch einen Vergleich von Süd- und Nordflügel an diesem Schloß besonders gut studieren. Gliedert sich die nördliche Fassade exakt in neun Fensterachsen (heute acht Fenster und ein Portal), die sich symmetrisch in das Lisenensystem einfügen, so sind am Südflügel die Fenster noch unregelmäßig über die glatte, schmucklose Wand verteilt, die nur durch Gesimse geschoßweise gegliedert wird. Das Eingangsportal des Nordflügels stammt aus der Mitte des 18. Jh. und wurde gleichzeitig mit der Erneuerung des südlichen Portals eingesetzt. Auch im Innenhof wird der Unterschied zwischen den beiden Bauphasen deutlich. Die beiden Treppenturmportale am nordwestlichen und nordöstlichen Turm sind besonders reich ausgeschmückt. Im Nordwesten ist die Tür in Form eines breiten Rundbogeneinganges mit Sitznischen in den Gewänden, die auf Löwenköpfen aufliegen, gebildet. Den oberen Abschluß bildet eine Muschel. Dieser Rundbogen ist in einen rechteckigen Rah-

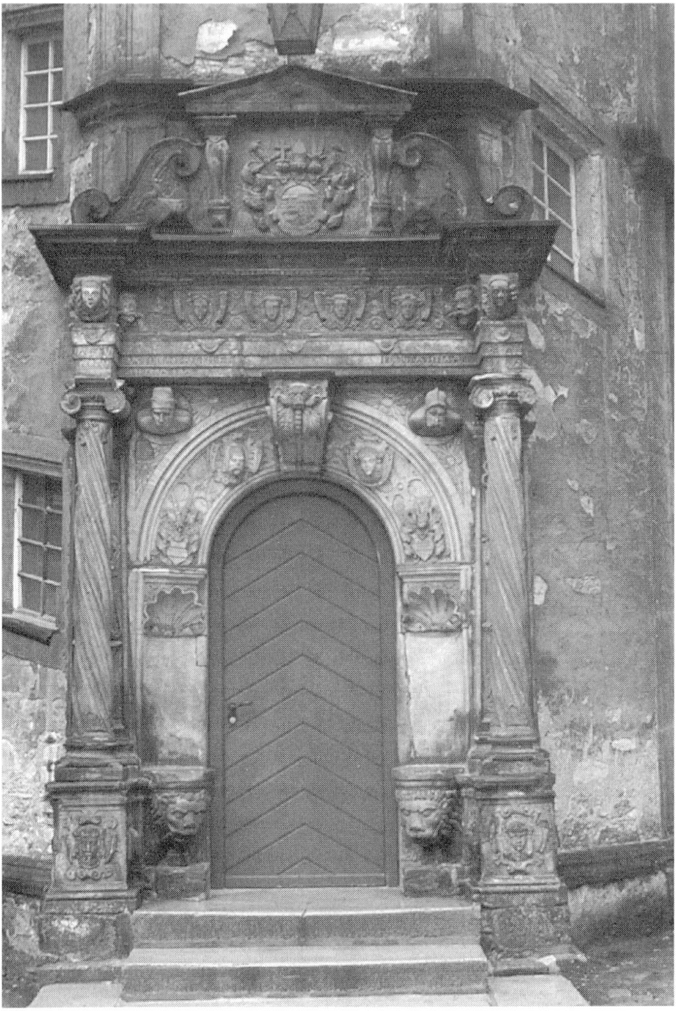

Schloß Neuhaus, Eingang zum Treppenturm.

men gesetzt, den zwei gedrehte Säulen flankieren. Hinter der linken Säule befindet sich ein Relief, auf dem eine weibliche Figur mit Schwert und Sonne die Wahrheit, rechts eine zweite mit Waage und Schwert die Gerechtigkeit darstellen. Das darüber liegende Gebälk wird von einem Wappenaufsatz mit Architekturrahmung bekrönt. Das nordöstliche Portal ist kleinteiliger und geometrischer in seinen Schmuckformen. Die beiden kannelierten Säulen mit korinthischen Kapitellen sind im unteren Drittel durch Bossensteine verziert, die auch am Rundbogenportal zusammen mit Beschlagwerk auftauchen. Das Gebälk ist bedeutend flacher gearbeitet als am nordwestlichen Portal. In dem Medaillon ist Lucretia abgebildet. Der Nordflügel enthielt die Gesellschaftsräume, im Hauptgeschoß den Rittersaal, zu dem diese beiden Türme führen.

Während der umfangreichen Restaurierungsarbeiten wurde 1976 im südöstlichen Rundturm an den Fenster- und Türrahmungen (Obergeschoß) illusionistische Architekturmalerei von 1591 wiederentdeckt (sowie eine barocke Deckenmalerei des 18. Jh.). In diesem Raum befindet sich auch der einzig erhaltene Renaissancekamin. Zwei Karyatiden tragen den Kaminsturz, auf dem ein Figurenfries die Geschichte des Aktaion erzählt. 1977 fand man im Südflügel, im sogenannten Spiegelsaal, hinter einer Wandvertäfelung weitere Renaissancemalereien, die in das sogenannte Schenkzimmer desselben Flügels umgesetzt wurden. Es handelt sich um Arbeiten des Paderborner Malers Augustin Jodefeld, der nachweislich von Dietrich von Fürstenberg mit der Ausmalung beauftragt worden war. Dargestellt sind Jagdszenen, die sich an einen Holzschnitt Lucas Cranachs anlehnen.

Der **Garten**, der durch die zusätzliche Ausrichtung nach Norden wohl schon Ende des 16. und im 17. Jh. symmetrisch angelegt war und eine gewisse repräsentative Funktion zu erfüllen hatte, wurde unter Clemens August von Bayern im 18. Jh. zu einer aufwendigen Parklandschaft ausgestaltet, wie ein zeitgenössischer Stich beweist. In dieser Zeit wurden auch die westlich des Schlosses gelegenen **Marstallgebäude** errichtet, die 100 Pferden Platz boten. Da Clemens August Schloß Neuhaus hauptsächlich als Jagdschloß benutzt hat, ließ er Veränderungen im Schloß vor allem im Inneren vornehmen. Seit der Säkularisation 1802 diente das Gebäude unterschiedlichsten Funktionen, als Zuchthaus, Fabrik und Kaserne. Seit 1924 befindet es sich im Besitz der Gemeinde. Zur Landesgartenschau 1994 ist eine teilweise Wiederherstellung des Gartens beabsichtigt.

Die seit dem Mittelalter bestehenden Auseinandersetzungen zwischen dem Landesfürsten und der Stadt **Paderborn** fanden auch im 16. Jh. ihre Fortsetzung. Die Bürger bemühten sich, den

Einfluß des Bischofs auf die Verwaltung der Stadt – vor allem auf die Gerichtsbarkeit – einzuschränken und bedienten sich dabei zum Teil recht drastischer Mittel. So versuchten sie, den Einzug des Kölner Erzbischofs Hermann von Wied, der zum Landesfürsten gewählt worden war, in ihre Stadt mit Gewalt zu verhindern. Um 1600 müssen Korruption und Mißwirtschaft des Rates das Gemeinwesen zusätzlich schwer belastet haben. Diese Situation benutzte Dietrich von Fürstenberg, nachdem er Paderborn gewaltsam eingenommen und den Bürgermeister hatte hinrichten lassen, um seine Machtposition auszudehnen, die Privilegien der Stadt stark einzuschränken und den katholischen Glauben in der seit 1545 reformierten Stadt wieder einzuführen. Bauliche Zeugen seines politischen und wirtschaftlichen Erfolges sind sowohl das Rathaus als auch das Jesuitenkolleg.

Paderborn, Plan der Innenstadt.

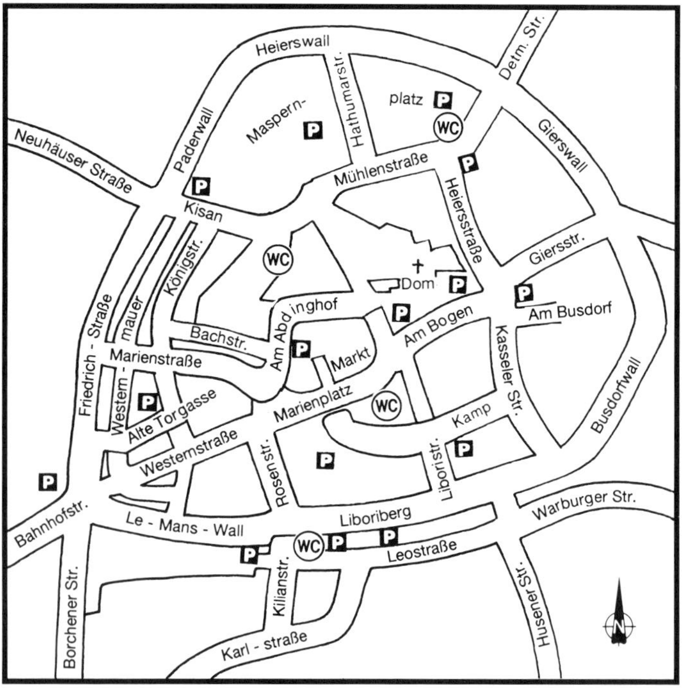

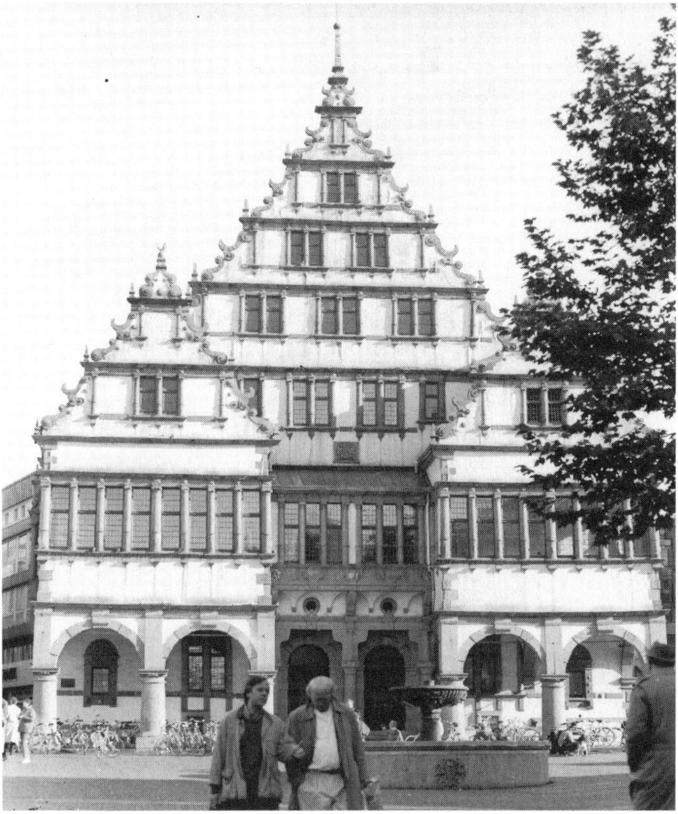

Paderborn, Rathaus.

Am östlichen Ende der Westernstraße steht das mächtige, den Marktplatz und die Umgebung bestimmende **Rathaus**, das die Gemeinde auf Weisung von Dietrich von Fürstenberg ab 1613 erbauen ließ (vollendet 1620). Dem zweigeschossigen Bau sind zwei Vorbauten auf Säulenhallen vorgesetzt, deren Giebel die Schweifgiebelkontur des mächtigen Hauptgiebels wiederholen. Im Obergeschoß, in dem sich der Festsaal und eine Küche befanden, ist die Wand fast vollständig in Fenster aufgelöst, die durch vorgelagerte Säulen voneinander getrennt werden: die Säulenkapitelle des Erdgeschosses in dorischer, die des Obergeschosses in ionischer Ordnung, also der klassischen Auftei-

lung folgend. An beiden Traufseiten sitzen Erker vor dem Obergeschoß.
Über die Baugeschichte sind wichtige Fakten in den zum Teil erhaltenen Stadtrechnungen überliefert. So wird dort als Baumeister Hermann Baumhauer genannt, und die Baukosten werden aufgelistet, die sich insgeamt auf 8000 Taler beliefen. Diese sehr niedrige Bausumme erklärt sich daraus, daß für den Neubau weite Teile des Vorgängerbaues aus dem 15. Jh. verwandt wurden. Ein Stein mit Steinwappen und der Jahreszahl 1473 an der nördlichen Traufseite nahe dem Bogen der Vorhalle erinnert an das alte Rathaus.
Die beiden östlichen, nordsüdlich verlaufenden Tonnengewölbe des heutigen Kellers sowie die darüberliegenden Umfassungsmauern gehören noch dem Bau des 15. Jh. an. Diesem wurde im Westen eine Eingangshalle sowie die beiden Vorbauten hinzugefügt. Der Grundriß zeigt, daß das Rathaus im 15. Jh. mit der Giebelfront nach Süden ausgerichtet war und sich dort in eine Reihe weiterer giebelständiger Häuser einfügte. Mit der Umorientierung der Schauseite nach Westen zum Markplatz und der auf das Rathaus zulaufenden Westernstraße hin war eine repräsentativere Wirkung und stärkere optische Verbindung zu der südlich liegenden Domburg beabsichtigt.

Beim Großangriff auf Paderborn am 27. März 1945 wurde mehr als 80% der Bausubstanz der Stadt vernichtet. Beim Rathaus wurden der Dachstuhl und das Innere vollständig zerstört. Anhand alter Bauaufnahmen und Zeichnungen läßt sich jedoch rekonstruieren, daß man während der Umbauarbeiten zu Beginn des 17. Jh. den Dachstuhl des gotischen Rathauses um 90 Grad gedreht und so komplett wiederverwandt hat.
Im Obergeschoß befindet sich heute wieder ein Festsaal mit moderner Ausstattung.

Links neben dem Rathaus, Marienplatz 2, steht das **Heisingsche Haus**, das ebenfalls im Zweiten Weltkrieg stark zerstört wurde. Nur die Fassade blieb erhalten. Es wurde einige Jahre früher als das Rathaus, um 1600, für den Paderborner Bürgermeister Heinrich Stallmeister erbaut. (Die Angaben der Inschrift über dem Portal von 1933 sind nicht korrekt.)
Da der Schmuck des Giebels eine gewisse Ähnlichkeit zu dem des Rathauses aufweist, wird in der Literatur für dieses Haus ebenfalls Heinrich Baumhauer als Baumeister vermutet; allerdings fehlen weitere stichhaltige Gründe für diese Annahme. Der Erker über dem rundbogigen Portal, das von kannelierten

Säulen getragen wird, wurde 1611 hinzugefügt. Drei Karyatiden gliedern die Fensterfront des Erkers und greifen so ein Motiv des Giebels wieder auf. In den Brüstungsfeldern des Erkers stellen drei weibliche Figuren die Tugenden Glaube, Liebe, Hoffnung dar. Das rundbogige Portal hat der Hofjuwelier Theodor Wilhelm Schmidt, der das Haus 1740 erworben hatte, an Stelle eines Dielentores einbauen lassen.

Nicht weit vom Rathaus, am Kamp, befindet sich das Gebäude des **Jesuitenkollegs**, heute Gymnasium Theodorianum. Westlich davon steht die ehemalige **Jesuitenkirche**, die dem Bau ab 1682 von Anton Hülse hinzugefügt wurde. Die dreischiffige Emporenbasilika gilt als bedeutendste Jesuitenkirche Norddeutschlands.
Zur Rekatholisierung der Gemeinde berief Dietrich von Fürstenberg bereits 1580 die Jesuiten nach Paderborn, deren Orden, 1534 von Ignazius von Loyola gegründet, sich vor allem der Gegenreformation gewidmet hat.
Hier am Kamp, wo ein Minoritenkloster gelegen hat, ließ Dietrich von Fürstenberg zwischen 1596 und 1605 das Kollegium für die Jesuiten erbauen und gründete 1614 eine Universität mit einer philosophischen und einer theologischen Fakultät. Zwischen 1612 und 1614 wurde der westlich an den Turm anschließende Flügel mit reichen Renaissanceportalen angebaut und zur Stadt hin mit einem Schmuckgiebel versehen.
Auch Kirche und Kolleg sind im Krieg stark beschädigt worden. Das Innere des Kolleggebäudes war Ende des 19. Jh. bereits vollständig umgebaut worden.

Auf dem Grundstück **Bachstraße 1** steht ein weiteres erhaltenes Bürgerhaus (Brauhaus). Es wurde 1563 errichtet. Die schmale und drei Stockwerke hohe Giebelfassade wird von großen mehrteiligen Fenstern und einem spitzbogigen Portal durchbrochen. Das zweite Obergeschoß und die Giebelgeschosse besitzen Kreuzstockfenster. Der sehr schlichte Giebel, eine Mischung aus Staffel- und Dreiecksgiebel, trägt als einzigen Schmuck Fächerrosetten. Im hinteren Teil des Hauses sind noch die Reste eines schmalen Saalbaues vorhanden.
(Das Nachbarhaus, Paderberg 1, ist das älteste erhaltene Wohnhaus der Stadt.)

In der Hathumarstraße ist das **Stadtmuseum** in dem einzigen erhaltenen Fachwerkbau des späten 16. Jh. untergebracht, im sogenannten **Adam-und-Eva-Haus**. Den Namen erhielt das Ge-

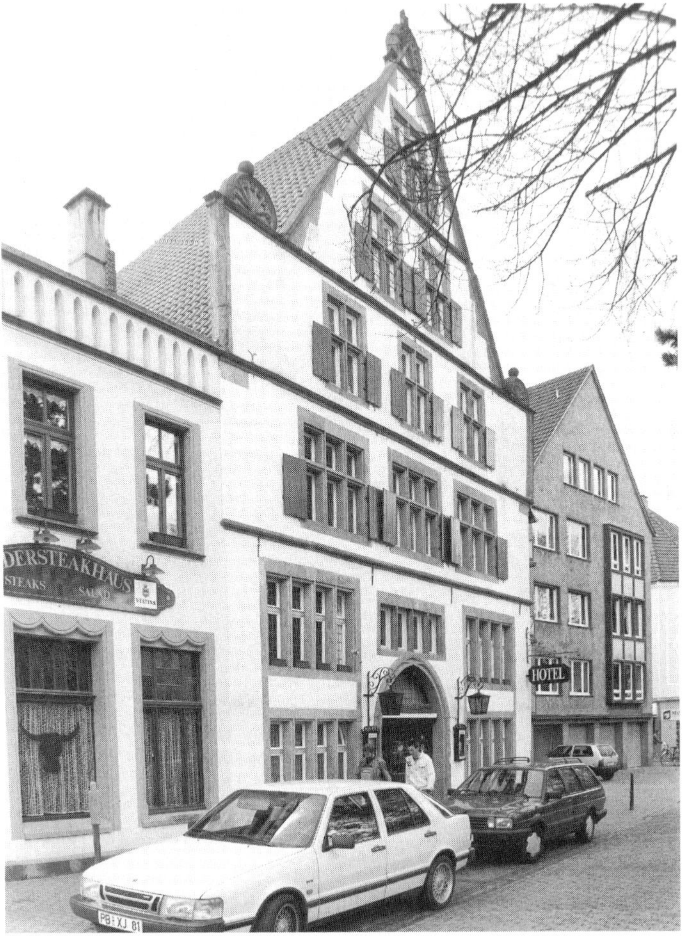

Paderborn, Haus in der Bachstraße 1.

bäude nach seinem figürlichen Schmuck: am Obergeschoß sind der Sündenfall und die Vertreibung aus dem Paradies dargestellt.

Im **Dom** St. Maria, St. Liborius und St. Kilian, einer weitgehend gotischen Hallenkirche des 13. Jh., befindet sich an der nördlichen Chorschranke die Grabplatte Bischof Rembert von Kers-

senbrocks (gestorben 1568). Der Reliefguß wird Stefan Grevius zugeschrieben.
Im nordwestlichen Querschiff ist das Grabmal des 1618 verstorbenen Fürstbischofs Dietrich von Fürstenberg besonders sehenswert. Aus verschiedenfarbigem Steinmaterial wurde das überaus prächtige, 13 Meter hohe Epitaph gearbeitet. Es zeigt neben Ahnenwappen reichen figürlichen Schmuck; im Relief sind die wichtigsten Bauten, die unter Dietrich errichtet wurden, dargestellt: das Jesuitenkolleg, Schloß Neuhaus und die Wewelsburg. Von ihm selbst bei dem Paderborner Bildhauer Heinrich Gröninger in Auftrag gegeben, wurde der Grabstein schon zu Lebzeiten Dietrichs im Dom aufgestellt.
Weitere Arbeiten Heinrich Gröningers im Dom sind die Apostel an den Pfeilern des Langhauses von 1608/9 und die riesige Figur des Christophorus im nordöstlichen Querhaus von 1619.
Heinrich Gröninger ist der berühmteste Vertreter einer großen Bildhauerfamilie, die in Paderborn vom 16.–18. Jh. ansässig war. Daneben ist Paderborn auch Geburtsort des Kupferstechers und Goldschmiedes Heinrich Aldegrever.

Schloß Wewelsburg – Atteln – Lichtenau – Neuenheerse

Hoch über dem Almetal liegt auf einem Bergplateau die **Wewelsburg**. An dieser Stelle bestand seit dem 12. Jh. eine Anlage, die im 13. Jh. durch Graf Dietrich von Arnsberg zur Höhenburg ausgebaut wurde. Zu Beginn des 14. Jh. gelangte das Gebiet in den Besitz der Paderborner Bischöfe, die sie den Herren von Büren zum Lehen gaben (später auch an die Grafen von Brenken und von Waldeck). In der Folgezeit entwickelte sich bei der Burg eine Siedlung.

Dietrich von Fürstenberg begann 1604 vermutlich durch den Baumeister Hermann Baumhauer, den heutigen Bau zu errichten. Die Paderborner Bischöfe Theodor Adolf von der Recke und Ferdinand von Fürstenberg sorgten für den Wiederaufbau, nachdem die Burg durch die Schweden während des Dreißigjährigen Krieges erobert und zerstört worden war.

Der als gleichschenkliges Dreieck angelegte Grundriß mit Rundtürmen an den Ecken ist die ungewöhnlichste Anlage innerhalb der Weserrenaissance. Alle drei Türme waren von einem Zinnenkranz bekrönt; die geschweiften Hauben stammen, alten Abbildungen zufolge, erst aus der Wiederherstel-

Wewelsburg, Schloß.

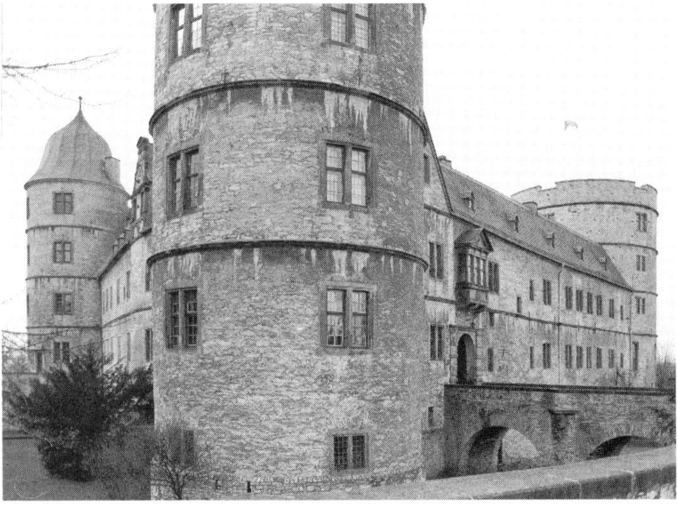

lungsphase nach dem Dreißigjährigen Krieg. Der nördliche, größte der Türme wurde 1815 bei einem schweren Gewitter vom Blitz getroffen und brannte aus. 1941–1942 wurde er bis auf das Erdgeschoß abgerissen. Der Neubau entstand in den 70er Jahren.

Die Außenmauern der Burg sind sehr schlicht belassen. Das Obergeschoß des Westflügels zum Tal hin schmückt ein Erker. In diesem Flügel lagen zwei Säle (Maße: Höhe 5,50 m, 10 m Breite, 24 m Länge). An der kurzen Südseite über dem Halsgraben befindet sich ein einzelnes Zwerchhaus, bezeichnet 1605. Unregelmäßigkeiten im Mauerwerk verweisen hier auf Reste des Vorgängerbaues. Die Gestaltung der Türme sowie die Rahmung der Zwillingsfenster der Hauptgeschosse erinnern an Schloß Neuhaus, das derselbe Bauherr wenige Jahre zuvor vollendet hatte. In dem sehr schmalen Ostflügel liegt der einzige Zugang zum Hof. Über dem Eingangstor ließ der Bauherr einen dreiachsigen Erker anbringen und mit Inschriften versehen; die linke neben dem Wappen erinnert an den Bauherrn und die Bauzeit 1604, die rechte Inschrift bedeutet: „Multi quaerent intrare et non poterunt“ (Übersetzung: Viele werden eintreten wollen und nicht können). In der östlichen Hälfte des Südflügels steckt noch ein mittelalterlicher Steinbau. Hofseitig sind einige Umbauspuren im Mauerwerk zu erkennen. Zahlreiche schlichte Eingänge führen vom Hof in die verschiedenen Flügel und dort zu den Wirtschafts- und Kellerräumen. Eine ungewöhnlich gute Steinmetzarbeit stellt das Portal des südwestlichen polygonalen Treppenturmes dar. Hermen – die rechte leider stark verwittert – tragen den mit Diamantquadern, Beschlagwerk und Löwenköpfen geschmückten Rundbogen. Hervorgehoben ist auch der Eingang zum Nordturm. Die Inschrift über der Tür erinnert an die Kapelle, die sich im Erdgeschoß befand und am Außenbau durch rundbogige Fenster ausgezeichnet war. Diese wurden 1939 zerstört, als man mit dem Ausbau des Raumes zum „SS-Obergruppenführer-Saal“ begann, denn während des Dritten Reiches wurde die Wewelsburg zu einem traurigen Schauplatz nationalsozialistischen Größenwahns. Der Reichsführer der SS und spätere Reichsinnenminister, Heinrich Himmler, plante, die Burg zu einem Kultur- und Fortbildungszentrum für hohe SS-Führer auszubauen und dabei den gesamten Ort mit einzubeziehen. Pläne zu diesem Vorhaben sind erhalten. Im Keller des Nordturmes befindet sich ein weiterer von den Nationalsozialisten ausgebauter, überkuppelter Raum mit nationalsozialistischen Symbolen. In einem Konzentrationslager, das man nahe bei der Burg errichtet hatte, kamen mehr als 1300 Menschen ums Leben. Die Ereignisse sind in dem Museum im **Wachhaus**, 1937 von den Nationalsozialisten vor der Burg errichtet, ausführlich dokumentiert.

Im Westflügel der Burg befindet sich bis September 1991 (danach Umbau, siehe Hinweise Öffnungszeiten) das **Kreismuseum**, das historische Möbel zeigt sowie Informationen zur Baugeschichte und Siedlungsgeschichte der Region bietet. Innerhalb eines Museumsbesuches ist die Besichtigung einiger Räume, z.B. des alten Burgverlieses, möglich.

In **Atteln** steht noch das sogenannte **Voigtshaus**, ein selten gut erhaltenes Speichergebäude von 1588. Das Erdgeschoß ist in Bruchsteinmauerwerk ausgeführt, darüber erhebt sich ein reich verzierter Fachwerkaufbau. An der unteren Schwelle berichtet eine Inschrift, daß „Deithart reisen und geirdrüt seine Ehefrowe de dait auf Gott vertruen dusen Spiker laten buwen. Anno 1588 de 12. Juli".

Der weitere Weg nach Dringenberg führt an der Ortschaft **Lichtenau** vorbei, deren Stadtsilhouette von einem hohen Wohnturm der Burg Lichtenau überragt wird. Der Turm

Neuenheerse, Stiftsgebäude.

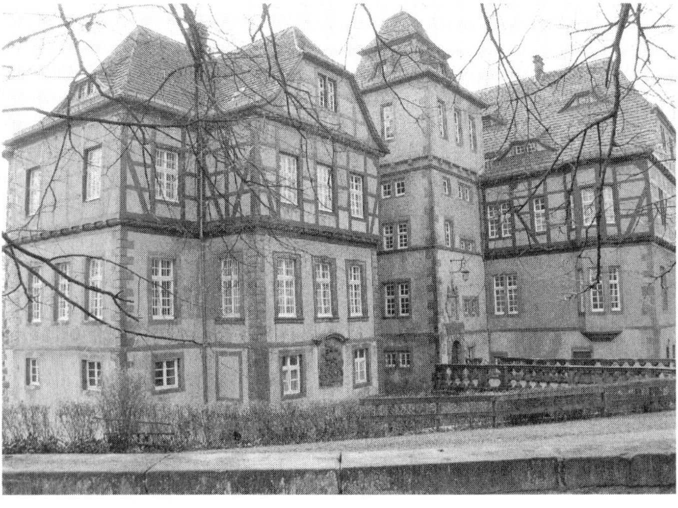

stammt in der Bausubstanz aus dem 14. Jh., wurde jedoch mehrfach verändert und zuletzt im 19. Jh. stark erneuert. Der zweite sichtbare Turm gehört als Westturm zur St.-Kilians-Kirche.

In **Neuenheerse** befindet sich ein 1599 von der Äbtissin Ottilie von Fürstenberg errichtetes **Stiftsgebäude**. Das Gebäude wird heute zum Teil durch die barocken Umbauten von 1719, für die F. L. von Corfey verantwortlich zeichnete, bestimmt. Ein Portal, das zum Turm der Zweiflügelanlage führt, erinnert an die Renaissance.

Die ehemalige Stiftskirche, heute **Pfarrkirche St. Saturnina**, wurde in der jetzigen Form im 12. und 14. Jh. errichtet bzw. verändert. Die Ausstattungsstücke stammen weitgehend aus dem Barock.

Borlinghausen – Warburg – Schloß Schweckhausen (Nebenstrecke)

Bevor man von Neuenheerse nach Dringenberg weiterfährt, kann man einen kleinen Abstecher nach Warburg einschieben, um auch die Schlösser Borlinghausen und Schweckhausen zu besuchen.

An der Ostwand der historistischen katholischen Dorfkirche von **Borlinghausen** befinden sich zwei Grabtafeln aus dem Ende des 16. Jh., die 1912 aus der Löwener Kirche hierher gebracht wurden. Es handelt sich um die Epitaphe des Erbmarschalls Werner von Spiegel (1594) und seiner Ehefrau Katharina geborene von Kanne (1599). Die beiden lebensgroßen Figuren sind in zeitgenössischer Mode dargestellt.

Das Ehepaar hat in den 80er Jahren des 16. Jh. den Um- und Ausbau des **Schlosses Borlinghausen** veranlaßt, dessen Vorgängerbau erstmalig im 14. Jh. urkundlich erwähnt wird.
Die zweiflügelige Anlage mit einem Treppenturm im Winkel liegt auf einer rechtwinkligen Insel und ist nur über eine Brücke zu erreichen. Die beiden Baumeister sind namentlich bekannt: Den Umbau begonnen hat Meister Eggert Scheene aus Blom-

Borlinghausen, Schloß. Wächterkopf über dem Eingang zum Treppenturm.

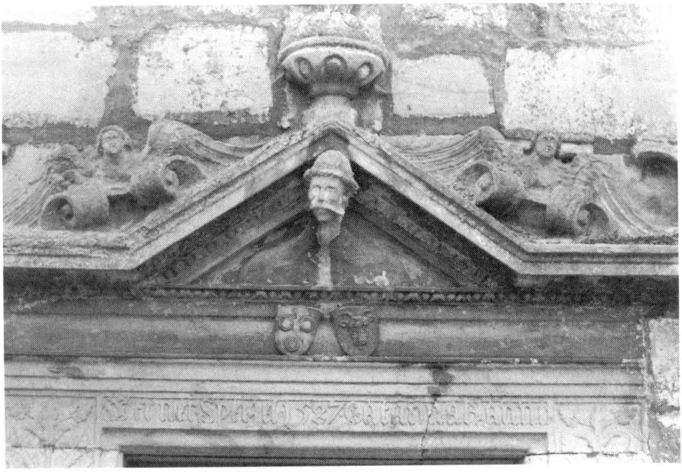

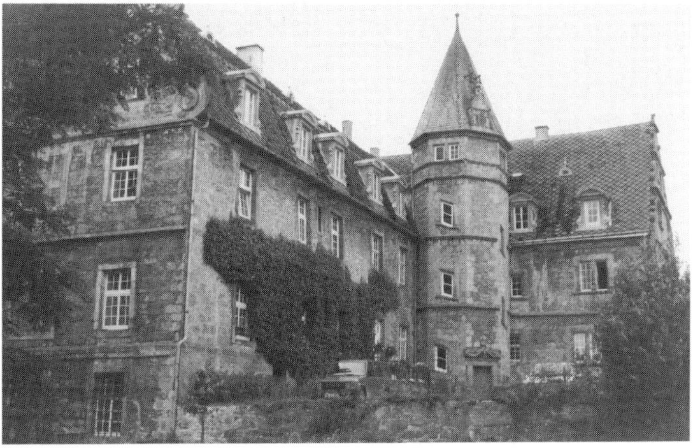

Borlinghausen, Schloß.

berg, nach seinem Tod führte Cordt von Aachen die Arbeiten zu Ende.
Der kleinere westliche Flügel sowie der Treppenturm haben am stärksten das Aussehen des 16. Jh. bewahrt. Die Geschosse sind durch scharfkantige Gesimse voneinander getrennt, die teilweise an der Unterkante mit einem Zahnschnittfries versehen sind. Die Gesimse des Nordgiebels sind durch eine Attikazone erweitert, dem Giebel des Schlosses Haddenhausen eng verwandt. Besonders interessant ist das Treppenturmportal. Ein vollplastischer Wächterkopf mit Schnurrbart schaut aus dem bekrönenden Dreiecksgiebel hervor; die Türgewände sind mit flachem, groteskem Schmuck überzogen. Die Jahreszahl 1587, die zusammen mit den Namen des Erbauer-Ehepaares auf dem Türsturz zu lesen ist, gibt wahrscheinlich den Beginn der Umbauarbeiten an. Der Südflügel wurde im 18. und 19. Jh. weitestgehend neu gestaltet. An der südlichen Wand ist im Mauerwerk die Jahreszahl 1779 angegeben. Die beiden Giebel im Osten und Westen von 1889 bzw. 1899 nehmen in unterschiedlichen Varianten die Grundstruktur des Renaissance-Nordgiebels wieder auf.

Warburg lohnt einen Besuch: nicht so sehr der Renaissancekunst, sondern seines malerischen Stadtbildes mit Stein- und Fachwerkbauten des 15. bis 19. Jh. und seiner mittelalterlichen Ausstrahlung wegen. Dazu gehört die Stadtbefestigung, von der

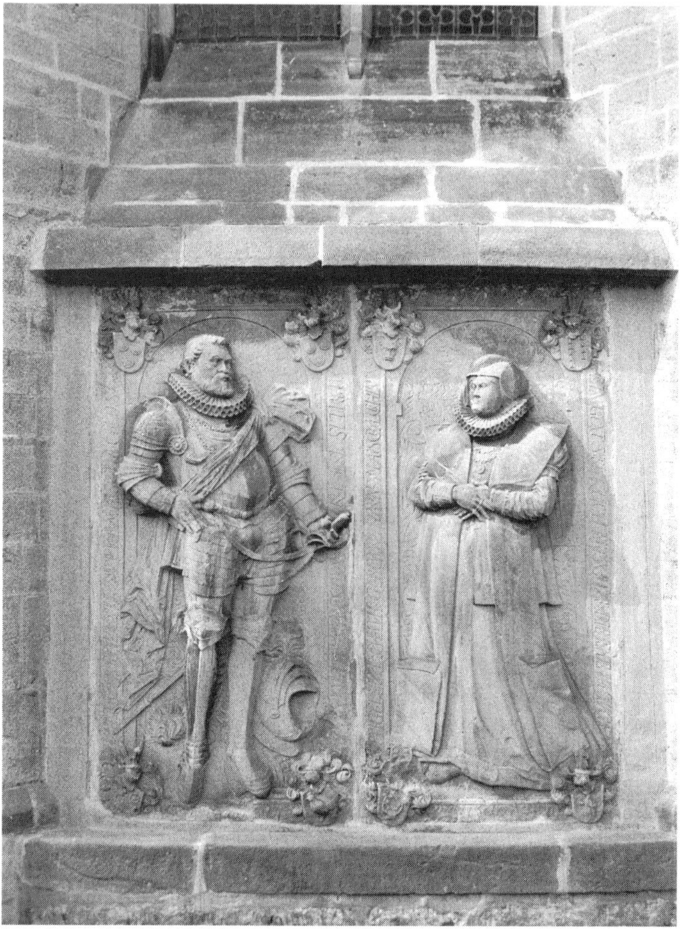

Borlinghausen, Kirche. Epitaphe für Werner und Katharina von Spiegel (Erbauer des Schlosses).

Mauern, Türme und zwei der ehemals neun Stadttore, das **Sacktor** mit Torturm im Westen und das östliche **Johannistor,** erhalten sind; dazu zählt das ehemalige Rathaus der Altstadt am Altstädter Markt, dessen gotisches Portal bei Instandsetzungsarbeiten freigelegt wurde. Und dazu rechnet auch die Burgkapelle St. Erasmus, idyllisch inmitten eines Friedhofs auf dem

Burgberg gelegen. Sie legt Zeugnis ab von der Burg, die sich hier erhob. In ihrem Schutz entstand Warburg, und zwar aus zwei nebeneinanderliegenden selbständigen Städten: der Alt- und der Neustadt. Diese betonten ihre Eigenständigkeit auch optisch: durch eine Mauer. Im 15. Jh. allerdings beschlossen beide Städte, sich eine gemeinsame Verwaltung zu geben. Aber es dauerte über 100 Jahre, ehe es zum Bau eines gemeinsamen Rathauses kam. 1568 entstand es, auf der ehemaligen Grenze zwischen Alt- und Neustadt, und dem neuen Zeitgeist entsprechend im Stil der Renaissance: ein reizvolles, schlicht gehaltenes Gebäude aus Bruchsteinmauerwerk und mit einem Laubengang als Verbindung zwischen Alt- und Neustadt. Der Fachwerkaufbau wurde 1902 aufgestockt.

Schloß Schweckhausen, eine hufeisenförmige Anlage, die noch heute von einem breiten Wassergraben umgeben wird, besteht aus einem zweigeschossigen mittigen Hauptflügel und zwei flankierenden Vorbauten. Im nordöstlichen Winkel steht ein polygonaler Treppenturm, dessen Portal die Jahreszahl 1580 angibt. Er stellt die Verbindung her zu dem sehr schlichten eingeschossigen Nordflügel mit abgewalmtem Satteldach. Der kleine Südflügel trägt an den Giebelseiten Voluten und dürfte erst im 17.

Schloß Schweckhausen.

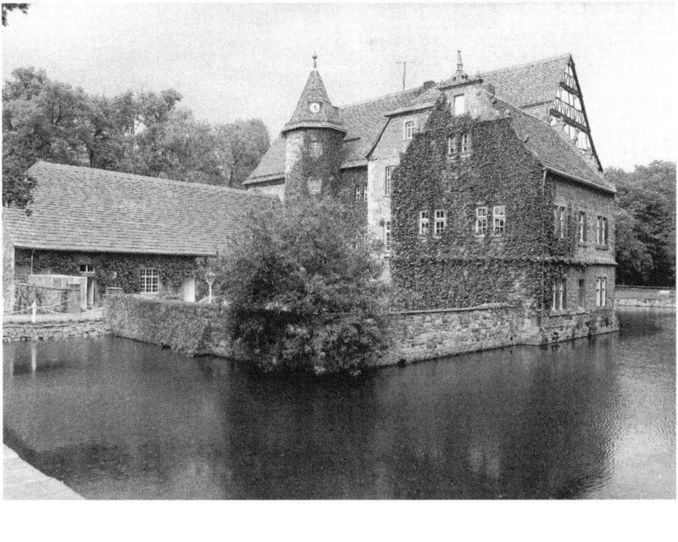

Jh. hinzugefügt worden sein. In alten Urkunden wird er als „Kapellenflügel" bezeichnet, was an seine ursprüngliche Funktion erinnert. Im Obergeschoß des Mittelflügels sind noch Stuckdecken aus der Mitte des 18. Jh. erhalten.

Die beiden östlich gelegenen **Fachwerkbauten** mit offener Laube im Erdgeschoß gehörten zum Wirtschaftshof und sind auf einem Plan des 18. Jh. als Schmiede und Spritzenhaus bezeichnet, der eingeschossige Längsbau westlich des Schlosses ist ein bedeutendes Landarbeiterhaus (in Westfalen selten) des 18. Jh.

Dringenberg – Brakel – Schloß Hinnenburg

Die damalige Grafschaft Dringen erhielt zu Beginn des 14 Jh. eine neue Bedeutung, als Bernhard zur Lippe, seit 1321 Bischof von Paderborn, das Territorium von den Eversteiner Grafen kaufte und die Burg zu einer zweiten Residenz der Paderborner Bischöfe erhob (neben Schloß Neuhaus).
Bereits 1323 erhielt **Dringenberg** das Stadtrecht, nachdem man das steile Gelände für den Ausbau des Ortes teilweise eingeebnet und die Gemeinde durch Umsiedlung von Einwohnern aus benachbarten Ortschaften vergrößert hatte. Wie die Burg zu

Dringenberg, Schloß.

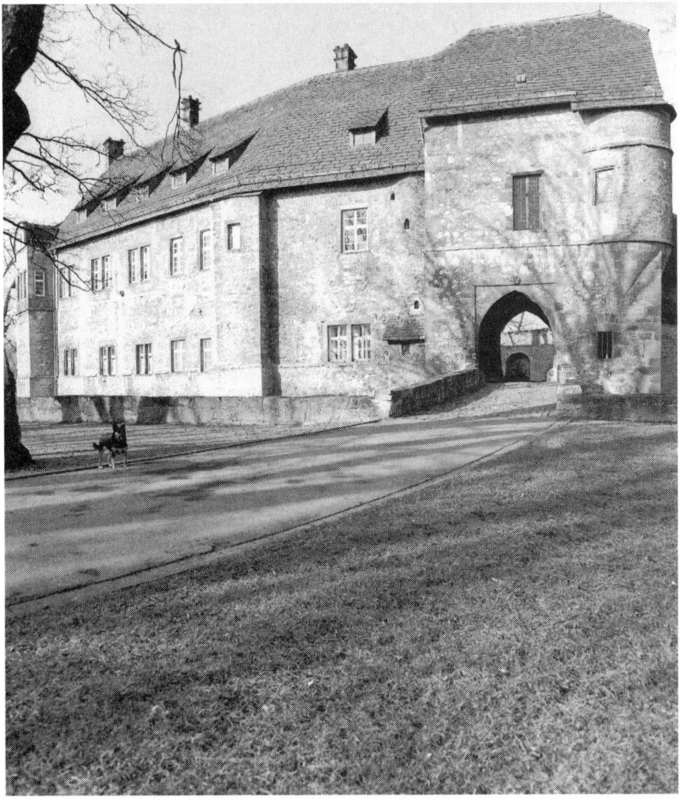

dieser Zeit ausgesehen hat, ist nicht mehr zu rekonstruieren, nur die spitzbogig gewölbten Keller unter dem Südflügel der heutigen Anlage stammen noch aus dem 14 Jh. Nach einer wechselvollen Geschichte im späten Mittelalter erlebte die Residenz ab dem Ende des 15. Jh. bis zum Dreißigjährigen Krieg ihre größte Blütezeit.
Die Burg erhielt während dieses Zeitraums ihren schloßartigen Charakter, indem man die Flügel ausbaute, untereinander verband und eine einheitliche Etagenhöhe anstrebte, um im Inneren größere und repräsentativere Räume einrichten zu können. Zu einem 1488/89 erfolgten Umbau gehören das Torhaus, der daran anschließende Südflügel sowie Teile des Westflügels und die Ringmauer mit rundem Wehrturm, die die Anlage im Norden abschließt. Das Fachwerkgebäude im Osten stammt von 1710.
Mitte des 16. Jh. ließ Bischof Rembert von Kerssenbrock, der schon am Schloß Neuhaus als Bauherr auftrat, den Südflügel mit dem Westflügel verbinden und die gesamte Anlage neu ausstatten. Von den beiden Abortschächten, die an der Außenmauer des Südflügels vor die Mauerflucht treten, wurde während dieser Baumaßnahmen das Obergeschoß des linken, westlichen Schachtes zu einem Erker ausgebaut. Die Brüstung ziert Blendmaßwerk, den Mittelpunkt bilden zwei Wappen: das bischöfliche des Rembert von Kerssenbrock und von Putten gehaltene, und sein fürstliches, von zwei Soldaten getragen. Dies ist der einzige Schmuck der gesamten Außenmauern.
Spätgotische Formen hat vor allem das hohe Torhaus bewahrt, über dem spitzbogigen Portal wölbt sich ein Dreiviertelkreiserker aus der Mauer, in dem die Apsis der hier befindlichen

Dringenberg, Schloß, Wappen am Erker des Südflügels.

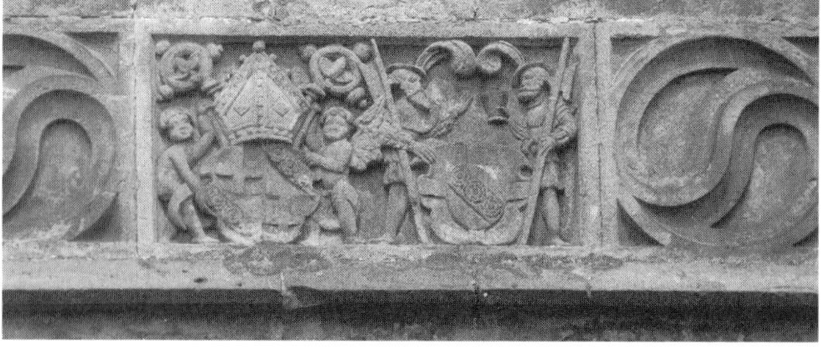

Schloßkapelle liegt. Betritt man durch das Portal den Hof, so ist (links neben dem Portal) am Südflügel noch der mittelalterliche Zugang zur Burg in einem vermauerten Spitzbogenportal zu erkennen. Ein bemerkenswertes Detail befindet sich einige Schritte weiter (im westlichen Drittel dieses Gebäudes). Über einem Fenster sind die Jahreszahl 1551, ein Meisterzeichen und

Dringenberg, Schloß. Grundriß.

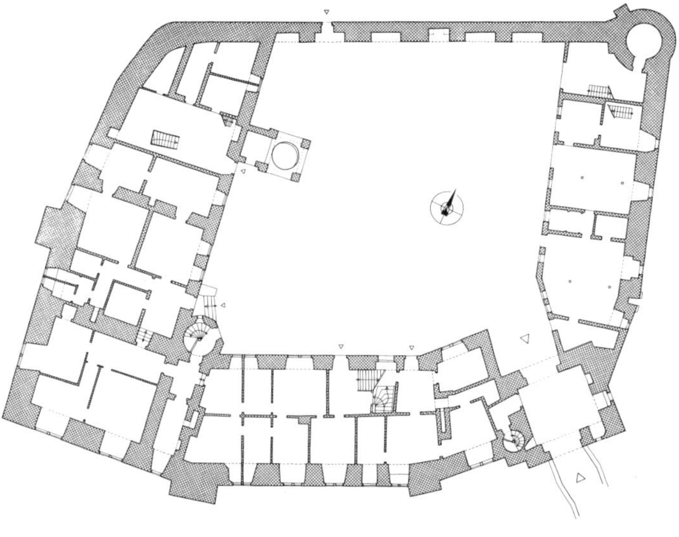

ein stilisiertes Blütenornament in den Putz eingeritzt. Das Datum bezieht sich auf den hier in erheblichen Resten erhaltenen Streifenputz, der ursprünglich das gesamte Gebäude überzog. Das stabwerkgerahmte Portal des Treppenturmes ähnelt auffallend den Treppenturmportalen der Schloßbauten Jörg Unkairs (vgl.: Schloß Detmold, Schloß Neuhaus und Schloß Petershagen).

Aus Grundrissen des 17. Jh. und frühen 19. Jh. sowie anderen schriftlichen Quellen ließ sich ermitteln, daß sich im Erdgeschoß des Westflügels die Küche, im nördlichen Teil das Brau- und Backhaus befanden. Für diese Aufteilung spricht auch die unmittelbare Nähe der Brunnenanlage. Das Brunnenhaus selbst ist zwar neueren Datums, der 41 m tiefe Schacht besteht hier jedoch seit dem Mittelalter.

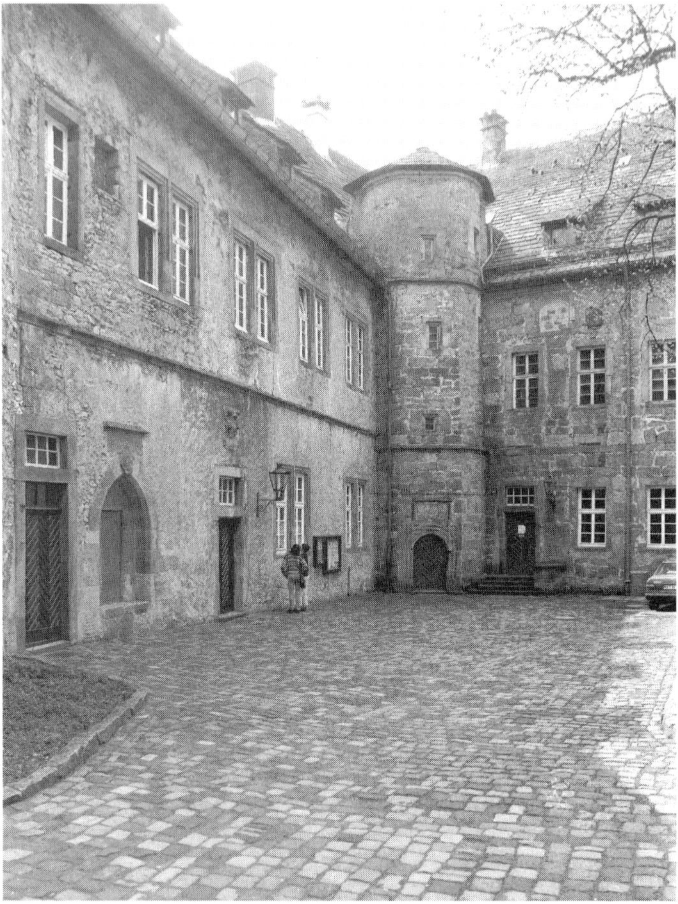

Dringenberg, Schloß. Innenhof Westflügel.

Ins Innere des öffentlich zugänglichen Westflügels führt ein Portal von 1711. Im Obergeschoß liegt der ehemalige Saal, der zwei Kamine in unterschiedlicher Höhe besitzt, was auf eine Veränderung der Geschoßhöhe hinweist: Die ursprünglichen drei Geschosse wurden Mitte des 17. Jh. in zwei Geschosse aufgeteilt. Die Ofenplatte in der Südwand schuf 1551 – so die Jahreszahl – Philipp von Soldan (vgl. Gußplatte am Treppenturm Stadthagen).

Das Gelände um die Burg, die sogenannte **Burgfreiheit,** war seit dem Mittelalter mit Wohn- und Wirtschaftsgebäuden bebaut. Der gesamte Komplex war zur Stadt hin durch eine Mauer abgetrennt, die erst 1819 abgebrochen wurde. Von den Gebäuden ist nur noch die östlich gelegene **Zehntscheune** (1682) erhalten geblieben, die 1958 in eine Festhalle umfunktioniert wurde.

Fährt man die Bundesstraße 64 in Richtung Höxter weiter, liegt an der Wegstrecke in einer von waldigen Höhen umgebenen Senke das Städtchen **Brakel**.

Sein mittelalterliches **Rathaus**, das seit der Mitte des 14. Jh. dem Marktplatz beherrscht, erhielt 1573 ein Renaissanceportal mit Bossensteinen. Sie gehören zu den frühest datierten Kerbschnittbossensteinen, die im Weserraum verwandt wurden, und tauchten hier zum ersten Mal als Verzierung an einem Portal auf. Das Muster besteht aus keilförmigen Bossensteinen, die von einem Flechtband eingefaßt werden. Vierpässe bekrönen die Staffeln des spätgotischen Giebels. An der nördlichen Fassade wurde 1964 das große Maßwerkfenster wiedergefunden und freigelegt.

Westlich des Rathauses steht die ehemalige **Waage,** deren Bausubstanz ebenfalls aus der Mitte des 14. Jh. stammt.

Zwei Kilometer oberhalb des Ortes liegt Schloß **Hinnenburg**: Seit dem 13. Jh. Sitz der Ritter von Brakel, gelangte sie später, nach Aussterben der Familie, an die Herren von Asseburg. Die heutige, sehr schlichte Dreiflügelanlage mit Eckturm im Süden erhielt ihre wesentliche Gestaltung um 1600, die gesondert stehende Schloßkapelle stammt von 1658. Ein weiterer Ausbau wurde im 18. Jh. vorgenommen.

Brakel, Rathaus. Portal.

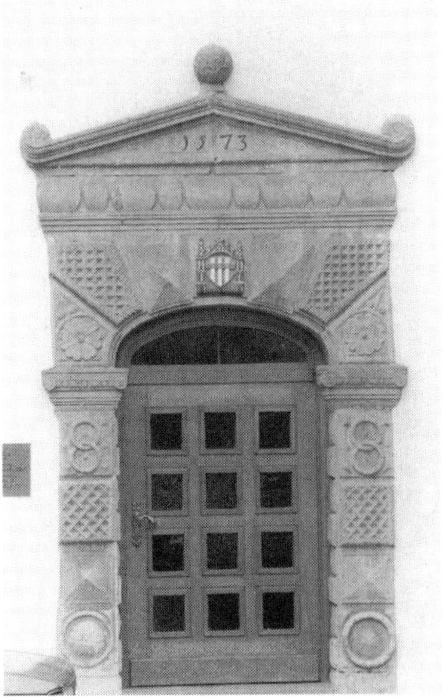

Höxter – Schloß Corvey – Schloß Fürstenberg

Im Wesertal, dort wo der Hellweg über die Weser führte, liegt die Stadt **Höxter**.

Als kleine Furtsiedlung bestand der Ort bereits seit dem 7./8. Jh. In den folgenden Jahrhunderten entwickelte sich zwischen Höxter und der 822 gegründeten, nur zwei Kilometer entfernt liegenden Klostersiedlung Corvey eine starke Konkurrenzsituation, in der sich Höxter als selbständige Stadt zu behaupten wußte. 1115 erhielt der Ort das Marktrecht und im 13. Jh. die Stadprivilegien; ab 1293 wurde Höxter Mitglied der Hanse. Innerhalb des befestigten halbkreisförmigen Grundrisses der Altstadt sind seit dem beginnenden 12. Jh. zwei Marktplätze nachgewiesen. Der sogenannte Altmarkt lag an der heutigen Stummrige-Straße (Fortsetzung Marktstraße), die innerhalb

Höxter, Plan der Innenstadt.

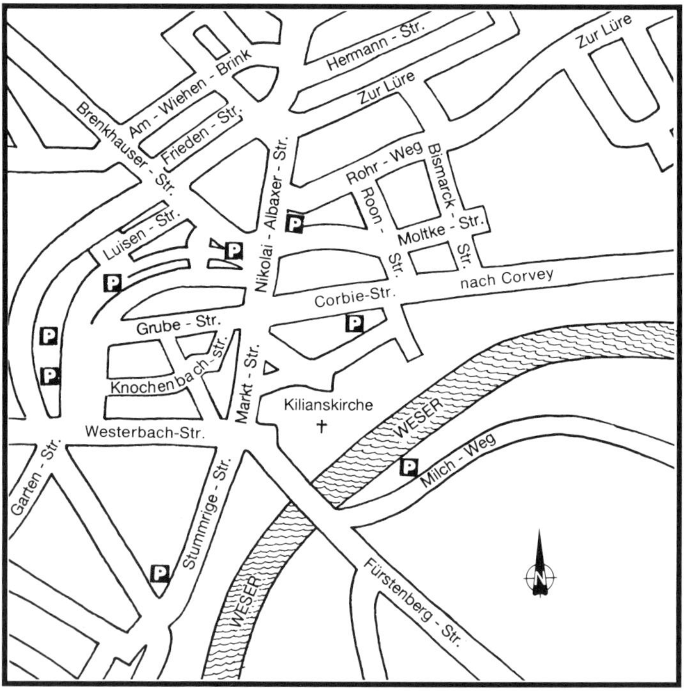

der Ortschaft die Fortsetzung der Bremer Straße (Handelsweg Kassel – Bremen) darstellte. Ein zweiter Handelsplatz entwickelte sich an der Westerbachstraße, die als Fortsetzung des Hellwegs auf die Weserbrücke zuläuft.

Nahe der Brücke, auf einem dreieckigen Platz, steht hier noch das alte **Rathaus**, dessen mittelalterliche Bausubstanz zwischen 1610 und 1614 erneuert und aufgestockt wurde. Aus dem Umbau stammt das Fachwerkobergeschoß, das auf einem Steinsockel mit leicht verschobenem rechteckigem Grundriß aufgesetzt wurde, sowie der polygonale Treppenturm und der dreiachsige hölzerne Erker an der westlichen Giebelseite. Die obersten beiden Geschosse des Turmes wurden Ende des 19. Jh. erneuert. Im Rahmen der jüngsten Renovierung, ab 1988, wurde

Höxter, Rathaus.

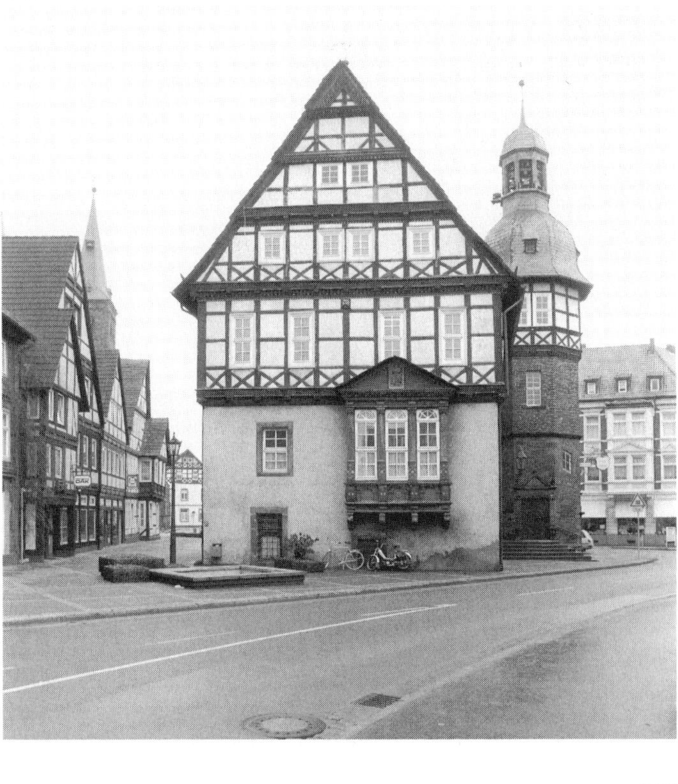

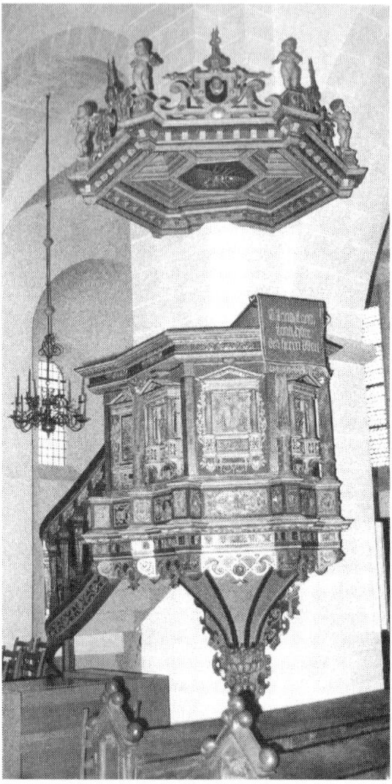

Höxter, Kanzel von 1597 in der Kilianskirche.

die ursprüngliche Raumaufteilung im Inneren wiederhergestellt. Im Erdgeschoß, das nur aus zwei Räumen bestand, existiert noch ein Kamin des Jahres 1614. Der kleinere der beiden Räume wird nach außen durch den Erker an der Stirnseite hervorgehoben.

Nahe beim Rathaus (nordöstlich) erhebt sich die **Kilianskirche**, eine der beiden großen Kirchen des Ortes. Im 11. Jh. als Pfeilerbasilika mit Querhaus errichtet, wurde sie im 12. Jh. eingewölbt. Die beiden oberen Stockwerke der Westtürme, die mit Arkadenöffnungen versehen sind, wurden im 12. Jh. hinzugefügt und gleichzeitig auch der Westchor erhöht; mit dem Ziel, die Architektur der Corveyer Klosterkirche anzugleichen.
Im Inneren befindet sich eine Kanzel des Jahres 1597 mit wunderschönen, fein abgestuften Alabasterreliefs am Kanzelkorb. Dargestellt ist in den von ionischen Säulchen und einem Hermenpilaster abgeteilten Feldern die Kreuzigung Christi mit den vier Evangelisten; die Reliefs darunter zeigen Szenen des Alten Testamentes: Verkündigung, Flucht nach Ägypten, das Treffen zwischen Elisabeth und Maria, die Geburt Christi, Heilung des Gelähmten. Im südlichen Seitenschiff hängt ein Epitaph von 1593 des Ehepaares von Kanne.

Schräg gegenüber der Kirche steht das **Küsterhaus** von 1565, heute Sitz des Fremdenverkehrsbüros.

Zahlreiche Häuser des 16. und 17. Jh., leider zu oft mangelhaft renoviert, säumen noch heute die Straßen Höxters. Hier sind vor allem zu nennen die beiden schon erwähnten Hauptstraßen der Stadt, die **Westerbachstraße** und die **Stummrige-Straße/Marktstraße**. An der Stummrige-Straße sind beachtenswert:

Nr. 18 von 1506 mit erneuertem Giebel, nur das obere Dreieck ist ursprünglich. Bei **Nr. 19** schmücken geschnitzte Landsknechtdarstellungen den gesamten Giebel von 1554. **Nr. 27** ist ein zweischiffiges Hallenhaus mit Fächerrosettenschmuck und figürlichen Darstellungen von 1571. **Nr. 31** besitzt ein spitzbogiges Tor, das inschriftlich in das Jahr 1560 datiert ist, erbaut um 1240 (Hinterhaus) und um 1340, 1990 stark verändert.

Geht man die Stummrige-Straße in nördliche Richtung zur **Marktstraße Nr. 13** von 1565 – auch **Nr. 18** und **20** sind Häuser des 16. Jh. – erreicht man an der Kreuzung zur Möllingerstraße die sogenannte **Dechanei**. Sie ähnelt im Aufbau dem Rathaus, ist aber schon 1561 entstanden. Auch hier ist einem Steinsockel ein Fachwerkoberbau aufgesetzt. Die Familie von Amelunxen baute das Gebäude unter Verwendung älterer Bausubstanz zu einem doppelgiebeligen Adelshof aus, dem rechts eine polygonale, dem hohen Steingeschoß des linken Baues eine zweistöckige Fachwerkauslucht (sehr selten!) vorgesetzt wurde. Fächerrosetten und Schnürrollen an den Schwellenbalken zieren alle Fachwerkteile. Die Kombination dieser Schmuckelemente, die später so beliebt wird, taucht hier zum ersten Mal in der Weserregion auf. Am linken Gebäude fällt neben der Tür ein großes Kreuzstockfenster mit Kielbögen auf. Das Innere wurde 1989 weitgehend zerstört.

Von hier aus kann man in die Möllingerstraße abbiegen (direkt links liegt die barocke St.-Nicolai-Kirche), um zu dem **Corveyischen Lehenshof** (heute Amtsgericht) zu gelangen, der 1610 zur heutigen Anlage ausgebaut wurde. Die Hauptbauten sind mit Treppentürmen und Utluchten versehen.

An der **Westerbachstraße** sind bemerkenswert: das **Tillyhaus (Nr. 33)** von 1610;, es wurde nach den großen Feldherrn des Dreißigjährigen Krieges benannt, der hier 1631 übernachtet hat. Das Gebäude besitzt einen Erker vor dem zweiten Obergeschoß, der dem des Rathauses auffallend ähnelt. Die beiden griechischen Musen der Kommödie (Thalia) und der Liebespoesie (Erato), die zum figürlichen Schmuck des Erkers gehören, erinnern an die musischen Neigungen des unbekannten Bauherren. Zusammen mit dem Nachbargebäude bildet das Haus den **Adelshof Heisterman von Zielberg.** Das Gebäude **Nr. 35,** das etwas zurückversetzt liegt, erhielt 1580/85 die Fachwerkgeschosse, die über einem spätmittelalterlichen Steinwerk des 14. Jh. aufgebaut wurden. Im Inneren sind noch Stukkaturen der

Renaissance an den verputzten Deckenbalken erhalten. Solche Raumverzierungen, bei der mit Hilfe von Schablonen geometrische/ornamentale Muster in den Putz eingearbeitet wurden, waren eine beliebte Innenraumdekoration um 1600, sowohl für Schlösser als auch Bürgerhäuser und Stadtadelshöfe.

Die Baugeschichte des Hauses **Nr. 28** ist sogar bis 1347 zurückzuverfolgen. Es gehört damit zu den ältesten Bürgerhäusern Westfalens. **Nr. 27** stammt von 1500. **Nr. 29** schmücken Inschriften nebst Datierung sowie Zahnschnitt an den Füllhölzern. **Nr. 32** ist ein 1348 errichteter Steinbau.

Kirche und **Schloß Corvey**, die eigentlich zeitlich nicht in den Zusammenhang dieses Buches gehören, sollen aufgrund ihrer kulturhistorischen Bedeutung kurz erwähnt werden.
Der Weg von der Innenstadt Höxters nach Corvey ist ausgeschildert. Eine zwei Kilometer lange Allee, die im 18. Jh. angelegt wurde, führt zu dem ehemaligen Kloster, das der Mönch Ansgar und einige weitere Mönche, die aus Nordfrankreich (Corbie) Anfang des 9. Jh. hierher gekommen waren, als Benediktinerorden gründeten, und zwar auf Veranlassung der Brüder Adalhard und Wala, Vettern Karls des Großen. Das Kloster wurde im frühen Mittelalter zu einem bedeutenden politischen und kulturellen Mittelpunkte Deutschlands. Den Mönchen, die hier gearbeitet haben, ist es zu verdanken, daß Schriften, wie die Annalen des Tacitus und die sächsischen Gesetze Karls des Großen, in Abschriften erhalten blieben und erstmalig die Schriften Ciceros in einem Band zusammengefaßt wurden. Leider befinden sich diese Werke heute nicht mehr im Kloster, sondern sind über die ganze Welt verstreut.
Außerhalb des Klosters gründete sich schon früh eine Laiensiedlung, die ab 833 über Münz- und Marktrechte verfügte und schnell zu einer kleinen Stadt heranwuchs. Doch konnte sie mit der aufblühenden Wirtschaft Höxters nicht mithalten, das den größten Teil des Handels an sich riß. So verarmte der Ort schon im 13. Jh. Auch das Kloster verlor früh seine Vorrangstellung, nachdem es eine letzte Blütephase unter Abt Wibald von Stablo (1146–1159) erlebt hatte. Es wurde, genau wie die Stadt Höxter, während des Dreißigjährigen Krieges teilweise zerstört. Dabei ging eine Bibliothek von unschätzbarem Wert völlig verloren. Von den alten Gebäuden blieb nur das Westwerk der ehemaligen Abteikirche erhalten, die südlich eines großen barocken Komplexes steht. Dort waren im 11. und 12. Jh. auch zahlreiche

Wirtschaftsgebäude zu finden, denn ein Kloster erfüllte nicht nur kirchliche, politische und kulturelle Funktionen, sondern war immer auch ein wirtschaftlicher Mittelpunkt mit vielfältigen landwirtschaftlichen und gewerblichen Erzeugnissen.

Die ehemalige Abteikirche ist die heutige katholische **Pfarrkirche St. Stephanus und Vitus**. Dem karolingischen Gründungsbau, der aus einer dreischiffigen Basilika mit Absis und Außenkrypta sowie einer schlichten Eingangshalle im Westen bestand, wurde 873 das Westwerk hinzugefügt. Bis auf das Westwerk wurden die Reste der Kirche nach der Zerstörung im 30jährigen Krieg abgebrochen und als ein einschiffiger barocker Kirchenbau neu errichtet. Das Corveyer Westwerk gehört zu den sehr wenigen noch existierenden seiner Art. Es wurde unter Abt Wibald im 12. Jh. um die durch rundbogige Arkaden geöffneten oberen Geschosse erhöht.

Innen führen breite Treppen in den Türmen vom Erdgeschoß zum zweigeschossigen sogenannten Johannischor mit dem Altar (Rekonstruktion) an der östlichen Arkadenwand. Im darüber liegenden Geschoß befindet sich der angebliche kaiserliche Thronerker, was jedoch umstritten ist. Im gesamten Westwerk wurden Reste einer karolingischen Raumausmalung gefunden. Bemerkenswert sind die gut erhaltenen Stukkaturen von 1596 an den Deckenbalken (vgl. Höxter, Westerbachstraße Nr. 35).

An Stelle des zerstörten Klosters, das ebenfalls nördlich der Abteikirche lag, wurde ab 1699 das neue **Abteigebäude** als Geviertbau mit Türmen errichtet. In seinem Grundriß knüpft es an den karolingischen Vorgängerbau an. Innen findet man den bekannten Kaisersaal sowie das **Museum** für die Stadt und den Landkreis Höxter. Nach der Säkularisation, zu Beginn des 19. Jh., wurde die Reichsabtei in ein weltliches Fürstentum umgewandelt, seitdem fungiert das Abteigebäude als Schloß.

Von Höxter aus führt die Bundesstraße 64 nach Fürstenberg (ausgeschildert), wo **Schloß Fürstenberg** einen Besuch lohnt.

Zwei parallele Flügel, die ein Torgebäude verbindet, bilden in dieser Ausprägung einen sehr ungewöhnlichen Grundriß. 1545 wurde die bestehende braunschweigische Grenzfeste (1350) – sie richtete sich gegen die Stadt Höxter und das Kloster Corvey – durch die Hessen zerstört, doch ab 1600 im Auftrag Herzog Heinrich Julius von Braunschweig-Wolffenbüttel durch Paul Francke in der heutigen Form wiederhergestellt. Der Bauschmuck ist auf den Erker und den Giebel des Torhauses beschränkt. Innen, im ehemaligen Hof zwischen den Parallelflü-

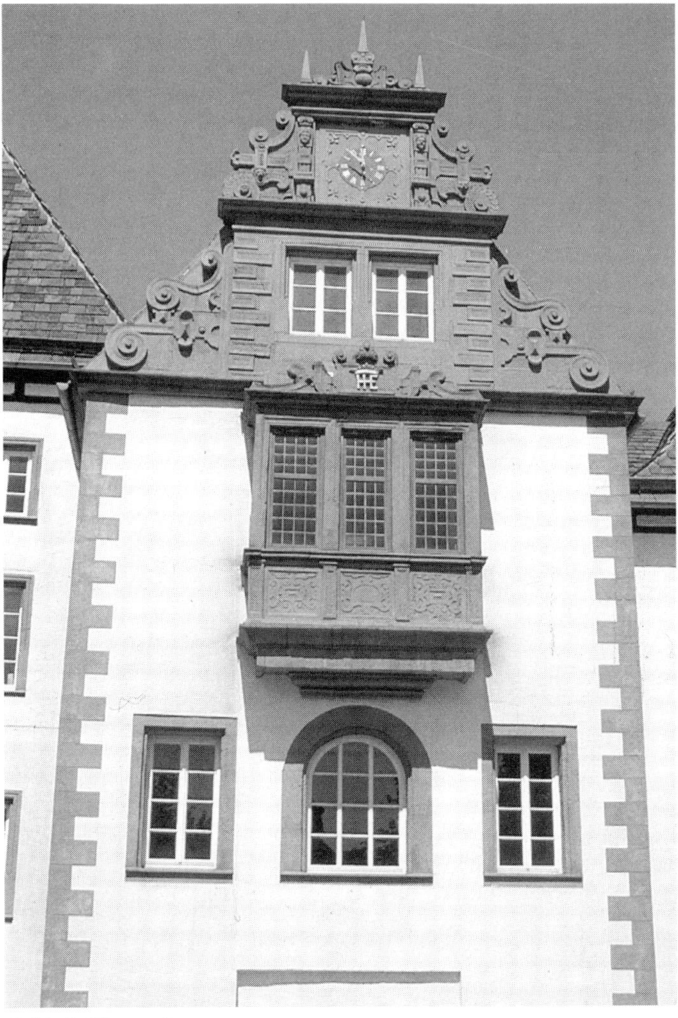

Schloß Fürstenberg.

geln, befindet sich eine eindrucksvolle Holztreppenkonstruktion des 18. Jh.
Am 11. Januar 1747 gründete Herzog Karl I. von Braunschweig hier im Schloß eine Porzellanmanufaktur. Sie gehört zu den

ältesten in Deutschland und produziert noch immer das in der ganzen Welt bekannte „Weiße Gold“ aus Fürstenberg. Die Räume des Schlosses beherbergen jetzt eine **Ausstellung** zur historischen und aktuellen Kollektion des Fürstenberger Porzellans und weiht die Besucher in die Technik der Porzellanherstellung ein.

Allersheim – Schloß Bevern

Auf dem Weg nach Holzminden liegt der Ort **Allersheim**, wo sich noch das Wohngebäude eines Gutshofes der Familie von Mengersen erhalten hat. Es handelt sich um einen zweigeschossigen Bau mit polygonalem Treppenturm, der am Türsturz die Inschrift trägt: „Anno 1621 H (Heinrich) v (von) M (Mengersen)." Das Obergeschoß einschließlich des Treppenturmes ist in Fachwerk ausgeführt und erinnert an das Rathaus in Höxter sowie an Schloß Bevern, das nächste Ziel.

In Bevern, unweit von Holzminden gelegen, begegnet man erneut der Familie von Münchhausen, die hier nach Abbruch eines kleineren Gutshofes das vierflügelige **Schloß Bevern** erbaute. Das Gut hatte Statius von Münchhausen erst 1590 erworben, anschließend ließ er das neue Gebäude zwischen 1602 und 1612 zunächst von dem Baumeister Johann Hundertossen errichten, der jedoch schon 1606 verstarb. Wer die Arbeiten anschließend weiterführte, ist unbekannt. Statius konnte seinen neuen Besitz jedoch nicht lange genießen, da er – hoch verschuldet – das Anwesen bereits 1619 wieder veräußern mußte. Doch ist in diesem Schloß, das zu Beginn des 17. Jh. entstand, noch einmal alles zusammenfaßt, was die Architektur des 16. Jh. bestimmt hat.
Vier Flügel gruppieren sich um einen fast quadratischen Innenhof, in zwei Binnenwinkel stehen unterschiedlich gestaltete Treppentürme. Der Westflügel dient als Eingangstrakt, und seine Fassade ist als Schaufront entsprechend stärker durchgestaltet als die übrigen Außenmauern. Lisenen gliedern die Wand, die von Drillings-, Zwillings- und Einzelfenstern unterbrochen wird, die unregelmäßig über die Wand verteilt sind. Diese Einteilung verdeutlicht, ebenso wie die der Lisenen – links vom mittigen Eingangstor schließt sich direkt eine horizontale Lisenengliederung an, rechts ist ein Fenster zwischengeschoben –, daß Symmetrie offensichtlich noch nicht das oberste ästhetische Ziel darstellte.
Typisch für die Renaissance sind auch die beiden Schmalseiten der seitlichen Nord- und Südflügel, die mit einer Voluten- und Beschlagwerkeinfassung zu Schaugiebeln ausgebildet sind. So wird bei dem Geviertbau eine stärkere Selbständigkeit der einzelnen Bauglieder beibehalten. Hier in Bevern verdeutlicht diese Gestaltung darüber hinaus auch die unterschiedlichen Funktionen und Rangstufen, die die Flügel innerhalb des Baukomplexes

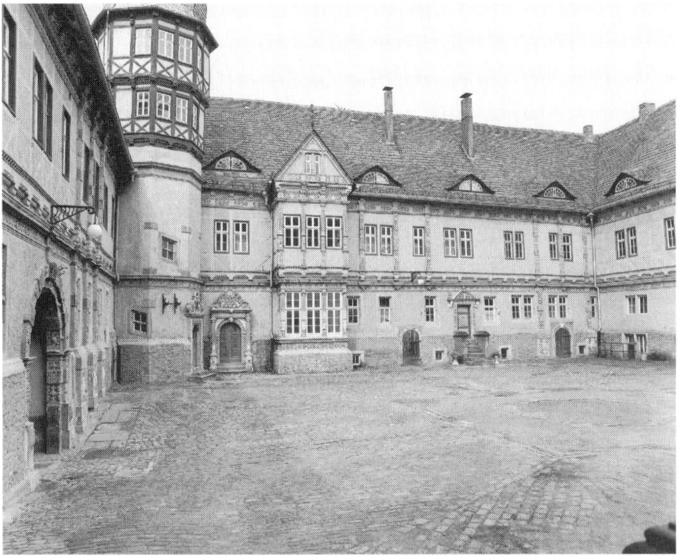

Bevern, Schloß. Innenhof.

einnehmen, wie noch ausgeführt wird. Nord- und Südflügel sind die Haupttrakte, zwischen denen der westliche und östliche Flügel „eingeschoben“ wurde. Die Zwerchhäuser sind ähnlich wie die Giebel der Seitenflügel mit Roll- und Beschlagwerk ausgestattet, und Bossensteine bereichern die Pilaster. Zwei Erker, die sich an dieser Fassade befanden, wurden im 19. Jh. entfernt. Das geschoßteilende Gesims wird durch eine beschlagwerkverzierte Attikazone erweitert, ein Motiv, das, aus der Antike entlehnt (dort vor allem an römischen Stadt- oder Triumphtoren), durch die architekturtheoretischen Traktate auch in Deutschland rasch Verbreitung fand.
Ähnlich, wenn auch nicht so reich geschmückt, zeigen sich die übrigen Außenwände. Das Tor wird von zwei dorischen Säulen und zwei Wächterköpfen flankiert, die ebenfalls an klassisch-italienische Vorbilder erinnern.
Betritt man den Innenhof, fällt sofort das in Fachwerk ausgeführte leicht vorkragende Obergeschoß auf, das in die im Innenhof fortgesetzte Pilasterordnung einbezogen wurde. Die Konstruktion des Dachwerkes beweist, daß die Dächer ehemals durch Zwerchhäuser geschmückt waren. Einige der Gefache

bestehen noch aus Lehmfüllungen, die wohl ursprünglich alle Gefache füllten und farblich schwarz (Fachwerk) und weiß (Gefache) gestrichen waren; die übrigen Mauerflächen wahrscheinlich in grau.
Von den Portalen sind die der Treppentürme und zwei Türen am Nordflügel besonders reich dekoriert. Eine dieser beiden Türen wird von zwei Köpfen flankiert, die als mythisches Königspaar bezeichnet werden, da der männliche Kopf mit einer Krone ausgestattet ist. Ihre genaue Bedeutung ist allerdings ungewiß. Schlichtere, rundbogige Türen führen zu den Kellerräumen.

Bevern, Schloß. Grundriß.

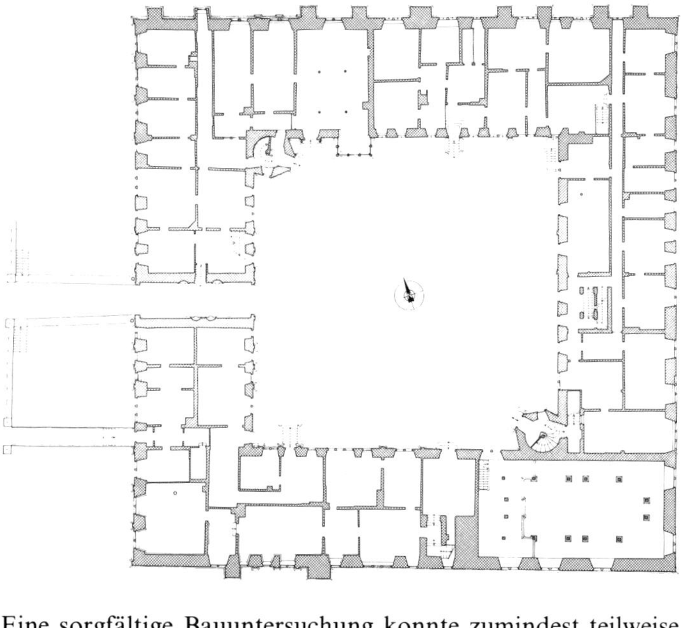

Eine sorgfältige Bauuntersuchung konnte zumindest teilweise die ursprüngliche Raumabfolge rekonstruieren.
Im Südflügel lag der in alten Dokumenten als „Goldener Saal“ bezeichnete Prunkraum von 35 m Länge und 12 m Breite, der ein Vorgemache einschloß und zwei Aborterker besaß. Den Eingang zum Saal bildet der südöstliche, massive und höhere der beiden Treppentürme. An den inneren Fenstergewänden

dieses Traktes befinden sich noch in blaugrauen Farben aufgemaltes Beschlagwerk, Reste der ursprünglichen Ausmalung der Innenräume, die partiell auch noch an den Deckenbalken des Südflügels zu erkennen ist.
Nord- und Ostflügel umfaßten vor allem die Privatgemächer. Für beide Flügel konnte ein zum Hof gelegener Flur nachgewiesen werden, von dem aus die Zimmer zu erreichen waren. Solche Fluranlagen sind in den Schlössern des 16. Jh. sehr selten. In der Regel wurden die Räume voneinander erschlossen, wie es im West- und Südflügel auch hier geschah.
Die Küche, im Erdgeschoß des Nordflügels untergebracht, besaß einen eigenen Zugang zu zwei tonnengewölbten Kellerräumen. Sie wird als Hauptwirtschaftsraum hofseitig sogar durch eine Auslucht hervorgehoben.
Die Schloßkapelle im Erdgeschoß des Südflügels unter dem Saal wurde erst nach 1670 eingebaut, für den Gottesdienst stand der Gemeinde, ebenso wie der Familie Münchhausen, eine gegenüber dem Schloß stehende Pfarrkirche zur Verfügung (die Münchhausen hatten sich am Bau beteiligt), die jedoch nicht mehr erhalten ist.

Bodenwerder – Schloß Hehlen (Nebenstrecke)

In Bevern zweigt eine Nebenstrecke zum Münchhausenschloß nach Bodenwerder und zum benachbarten Schloß Hehlen ab.

Auch in **Bodenwerder** ist Statius von Münchhausen der Bauherr des kleinen, schlichten Herrenhauses, das um 1605 vielleicht ebenfalls durch Johann Hundertossen erbaut wurde. Wie in Bevern ist das Obergeschoß in Fachwerk ausgeführt, dessen Konstruktion dem des Beverner Schlosses sehr verwandt ist. Der Bauschmuck beschränkt sich auf die Fenstergewände.
1720 erblickte in diesem Haus das bekannteste Familienmitglied, der Lügenbaron Hieronymus von Münchhausen, das Licht der Welt. Bislang wurde angenommen, daß er auch hier seine fabulösen Geschichten über sein Leben und seine erfolgreichen Kriegsdienste schrieb. Doch in jüngster Zeit wurde aufgedeckt, daß seine Erzählungen nicht nur erlogen, sondern auch geklaut sind. Es war einer seiner Ahnen, der die Abenteuer im 17. Jh. niederschrieb und sie 1665 auch schon einmal drucken ließ. 1787 veröffentlichte ein ehemaliger Bibliothekar der Münchhausen das Manuskript unautorisiert in England.

Bodenwerder, Herrenhaus. Heute Rathaus und Münchhausen-Museum.

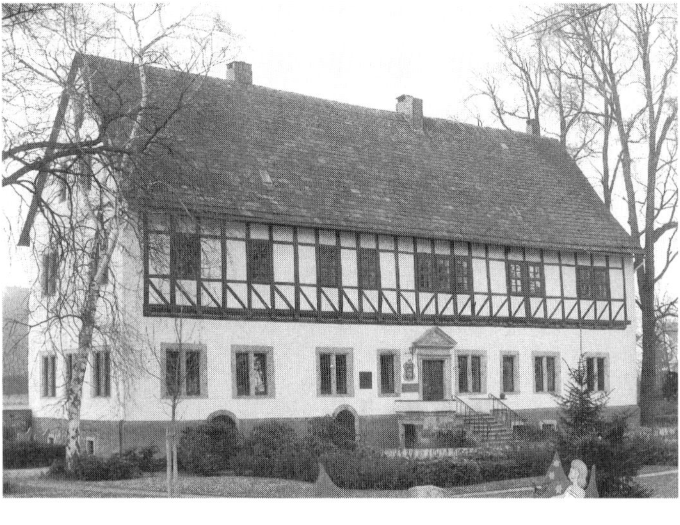

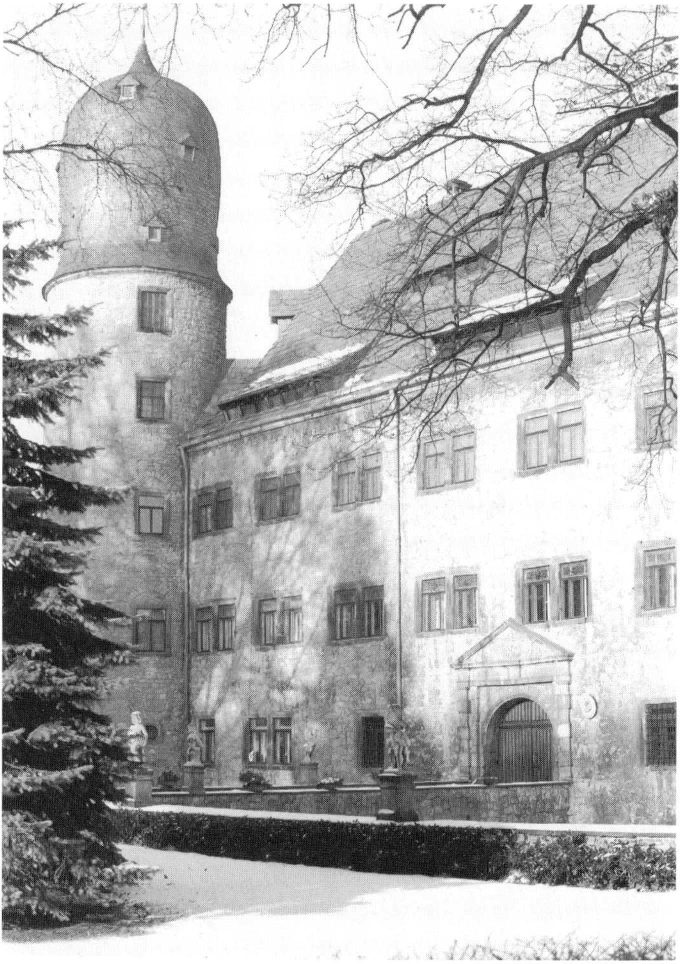

Schloß Hehlen.

Die Architektur von **Schloß Hehlen** (1579–1584), einem schmucklosen Geviertbau mit zwei runden Ecktürmen im Osten und Westen, prägen vor allem die massiven Mauerflächen sowie die großen steilen Satteldächer und die hohen Schweifhauben der Ecktürme. Die Nordecke wird durch einen zweigeschossigen Erker mit Dachaufbau betont. Die Anordnung des Erkers vor

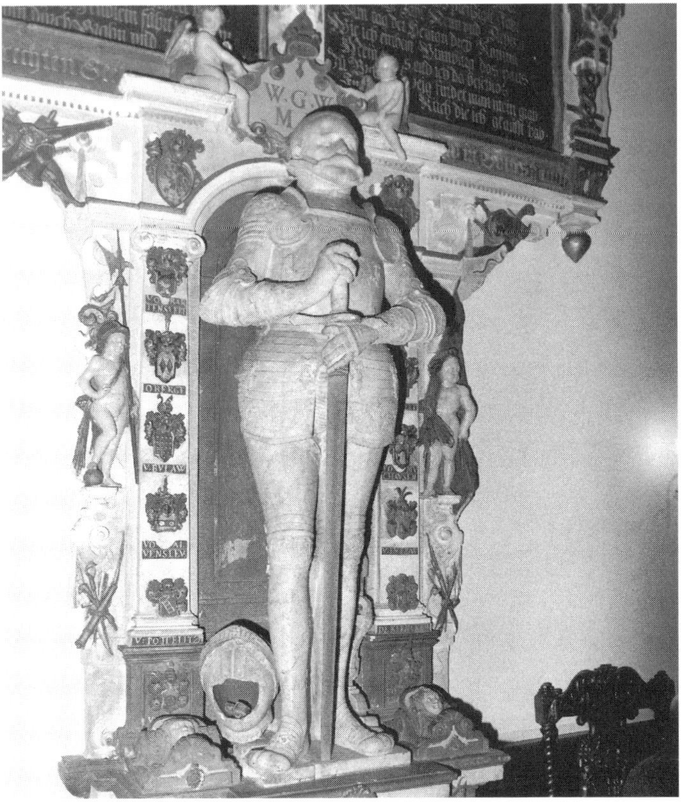

Schloß Hehlen, Festsaal. Denkmal des Fritz von der Schulenburg.

einer Gebäudekante als Pendant zu den Ecktürmen ist außergewöhnlich. Im Hof stehen zwei Treppentürme mit Sitznischenportalen. Über der Tür des westlichen Turmes sind die Brustbilder des Erbauerehepaares Fritz von der Schulenburg und seiner Gemahlin Ilse von Saldern zu sehen. Sie lebte allein auf Schloß Hehlen, ihr Mann wohnte auf Schloß Vienenburg. Ein Epitaph für Fritz von der Schulenburg ist an der östlichen hofseitigen Wand angebracht. Im Innern des Schlosses befindet sich im historistisch ausgestatteten Festsaal zudem noch sein Denkmal: beide Male ist der Hauptmann in voller Rüstung und mit Schwert dargestellt.

Schloß Erichsburg – Schloß Uslar – Grebenstein – Immenhausen – Hannoversch Münden

Auf dem Weg von Bevern nach Dassel erreicht man ein Territorium, das im 16. und 17. Jh. als Herzogtum zum Machtbereich der Edelherren von Braunschweig-Calenberg-Göttingen gehörte. Dort ließ Herzog Erich der Ältere von Braunschweig-Calenberg zwischen 1521 und 1530 bei Dassel die **Erichsburg**

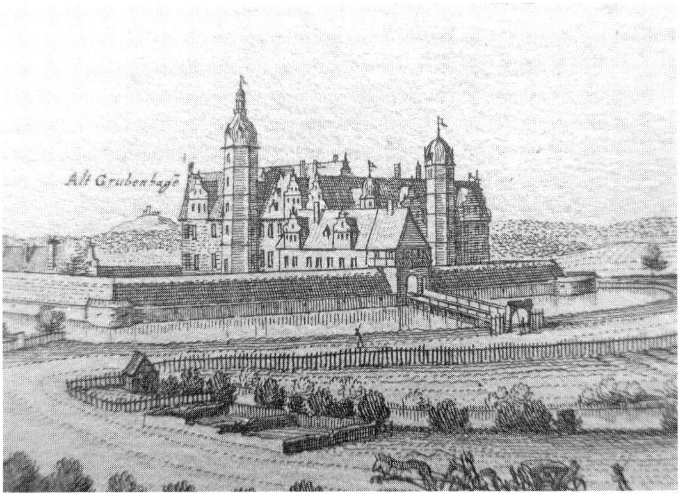

Ein Stich von Schloß Erichsburg.

anlegen und nannte sie nach seinem Sohn Erich dem Jüngeren (später Erich II., zur Person siehe Kapitel Schloß Neustadt) die Erichsburg.
Das heute noch bestehende Gebäude wurde 1604 bis 1612 unter Herzog Heinrich Julius von Braunschweig hinzugefügt. Auch hier wird Paul Francke (vgl. Schloß Fürstenberg) als Baumeister des dreigeschossigen Gebäudes mit mittigem Treppenturm angenommen, dessen Bauschmuck bereits in den Barock überleitende Formen zeigt.

Der Sprößling, nach dem die Erichsburg benannt wurde, errichtete 30 Jahre später seinerseits am westlichen Rande des gleichnamigen Ortes **Schloß Uslar** (etwa 1559–1564).

Ein Großbrand zerstörte 1612 das Gebäude bis auf die Grundmauern, und die Baureste wurden in den folgenden Jahrhunderten als Steinbruch weiter geplündert. Heute ist nur eine Ruine zu sehen. Doch aus alten Abbildungen sowie aus den wenigen Resten des Kellers und Erdgeschosses der drei von ursprünglich vier Flügeln kann man ablesen, daß es sich hier um eine der architektonisch und künstlerisch fortschrittlichsten Schloßanlagen handelte: nicht nur des gesamten Weserraumes, sondern zu dieser Zeit auch innerhalb Deutschlands.
Neu war vor allen Dingen die Gleichwertigkeit der Flügel, die zusammen mit den Ecktürmen einen einheitlichen Baublock bildeten. Eine kolorierte Zeichnung des frühen 18. Jh. zeigt das Schloß mit einem grauen Kellergeschoß und die Etagen darüber in Rosé. Die Fenster variierten von Etage zu Etage: im Erdgeschoß waren sie rundbogig abgeschlossen, im Obergeschoß von einem Rechteck gerahmt. Erhalten sind noch einige der Kellerfenster, die von einem Dreiecksgiebel und einem zwischen Fenster und Giebel sitzenden wohlproportionierten, sanft abgerundetem Wulst bekrönt werden: eine ungewöhnlich reiche Ausstattung für ein Kellerfenster! In dieser Form erinnern sie an klassische italienische Vorbilder (Palladio, Sebastiano Serlio).

Schloß Erichsburg.

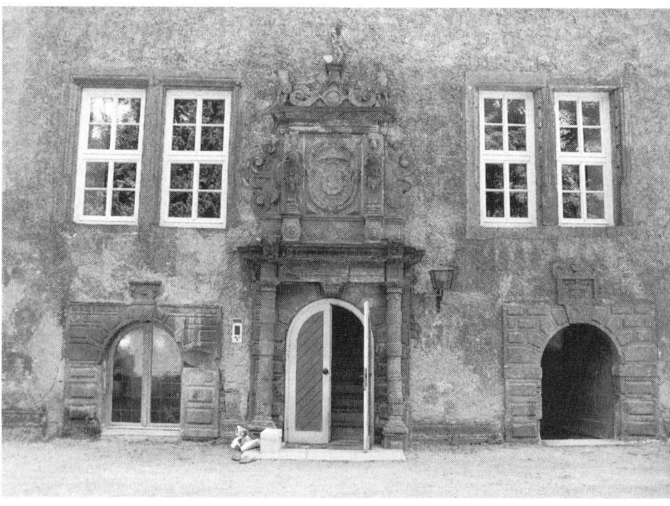

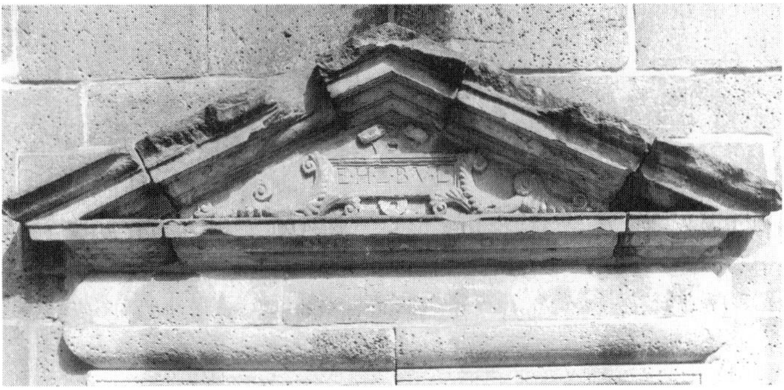

Uslar, Schloßruine. Erhaltenes Kellerfenster.

Am ehemaligen Amtshof sind einige Bauspolien zweitverwendet, darunter die Fragmente der rundbogigen Fenster sowie Bogenschlußsteine mit Löwenköpfen. In der Amtshofmauer befindet sich noch eine Muschel, die dort zusammen mit einem ehemaligen Fenster- oder Türsturz eingearbeitet wurde und das Baujahr 1559 nennt. Die Muschel könnte zu einer vielleicht figurenbesetzten Nische gehört haben. Wie weit die Planung des Schlosses bereits das gesamte Gelände miteinbezogen hat – das heißt im Sinne einer erst im Barock geläufig werdenden Schloßplatzgestaltung – zeigt auch der Standort des Gebäudes. Das Schloß wurde an das westliche Ende der Straßenachse gesetzt, die die Stadt Uslar von Westen nach Osten durchläuft. Ungefähr ab der Mitte verbreiterte sich die auf das Schloß zulaufende Straße. Daß das alte Rathaus und einige weitere Gebäude, die dieser Vorplatzgestaltung im Wege standen, abgebrochen werden sollten, ist bewiesen, da Herzog Erich II. das Gebäude beschlagnahmt hatte, es jedoch 1573 der Stadt zurückgab und den Plan offensichtlich aus Geldmangel fallenließ.
Für eine Konzeption dieser Entwicklungsstufe und dieses Ausmaßes war ein Baumeister verantwortlich, dessen Name zwar nicht überliefert wurde, von dem man jedoch weiß, daß ihn Herzog Emanuel Philibert von Savoyen, der spanische Statthalter der Niederlande, Erich II. von Braunschweig-Calenberg empfohlen hatte und der wohl zuvor dort in den südlichen Niederlanden wirkte.

Die Hauptstrecke führt weiter über Hofgeismar nach **Grebenstein**. Die Stadt, zusammengesetzt aus Alt- und Neustadt, bietet

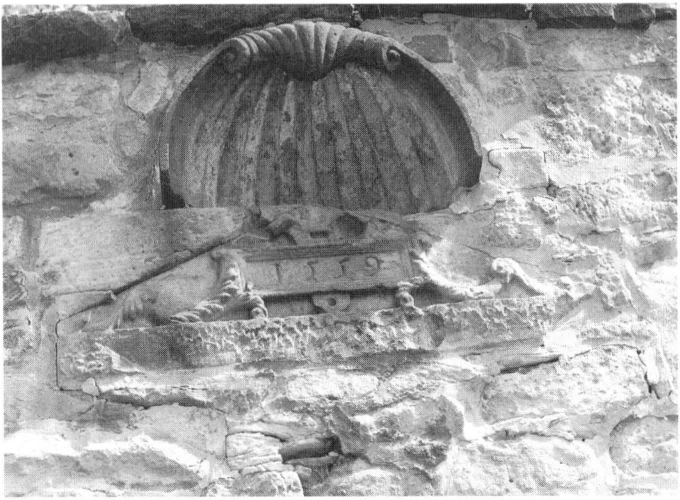

Uslar, Amtshofmauer. Bauteil vom Schloß Uslar.

ein sehenswertes Stadtbild. Die Altstadt unterhalb der mittelalterlichen Burg wurde um 1300 angelegt und Anfang des 14. Jh. befestigt. Teile dieser Anlagen, hohe Wehrmauern und Türme, sind erhalten, ebenso wie die damals angelegten fünf Hauptstraßen, die parallel zwischen den beiden Stadttoren verlaufen. Die Neustadt, im Tal gelegen, wurde nach 1356 befestigt.

Die **Stadtkirche St. Bartholomäus**, eine dreischiffige Hallenkirche, wurde um 1355 vollendet und bewahrt noch Ausstattungsstücke des 16. Jh., ein Sängerpult und einen polygonalen Taufstein. Die Emporen mit geschnitztem Gebälk entstanden 1637.

Das **Rathaus** mit einer in Grundzügen noch erhaltenen Halle im massiven spätmittelalterlichen Erdgeschoß wurde im Dreißigjährigen Krieg stark zerstört. Der Fachwerkanbau stammt daher von 1672.

Das **Heimatmuseum** des Ortes ist in dem Fachwerkhaus Schachtenerstr. 11 (Haus Leck) untergebracht. Das Gebäude zählt zu den frühesten Beispielen niederdeutscher Ackerbürgerhäuser (1463, 1606 umgebaut). Es sei exemplarisch genannt für die vielen Ackerbürger- und Bürgerhäuser, die mit ihren Fassaden Grebensteins Straßen säumen.

Von der **Burg** (um 1400), als Grenzfeste gegen die Mainzer Besitzung Hofgeismar angelegt, haben sich nur Reste erhalten. Von dort bietet sich allerdings ein wunderschöner Blick auf die Stadt.

Auf dem Weg liegt der Ort **Immenhausen** mit einer noch sehr gut erhaltenen Wehrmauer und zwei Flankentürmen.
Die **Evangelische Pfarrkirche**, eine Hallenkirche des 15. Jh., zeigt schöne spätgotische Wandmalereien mit Heiligenfiguren und Christusszenen.
Westlich der Kirche lag ehemals eine landgräfliche Burg, von der jedoch nur noch geringe Reste erhalten sind.
Sehenswert ist das **Rathaus** mit einem Fachwerkobergeschoß, das die Stadt 1662 errichten ließ.

Nur wenige Kilometer von Immenhausen entfernt steht ein weiteres Schloß, das Herzog Erich II. von Braunschweig-Calenberg-Göttingen baute (siehe Schloß Uslar und Schloß Neustadt). Etwa ein Jahr nach dem Baubeginn des Schlosses Uslar erfuhr Erich II., der sich zu dieser Zeit in Spanien aufhielt, daß die ständige Residenz der Familie, das **Schloß Hannoversch Münden**, durch einen Brand stark zerstört worden war. Daraufhin veranlaßte der Herzog einen sofortigen Wiederaufbau, der nachweislich unter Mithilfe niederländischer Fachleute erfolgte. Das Gebäude hatte bereits sein Vater, Erich I., um 1500 repräsentativ ausbauen lassen. Dieser Phase entstammt noch der Treppenturm im Winkel der zweiflügeligen Anlage mit einer stabwerkgerahmten Tür und der sich anschließende Trakt mit der Schloßkapelle. Teile des Westflügels (östlicher Abschnitt) wurden bereits 1520 überarbeitet und der östliche Flügel nach dem Brand 1560 umfassend erneuert. Der im Südwesten errichtete Fachwerkflügel, parallel zum langen Werraflügel, ist inzwischen wieder verschwunden; der nordwestliche Trakt, der die Anlage vervollständigt hätte, wurde nicht realisiert.

Hannoversch Münden, Tür im Schloß.

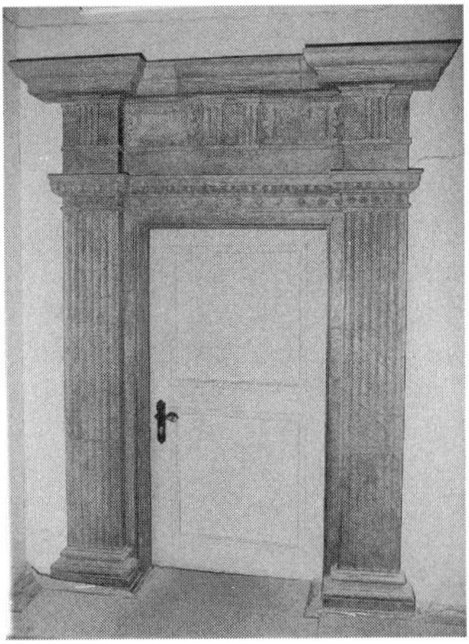

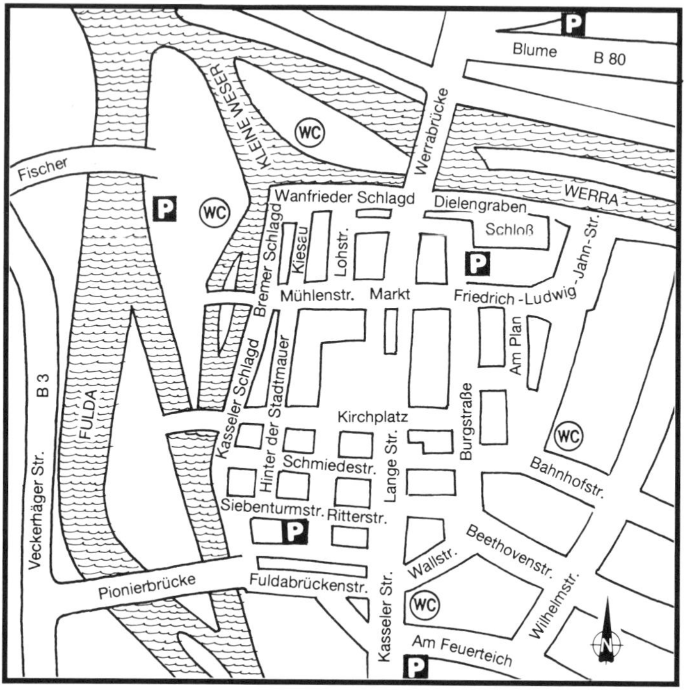

Hannoversch Münden, Plan der Innenstadt.

Südlich an den Langflügel schließt sich nur noch das Treppenhaus an, das eine gradläufige Treppe besitzt, die die Stockwerke miteinander verbindet. Die Rahmung der Turmportale sowie der Fenster lassen eine an italienischer Renaissance (toskanische, dorische und ionische Ordnung) orientierte Gliederung erkennen. Auch die Dachaufbauten mit wechselweise Dreiecks- und Segmentbögen als oberen Abschluß zeigen klassische „italienische" Formen. Niederländischen Einfluß verraten die großen Kreuzstockfenster der Flügel. Ursprünglich existierte am Turm eine Galerie, wie ein Schloßinventar des Jahres 1699 berichtet. Der nordwestliche Giebel ist in einer für die Weserenaissance typischen, aber schon recht weit entwickelten Weise mit Rollvoluten und Obelisken eingefaßt.
Im Schloß markieren zwei Kamine mit den Jahreszahlen 1562 und 1574 und die beiden Bauphasen, in der die Residenz wiederhergestellt und ausgebaut wurde.

Aus der Zeit um 1570 stammen der südöstliche Flügel und Teile der Innengestaltung. Einige Räume haben noch umfangreiche Teile der Renaissance-Ausstattung bewahrt und gehören damit zu den ganz wenigen Beispielen umfangreich erhaltener, innenarchitektonischer Gestaltung einer Schloßanlage des 16. Jh. Man muß allerdings davon ausgehen, daß die Konzeption, die ebenfalls von ausländischen Arbeitskräften durchgeführt wurde, einen besonders hohen Standard innerhalb dieser Zeit darstellt.
Besonders aktuell war eine Ausmalung im nördlichen Trakt des Langflügels. Im sogenannten Schiffgemach berichten die Wandmalereien von der Seeschlacht von Lepanto, bei der 1571 italienische und spanische Flotten die Vorherrschaft der Türkei im Mittelmeer brachen. Leider sind die Darstellungen nur noch in Resten vorhanden. Weitere ehemalige Ausmalungen im ersten Obergeschoß desselben Flügels, direkt vor der Schloßkapelle, sind archivalisch bezeugt.

Bekannt sind vor allem das sogenannte „Gemach zum weißen Roß“ (in diesem Zimmer Kaminbezeichnung 1562) und direkt darüber das sogenannte „Römergemach“. Die beiden quadratisch angelegten Räume (im Bauteil von 1500) erreicht man über die Wendeltreppe und jeweils durch ein Vorzimmer und Türen mit Architekturrahmungen. Im „Gemach zum weißen Roß“ werden innerhalb einer Scheinarchitektur neun biblische Helden in kriegerischer, triumphierender Gestik abgebildet. Am Kamin des Raumes ist das Stammeswappen der Welfen angebracht, und an der Wand gegenüber dem Eingang befindet sich ein Erker mit spätgotischen Vorhangbogenfenstern. Während der Restaurierung der Malereien von 1570 konnte nachgewiesen werden, daß schon vor der Ausstattung durch Erich II. der Raum ausgemalt war. Die geringen Reste der spätgotischen Malereien erlauben jedoch keine näheren Angaben hierüber. Das „Römergemach“ ist den Helden der Antike gewidmet. Die Ausmalung dieses Raumes dürfte in die erste Hälfte der 70er Jahre des 16. Jh. fallen.

Im Ort Hannoversch Münden sticht unter den zahlreich erhaltenen Fachwerkbauten des 16. Jh. (aber auch des Spätmittelalters und des 17./19. Jh.) das große **Rathaus** besonders hervor. Den Umbau zum heutigen Gebäude, dessen Schaufront Zwerchgiebel und ein Prunkportal schmücken, leitete Georg Crossmann aus Lemgo zu Beginn des 17. Jh. Für den Umbau wurde der mittelalterliche Wandkasten des Vorgängerbaues, der

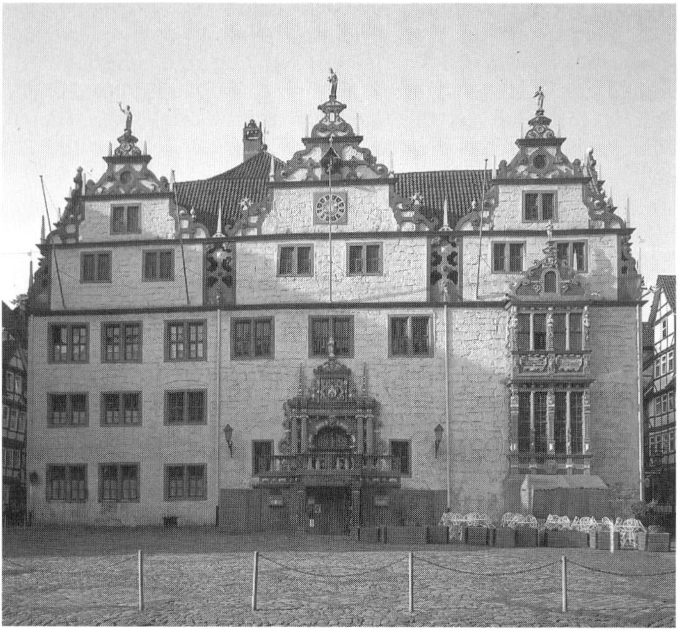

Hannoversch Münden, Rathaus.

jetzt die Mitte des Gebäudes einnimmt, nach Osten um einen schmalen, langrechteckigen Anbau vergrößert sowie nach Westen um zwei kleinere Baueinheiten erweitert, die zwischen sich einen kleinen Innenhof einschließen. Diese Dreiteilung des Gebäudes wird an der nördlichen Schaufassade zum Markt durch die breit gelagerten Zwerchgiebel verdeutlicht. Rechts neben dem Portal, das mit dem Meisterzeichen Georg Crossmanns und der Jahreszahl 1605 versehen ist, bildet eine zweigeschossige Auslucht einen weiteren Blickfang. Sie wird aufgrund der etwas anders gearteten, weiter entwickelten Formen Georgs Sohn Ernst zugeschrieben und ist wahrscheinlich erst nach 1612 hinzugefügt worden. Daß der Sohn des Meisters schon zusammen mit seinem Vater an dem Bau gearbeitet hat, wird in den Abrechnungen erwähnt.

Göttingen – Northeim – Einbeck (Nebenstrecke)

In Hannoversch-Münden beginnt eine Nebenstrecke, die über Göttingen, Northeim und Einbeck zurück nach Dassel führt.

Die Stadt **Göttingen**, deren planmäßige Anlage noch am gleichmäßigen, schachbrettartigen Straßenverlauf innerhalb der Altstadt zu erkennen ist, wurde wahrscheinlich in der zweiten Hälfte des 12. Jh. gegründet. Für den wirtschaftlichen Wohlstand sorgten während des gesamten Mittelalters vor allem das blühende Gewerbe der Tuchmacher und Gewandschneider. So fehlen in dieser Handwerkerstadt große Bürgerbauten oder ein Schloß, statt dessen gibt es eine Vielzahl bedeutender Fachwerkbauten des 16. Jh. sowie des Spätmittelalters.

Göttingen, Plan der Innenstadt.

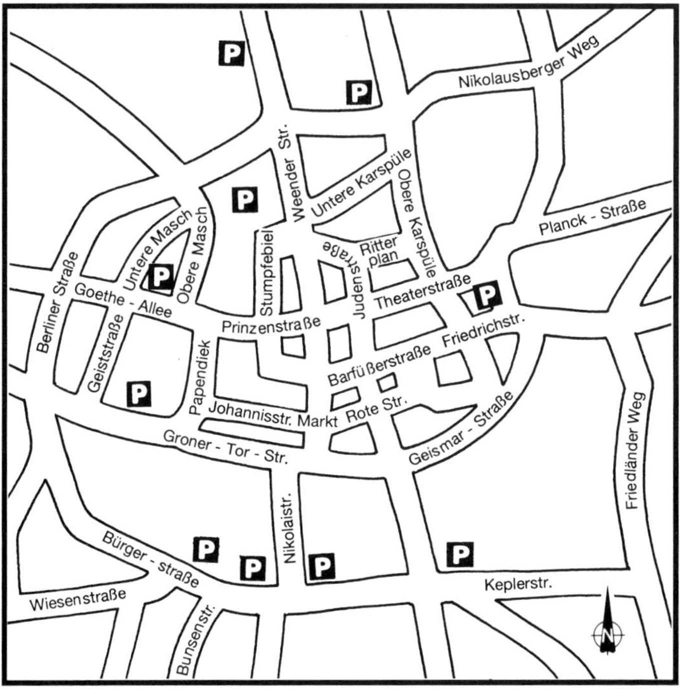

Von der Weenderstraße, der Hauptachse des Ortes, zweigt die Barfüßerstraße ab, in der die sehenswerte **Junkernschänke** (Nr. 5) steht. Das Gebäude wurde bereits Mitte des 15. Jh. errichtet und erhielt zwischen 1547 und 1549 einen Stubeneinbau, der in die hohe Diele eingesetzt wurde, an der Ecke zur Judenstraße vorkragt und mit reichem figuralen Schnitzwerk ausgestattet wurde. Dargestellt sind Personifikationen der sieben Planeten, die direkt über den Knaggen oberhalb der Portraitmedaillons

Göttingen, Fachwerkhaus Weender Straße 62.

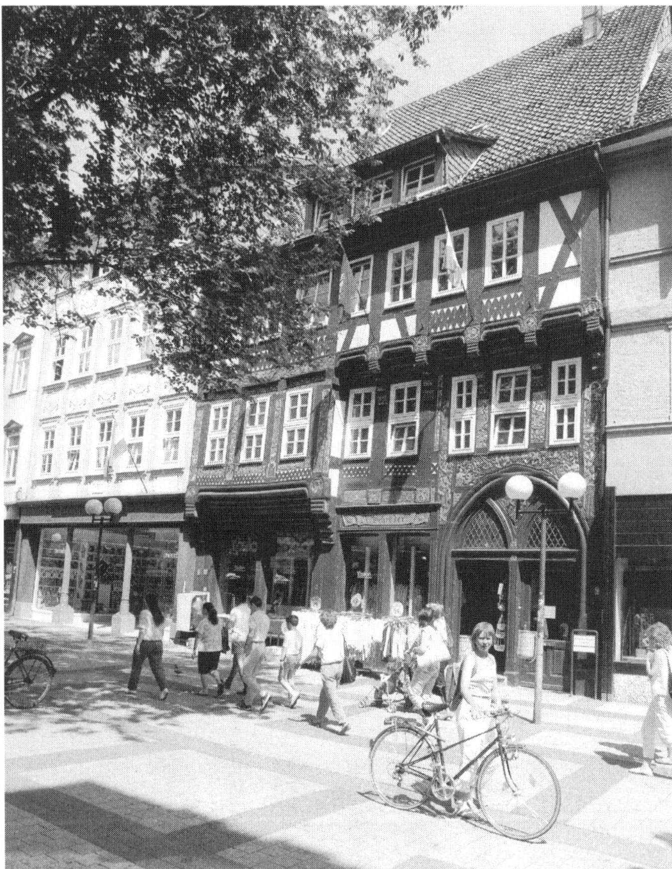

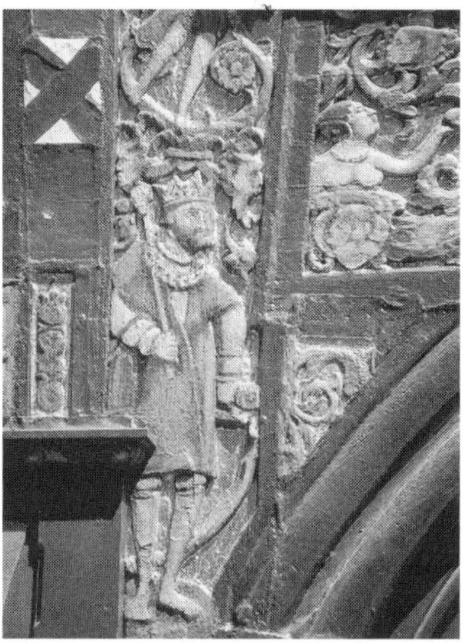 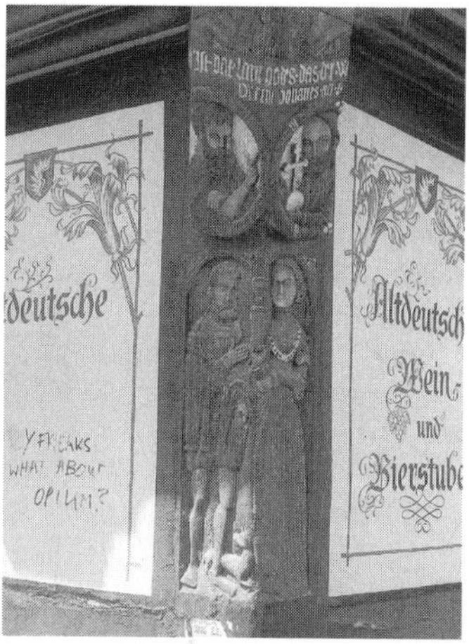

Göttingen, Weender Straße 62 (links) und die Junkernschänke in der Barfüßerstraße 5 (rechts).

stehen. In ihrer Ausprägung folgen sie einem Stich Hans Burgmairs. Im Erdgeschoß, am Eckständer, sind ganzfigurig Gieselher Swanenflogel, Bürgermeister und Hausherr, sowie seine Gemahlin abgebildet, die das Haus 1541 erworben hatten. Weiter links sieht man die beiden alttestamentarischen Figuren Simson und Delilah.

Das Haus **Weenderstraße 62** errichtete Jürgen Hovet 1549. In Figuren- und Blattschmuck zeigt es sich der Junkernschänke eng verwandt. Der Beruf des Bauherrn – er war Wollhändler – und die Funktion des Gebäudes – es diente den Tuchmachern als Gildehaus – ist am Schmuck des Eingangstores abzulesen: dort sind Webgeräte – Webschiffchen und Kordel – dargestellt. Der Bauherr selbst ist, zusammen mit seinen drei Ehefrauen, an den Eckständern abgebildet.

Die Weenderstraße führt in südlicher Richtung zum Marktplatz, an dem das **Rathaus** liegt, dessen Baugeschichte bis ins letzte Drittel des 13. Jh. zurückreicht. Die Eingangslaube wurde um 1400 hinzugefügt.

Das Haus **Rote Straße 34**, das ansonsten stark verändert wurde, zeigt noch einige Baureste der Renaissance, so Bossenquader an Portal- und Fenstergewänden.

Die Häuser **Rote Straße 25** und **40** stammen aus dem 13. bzw. 14. Jh. Die **Nr. 25** wurde dendrochronologisch sogar in das Jahr 1276 datiert; es ist damit der älteste derzeit bekannte Fachwerkbau Norddeutschlands.

Die Nebenstrecke führt auf der Bundesstraße 3 nach **Northeim**, das einige Fachwerkbauten des 15. und 16. Jh. zu bieten hat (Am Scharpenstiel 9 und 15, Holzhausstr. 28, Entenmarkt). Die Häuser der Renaissance sind recht schlicht und weisen nur teilweise Ornamentformen wie Rankenmotive und Fächerrosetten auf.
Die spätgotische Pfarrkirche **St. Sixti** (1464) besitzt vor allem spätgotische Ausstattungsstücke, darunter als Prunkstück den Hauptaltar von 1420/30. Der sogenannte Marienaltar gehört dem beginnenden 16. Jh. an, wird aber von einem spätgotischen Maßwerkbaldachin gerahmt.

Die Nebenstrecke endet in **Einbeck**, wo es besonders reich dekorierte und qualitätvolle Fachwerkfassaden zu besichtigen gibt. Die Bauten stammen zum größten Teil aus der zweiten Hälfte des 16. Jh., da ein Großbrand 1540 ältere Bausubstanz fast vollständig zerstört hatte; einen kleineren Brand erlebte die Stadt noch einmal 1549. Beim Wiederaufbau in den folgenden Jahren wurden die Fachwerkhäuser zumeist traufenständig zur Straße errichtet, was für bürgerliche Wohnbauten sehr ungewöhnlich ist. In anderen Städten, z.B. Lemgo oder Höxter, ist von wenigen Ausnahmen abgesehen die giebelständige Konstruktion die Regel. Aber hier ging trotz reich geschnitzter Fassaden der Wiederaufbau sparsam vonstatten: Man baute die Häuser streng der Reihe nach auf und lehnte immer eines mit nur drei (statt vier) Außenwänden an ein schon fertiges Haus an.

In der **Tiedexerstraße** ist noch auf der nördlichen Straßenseite eine geschlossene Häuserzeile des 16. Jh. erhalten. Die Wohnhäuser bestehen aus einem hohen Erd- und darüberliegendem Speichergeschoß. Etwa ab 1600 erfolgte eine stärkere Aufteilung des hohen Hallengeschosses in mehrere Geschosse. Der Schnitzschmuck der Bauten zeigt hier schon sehr früh Fächerrosetten.

An der Ecke Markt-/Knochenhauerstraße steht das imposante **Eicke'sche Haus** (Nr. 13). Es wurde um 1610 errichtet. Die Relieffiguren an den Ständern und Brüstungsbohlen sind dem christlich-humanistischen Bildungsgut entnommen. Zum Pro-

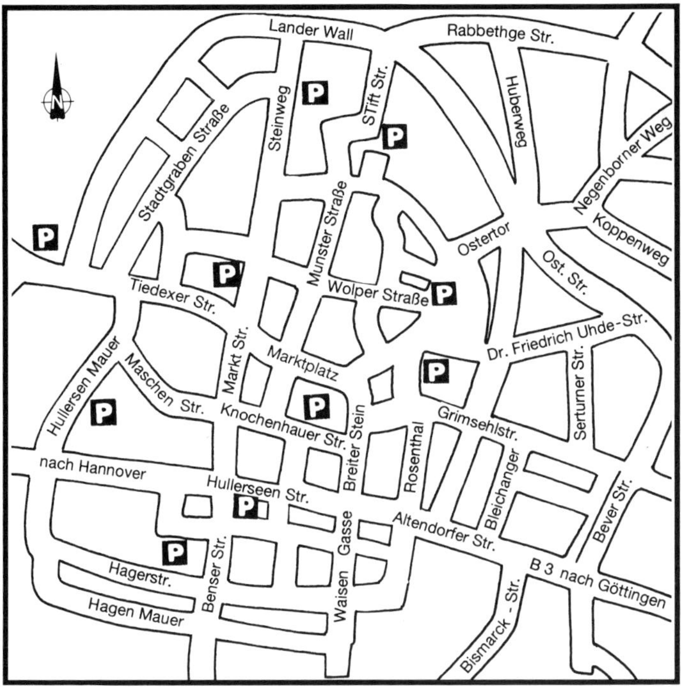

Einbeck, Plan der Innenstadt.

gramm gehören die Sieben Freien Künste (Artes liberales), die Evangelisten, die Apostel sowie Christus, die fünf Sinne, Planetengottheiten und Musen. Sie wurden nach bekannten Druckgraphiken der Zeit gearbeitet (Marten de Vos, Hendrik Goltzius).
Die Schnitzereien wurden 1890 bis 1894 stark überarbeitet. Die Arbeiten stehen unter dem Einfluß der Hildesheimer Schnitzkunst (vgl. Knochenhauer Amtshaus) und der Alfelder Lateinschule.

Haus Marktstraße 26, dessen reiche Ornamentierung ins Auge springt, stammt von 1552.

Die Marktstraße erweitert sich in der Mitte des Ortes zum **Marktplatz**, den zahlreiche Häuser aus dem 16. Jh. säumen. An der Südseite des Platzes erhebt sich das Fachwerk-**Rathaus** mit

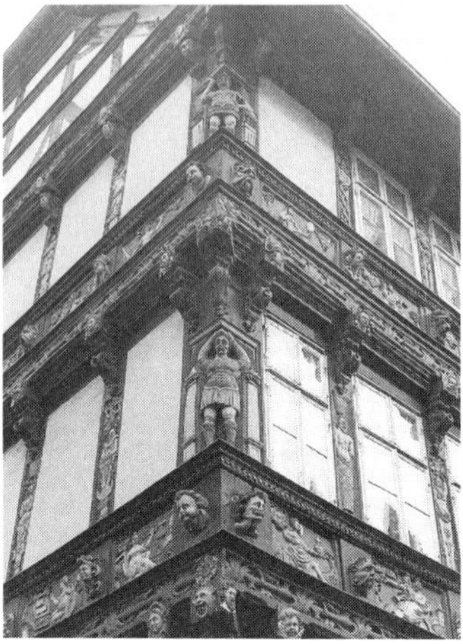

Einbeck, Eicke'sches Haus mit zahlreichen figürlichen Schnitzereien.

Steingeschoß, es wurde ebenfalls direkt nach dem Stadtbrand wieder aufgebaut. Zur Marktseite hin sind drei Vorbauten vor die Mauerflucht gesetzt, von denen einer die Eingangstreppe enthält. Innen weist das Trauzimmer noch eine Stuckdecke des 16. Jh. auf.

Nördlich vom Rathaus steht das **Brodhaus** von 1552. Das ehemalige Gildehaus der Bäcker ist das einzige erhaltene Gildehaus der Stadt.

Westlich vom Rathaus liegt die alte **Ratswaage** von 1565 mit den für Einbeck typischen Vorhangbogenfenstern.

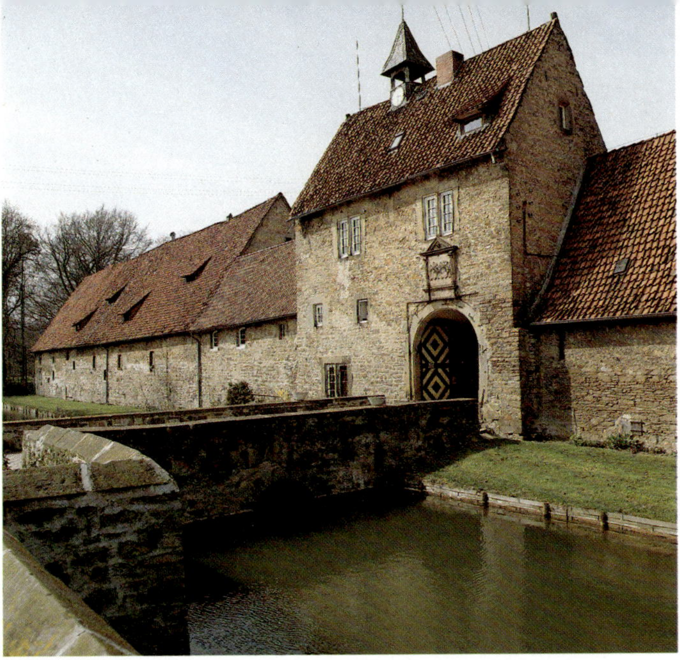

1 Apelern, Münchhausenhof. Der Gutshof ist noch als vollständige Anlage erhalten. Textteil Seite 83.

2 Blomberg, Amtshaus. Der reichverzierte Fachwerkbau, direkt vor dem Schloß Blomberg gelegen, wurde 1572 als Pforthaus errichtet. Textteil Seite 157.

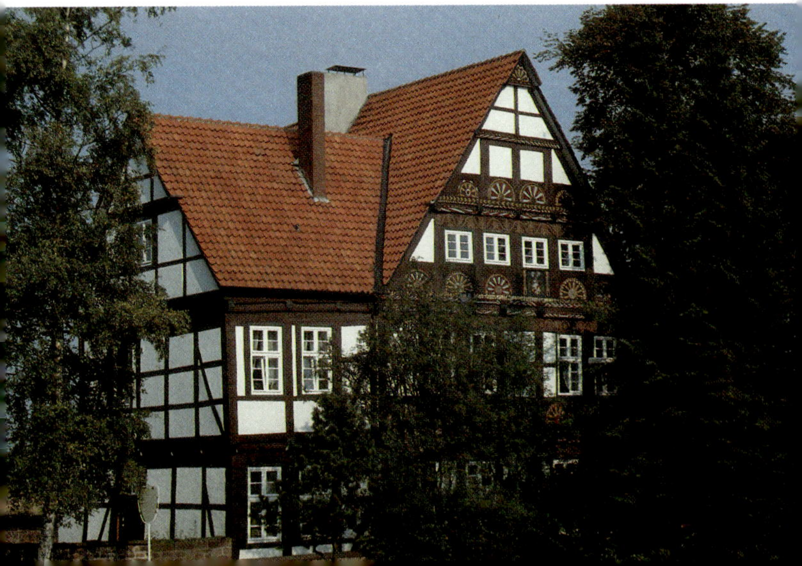

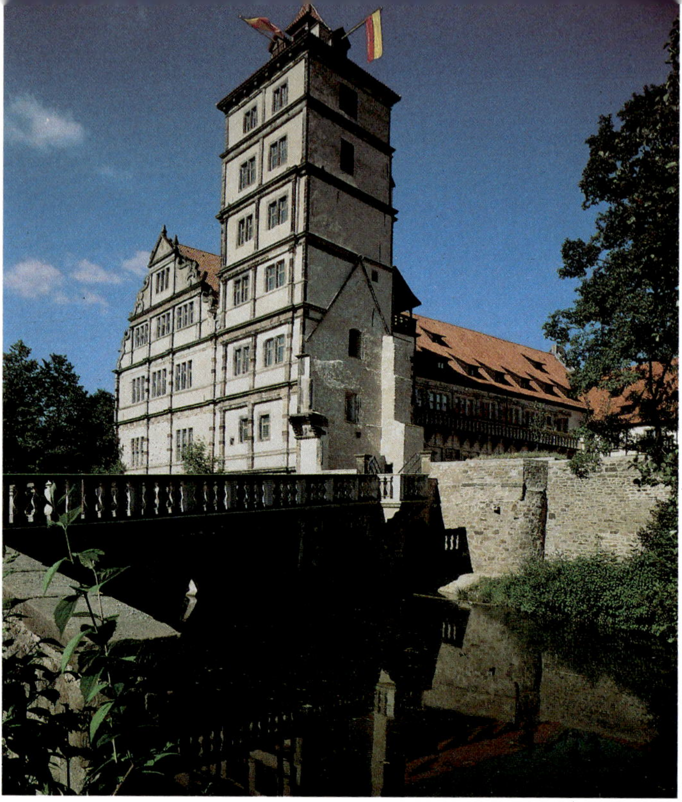

3 Brake, Schloßturm und Nordgiebel. Seit 1989 Sitz des Weserrenaissance-Museums. Im Turm befinden sich die ehemaligen Privatgemächer des Schloßherrn Graf Simon VI. zur Lippe. Die Abbildung unten zeigt eines der Turmzimmer – vielleicht das Schlafzimmer des Grafen. Textteil Seite 127.

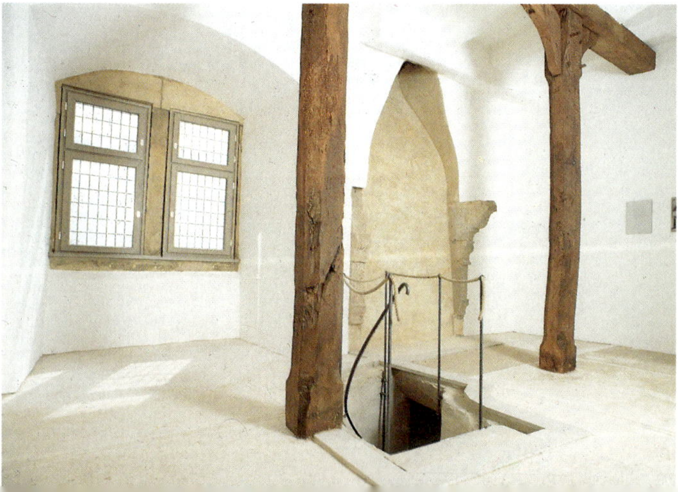

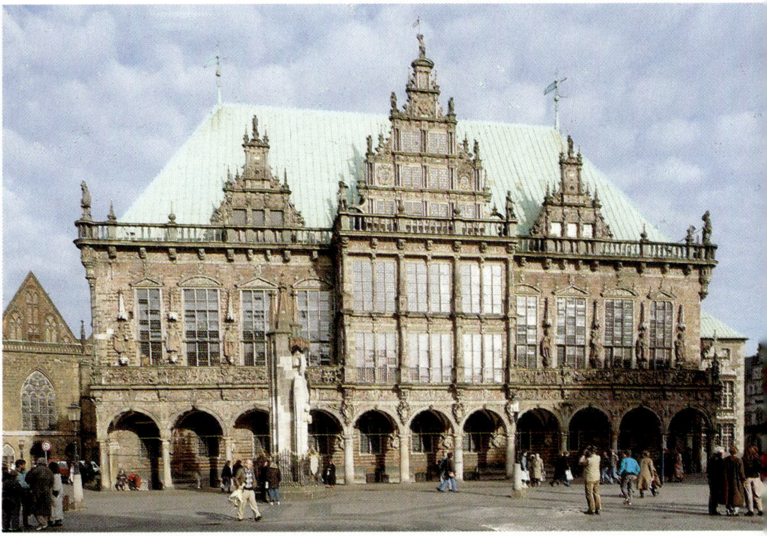

4 Bremen, Rathaus. Das imposante Gebäude am Marktplatz kündet noch heute von dem Selbstbewußtsein des reichen Bürgertums der Hansestadt im 16. und 17. Jh. Textteil Seite 17.

5 Detmold, Schloß. Das Residenzschloß der Lipper Grafen, inmitten der Altstadt gelegen, wird noch heute von der Familie zur Lippe bewohnt. Textteil Seite 145.

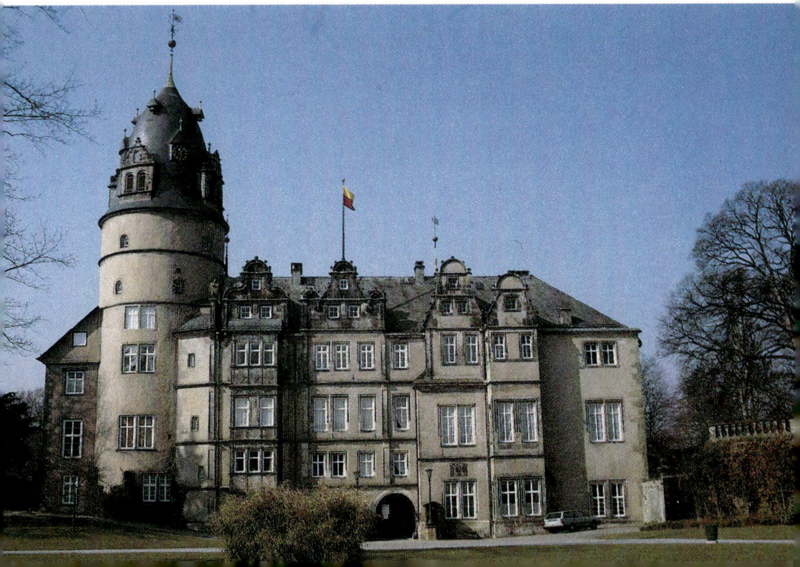

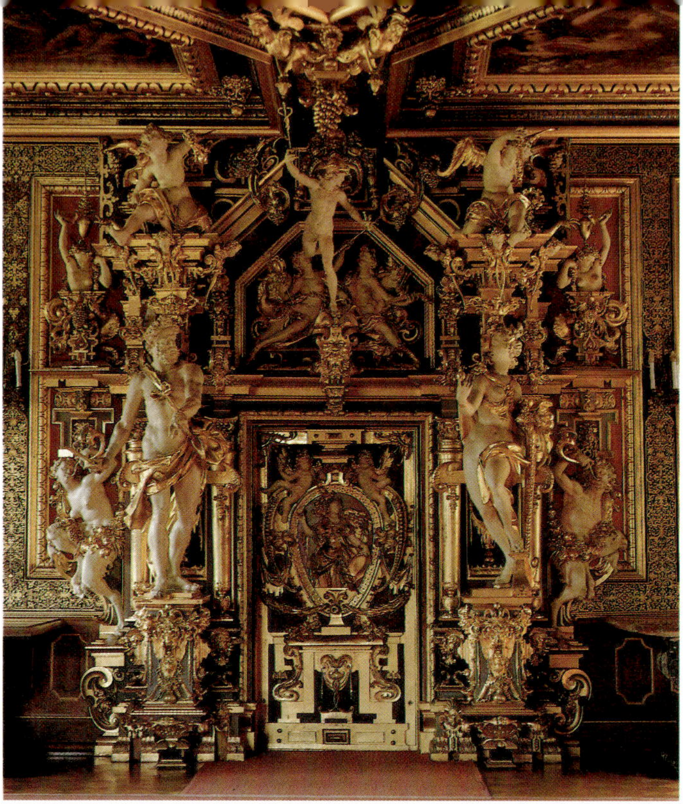

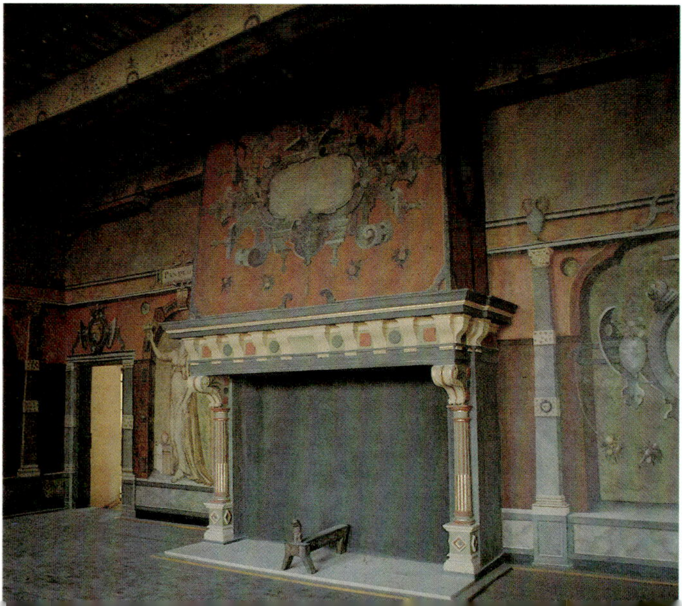

6 Bückeburg, Schloß. Der sehr kunstinteressierte Fürst Ernst III. v. Schaumburg-Holstein ließ es zu Beginn des 17. Jh. mit einer verschwenderischen Fülle an vergoldeten Schnitzereien, Malereien und Wandvertäfelungen ausstatten. Die Abbildung zeigt den Eingang zum „Goldenen Saal" (links oben). Textteil Seite 58.

7 Hannoversch Münden, Schloß. Römergemach im dritten Obergeschoß (links unten). Textteil Seite 209.

8 Bückeburg, Stadtkirche. Sie ist einer der bedeutendsten Kirchenbauten der Renaissance in Deutschland. Textteil Seite 60.

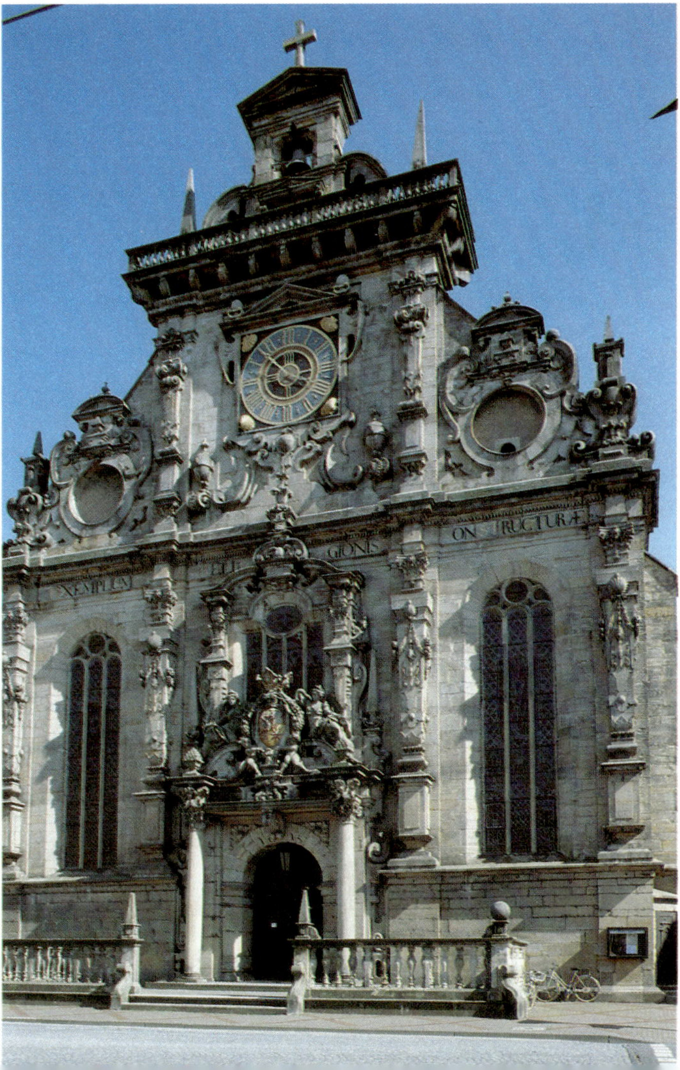

9 Hameln. Sogenanntes Stiftsherrenhaus (Fachwerkbau) in der Osterstraße. Rechts daneben das Leistsche Haus. In diesen Häusern ist heute das Museum der Stadt angemessen untergebracht. Textteil Seite 96.

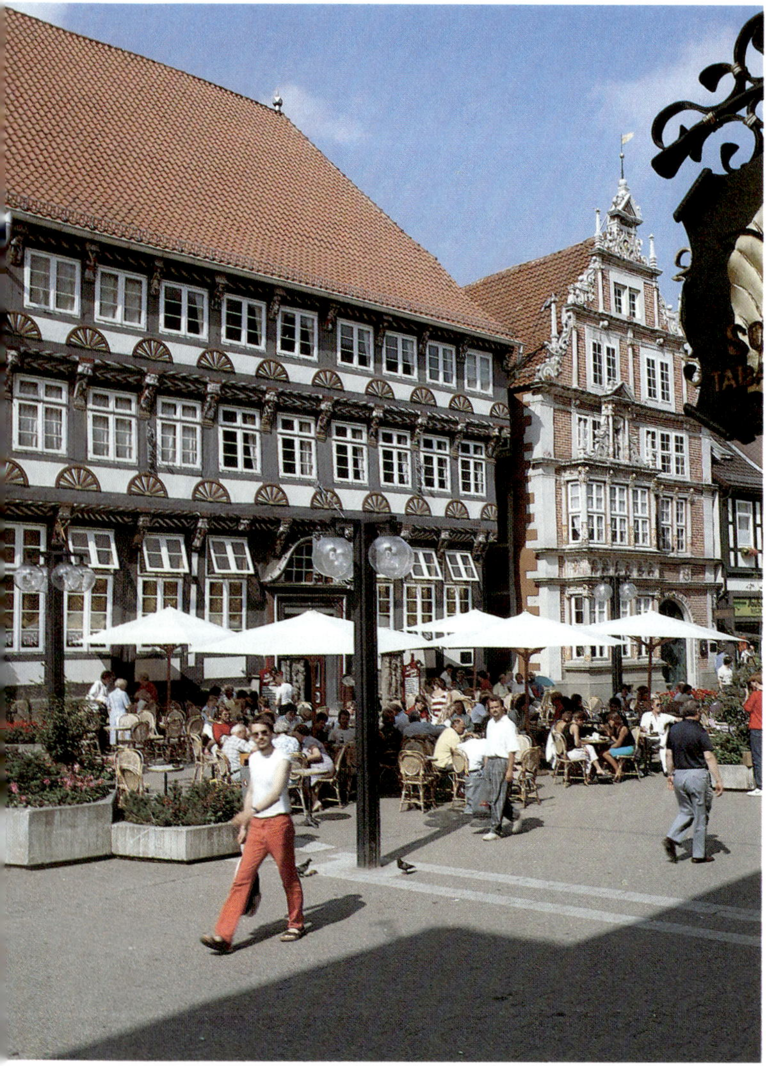

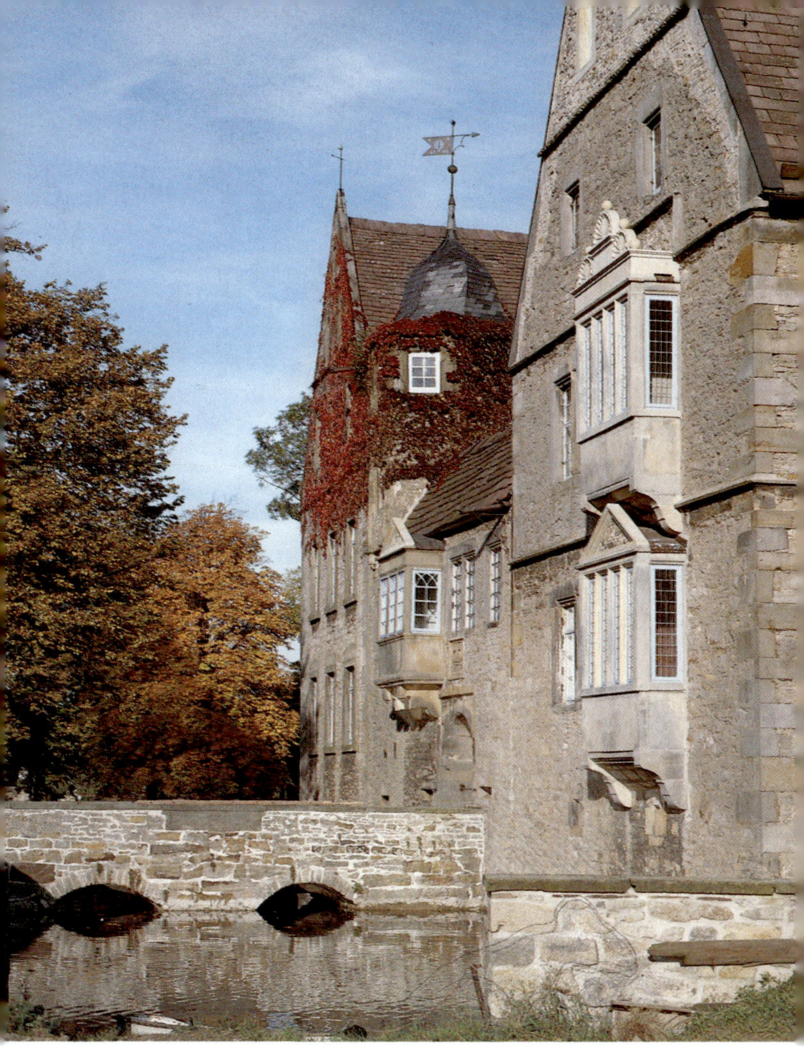

10 Hülsede, Schloß. Es war Wohnsitz des Söldnerführers Klaus von Rottorp. Die Dachböden, wo sich noch heute Kamine befinden, sollen als Truppenunterkünfte gedient haben. Textteil Seite 86.

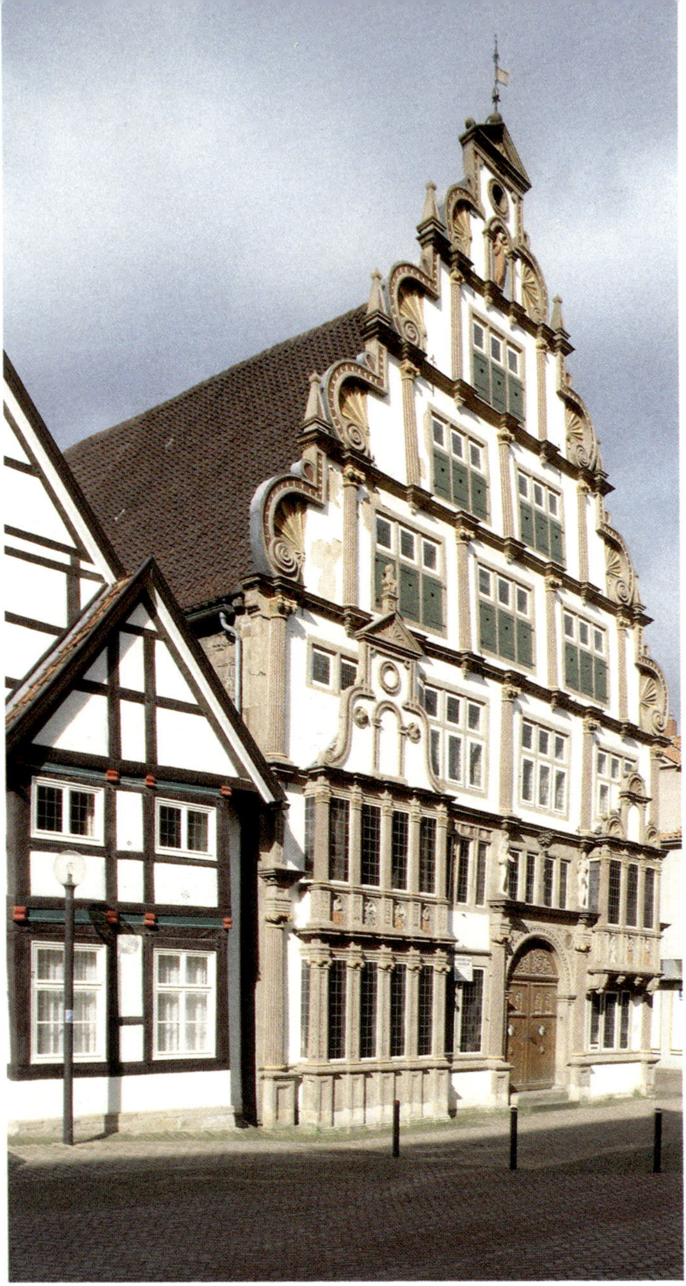

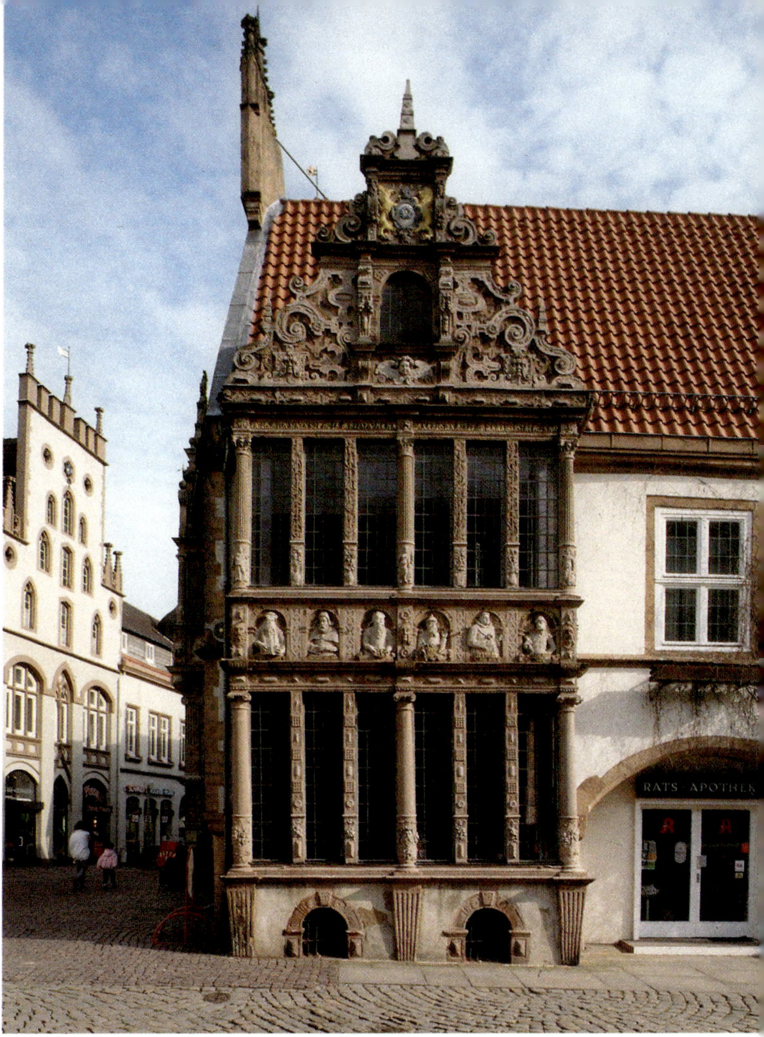

11 Lemgo, Rathaus mit Apothekenerker. Wohl kein Stadtbild in Deutschland ist so geprägt durch Renaissancegebäude wie das Lemgos (oben). Textteil Seite 122.

12 Lemgo, Hexenbürgermeisterhaus. Es erhielt seinen Namen durch den Bürgermeister Hermann Kotmann, der durch seine zahlreichen Hexenprozesse „berühmt“ wurde und in der zweiten Hälfte des 16. Jh. hier lebte. Heute Museum (links). Textteil Seite 115.

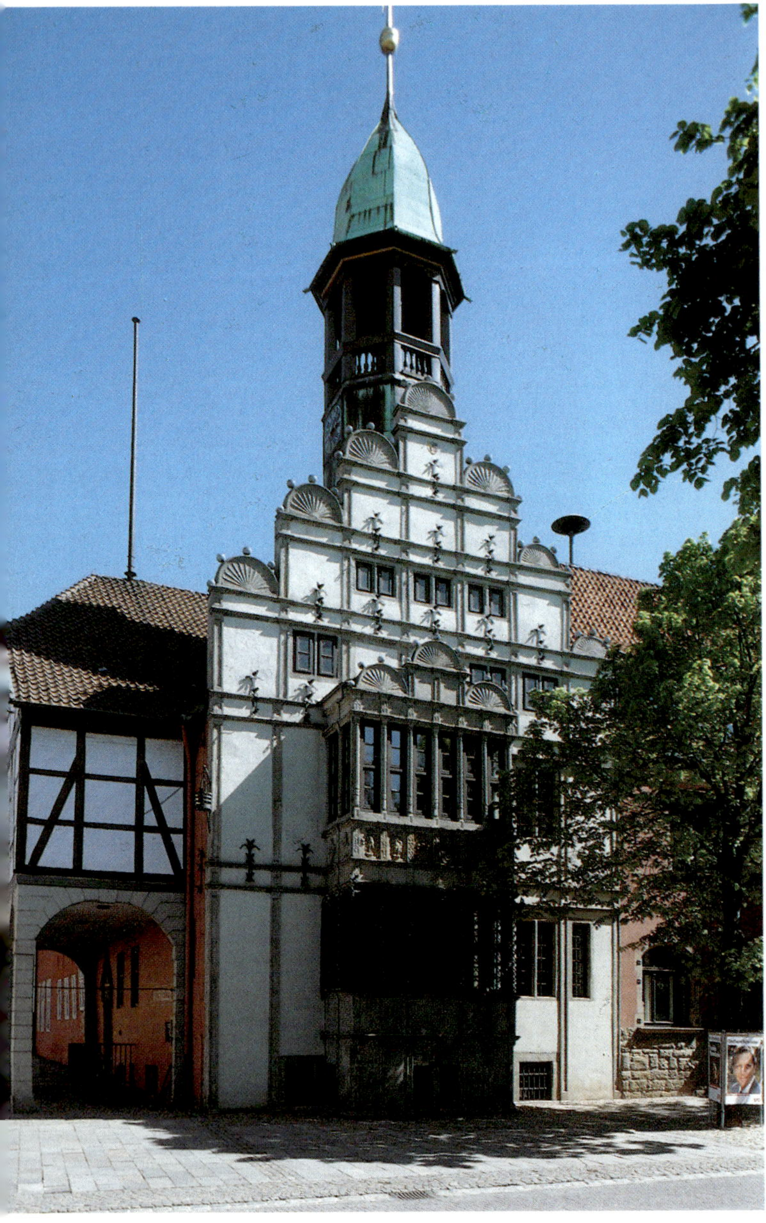

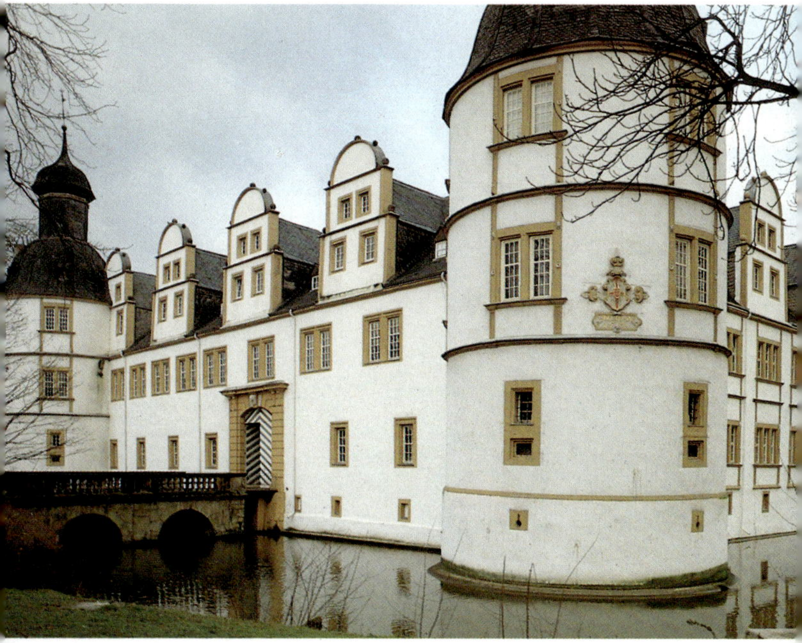

13 Schloß Neuhaus bei Paderborn, Südflügel. Jörg Unkair, ein Baumeister aus Süddeutschland, begann ca. 1522 mit dem Bau des Schlosses, das erst 1591 nach mehreren Bauphasen fertiggestellt wurde. Jörg Unkair war der erste Baumeister der Weserrenaissance. Zu seinen Werken zählen auch Schloß Petershagen und Schloß Detmold (oben). Textteil Seite 163.

14 Nienburg, Rathaus. Halbkreisaufsätze mit Muschelfüllungen und Kugelbesatz zieren den Giebel und die Auslucht (links). Textteil Seite 34.

Seite 228

15 Petershagen, Schloß. Blick in den Innenhof mit Treppenturm (oben). Textteil Seite 39.

16 Thedinghausen, Schloß. Nahe bei Bremen ließ es der Bremer Erzbischof J. Friedrich von Holstein-Gottorp 1613 für seine Geliebte errichten (unten). Textteil Seite 28.

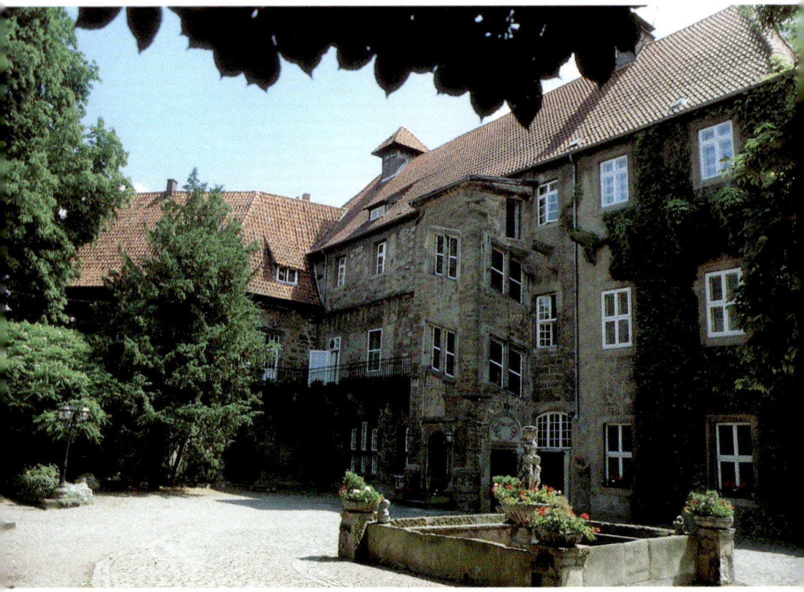

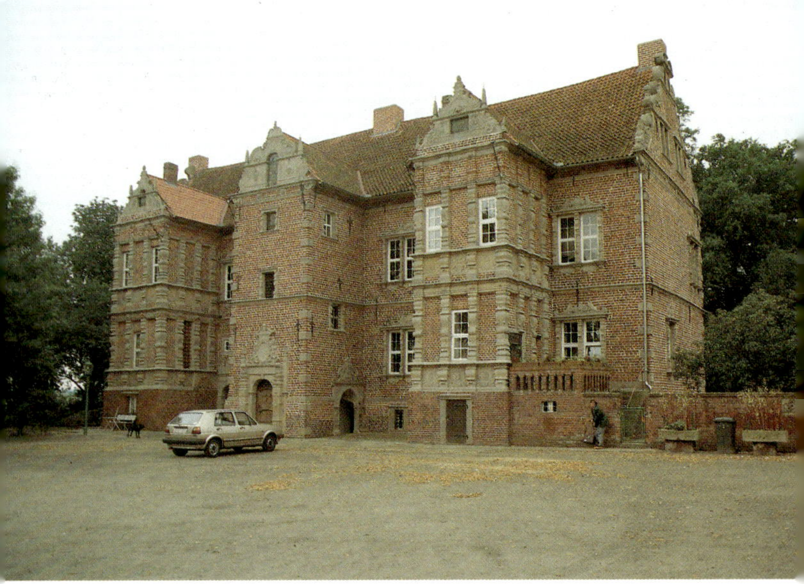

Abseits der Straße der Weserrenaissance

Abseits der Strecke liegt noch eine Vielzahl weiterer Orte mit bedeutenden Bauten der Weserrenaissance. Auf die wichtigsten soll an dieser Stelle zumindest hingewiesen werden:

Besonders reich mit Figuren ausgestattet ist die Fassade der **Lateinschule in Alfeld** (1609–1612): Die Darstellungen biblischer und antiker Helden, der Musen und der fünf Sinne, die Andreas Steiger schnitzte, schmücken die gesamten Brüstungsplatten. Das **Rathaus**, im 14. Jh. errichtet, wurde zwischen 1584 und 1586 um eine Etage aufgestockt und mit einem Treppenturm versehen. Den Umbau besorgte Johann Edeler.

Braunschweig: Am **Burgplatz 2a** steht ein Patrizierwohnhaus von 1526, das an anderer Stelle errichtet, 1902 hierher versetzt wurde. Das Fachwerk des Obergeschosses zeigt reiche Schnitzereien: Planeten, Narren, Bettler und wilde Tiere. Das Haus ist ein frühes Beispiel der Renaissance.

Wolfenbüttel: Die evangelische **Hauptkirche Beatae Mariae Virginis** steht innerhalb eines im 16. Jh. angelegten Stadtteils. 1608 begonnen, zog sich die Vollendung der dreischiffigen Kirche mit Westturm bis 1626 hin. Den Entwurf eines Hallenraumes schuf Paul Francke. Bedeutend sind vor allem die zahlreichen Relieffiguren am Außenbau. Zusammen mit der Bückeburger Stadtkirche und der Michaelskirche in München gehört sie zu den wenigen überregional bedeutenden Sakralbauten der Renaissance in Deutschland. Das im Barock stark veränderte herzogliche **Schloß** war schon zuvor, zwischen 1555 und 1560, zu einer Renaissance-Anlage erweitert worden. Hiervon sind allerdings nur noch die Mauersubstanz und der Hausmannsturm erhalten, der ursprünglich vor dem Flügel im Nordosten stand und erst später mit einbezogen wurde. Paul Francke ist auch für die Errichtung des **Zeughauses** am Schloßplatz (1613–1619), verantwortlich, das sich durch Zwerchhäuser, Rollwerk und Zwillingsrechteckfenster auszeichnet. Historistische Renaissanceformen bestimmen das Äußere und das Innere der **Herzog-August-Bibliothek** am Lessingplatz, 1882–1886 von C. Müller und G. Bohnsarg errichtet.

Schloß Wolfsburg: Stammsitz der Herren von Bartensleben seit dem 12./13. Jh. Drei der wohl ursprünglich vier Trakte der Anlage wurden nacheinander während des 16. Jh. errichtet und

1610 teilweise umgestaltet. Der Westflügel wurde 1838 hinzugefügt. Der Ostflügel, ältester Teil der Anlage, ist mit Zwerchgiebeln und einem in Dachhöhe umlaufenden Gang versehen, von dem nur noch die Kragsteine übrig sind. Die Fenster besitzen Giebelbekrönungen. Alle Flügel stellen selbständige Bauglieder mit unterschiedlich hohem Dachansatz dar. Im Innenhof stehen drei Treppentürme in den Winkeln; am Südflügel, der 1610 umgestaltet wurde, eine Auslucht und ein Erker. Dieser Trakt ist der Hauptflügel der Anlage, eine Hofstube, einen Saal und die Amtsstube umfassend. Ein Raum im zweiten Obergeschoß ist komplett mit sehenswerten Stuckreliefs ausgestattet. Die gerahmten Wandfelder, die von Karyatiden abgeteilt werden, enthielten ursprünglich wohl Wandmalereien, die sich vielleicht thematisch auf den Jagdfries darüber bezogen haben.

Gifhorn: Eine ältere Burganlage wurde 1519 in der Hildesheimer Stiftsfehde stark zerstört. Der Ausbau zum heutigen Schloß erfolgte im wesentlichen im zweiten Viertel des 16. Jh. durch den Baumeister Michael Claren und seinen Sohn (beide waren auch am Schloß in Schwerin und am Fürstenhof in Wismar tätig) für den Herzog Franz von Braunschweig-Lüneburg, der von seinem Bruder mit Gifhorn 1539 abgefunden worden war. Die Freitreppe im Hof führt zur Schloßkapelle im Nordosten. Ursprünglich war das Schloß von mächtigen Wehranlagen mit Eckbastionen umgeben, die denen des Schlosses Bad Pyrmont vergleichbar waren.

In der Fußgängerzone am Steinweg, Haus Nr. 3, steht das sogenannte **Kavalierhaus.** 1540 erbaut, wird es oft aufgrund der Formähnlichkeiten zum Schloß ebenfalls Michael Claren zugeschrieben. Der Giebel der Steinfassade, die vor ein Fachwerkgebäude gesetzt wurde, zeigt Viertel- und Halbkreisaufsätze mit Kugelbesatz. Rechts steht eine Auslucht, der links ein heute nicht mehr erhaltenes Tor gegenüberstand. Die Jahreszahl 1613 bezieht sich auf einen späteren kleineren Umbau.

Schloß Celle: Bedeutende Bauabschnitte fallen in die zweite Hälfte des 14. und zweite Hälfte des 15. Jh. Eine umfassende Umgestaltung und Ausbau der Anlage erfolgte im 16. Jh., ab 1533 (Baumeister F. Soltesburg, später Michael Claren). Der Ostflügel hat das Aussehen dieser Bauphase mit halbkreisbekrönten Zwerchgiebeln und Portraitmedaillons am südöstlichen Kapellenturm noch bewahrt. Die restlichen Flügel wurden im Barock umgestaltet, aus dieser Zeit stammt auch ein Großteil

der inneren Ausstattung sowie das Schloßtheater. In vollständiger Renaissanceausstattung ist die Schloßkapelle von besonderer Bedeutung. Ab 1560 Einbau der Empore, Kanzel und Orgel sowie des ornamentalen Schmucks und der Malereien (von dem niederländischen Meister Marten de Vos aus Antwerpen und dem Münsteraner Künstler Ludger tomRing), während Fenster und Gewölbe noch der Bauzeit aus der Mitte des 15. Jh. angehören.
Ebenfalls ein Werk Frederic Soltesburg (später J. Reis) ist das **Rathaus**, das etwa zwischen 1560 und 1579 entstand. Die illusionistische Architekturmalerei ist nach 1610 aufgemalt, 1697 überarbeitet und in den 20er Jahren des 20. Jh. nach Originalbefunden rekonstruiert worden.

Schloß Tatenhausen (Kreis Gütersloh): Die dreiflügelige Anlage wurde 1540/41 (dendrochronologische Datierung) erbaut. Die schlichten Halbkreisaufsätze mit Kugelbesatz und der kombinierte Dreiecks- und Staffelgiebel (vgl. Schelenburg) im Nordosten zeigen sehr auffallende Ähnlichkeiten zu Bauten Jörg Unkairs. Auch die Dachwerkkonstruktion ist der des Schlosses Schelenburg ähnlich. Westflügel und Eckturm wurden im 17. Jh. umgestaltet.

Schloß Holtfeld (Kreis Gütersloh): Der einflügelige Schloßbau, zu dem man durch einen zweigeschossigen, massiven Torbau (Anfang 17. Jh.) gelangt, wurde für die Herren von Wendt zwischen 1599 und 1602 von Johannes Brachum erbaut. Der südliche Giebel, der vollständig mit Beschlagwerk überzogen ist, das auch die Staffelfüllungen füllt, ähnelt dem Giebel des Schlosses Thienhausen. Der schlichte südwestliche Turm war ursprünglich mit einer welschen Haube abgeschlossen.

Bielefeld: Nur sehr wenige Bauten des 16. Jh. haben in dieser Stadt den Zweiten Weltkrieg überstanden.
Der **Spiegelsche Hof** an der Kreuzstraße (Nr. 20) wurde 1540 (Inschrift) erbaut und zeigt die für diese Zeit typischen Halbkreisaufsätze.
Nicht weit entfernt, am Nebelswall, wurde um 1600 der sogenannte **Grestsche Hof** errichtet. Das zweigeschossige Gebäude mit polygonalem Treppenturm wurde 1870, im Historismus, von dem Kölner Architekten Raschdorff um einen Neorenaissanceanbau erweitert. (1906 nochmals erweitert)
Am alten Markt (Bankhaus Lampe) wurde ein Giebel des zerstörten Hauses Obernstraße 29 wiederverwandt. Schmale Her-

menpilaster teilen die volutengerahmten Staffeln ab, und die Goldinschrift auf der Attikazone zwischen Giebel und zweitem Obergeschoß gibt das Baujahr 1593 an und wahrscheinlich den Namen des Bauherrn, Johann Brunger. Das Nachbarhaus von 1680 erinnert in seinen Formen noch sehr an die Renaissance.

Die **Schelenburg** (bei Osnabrück) ist der zweite gesicherte Schloßbau Jörg Unkairs. Sie wurde 1530–32, nach Schloß Neuhaus, errichtet. Der Baumeister baute neben einem mittelalterlichen Turm mit Wehrgang ein etwa 1490 entstandenes Wohngebäude zu dem heutigen Renaissanceflügel mit Zwerchgiebeln und Halbkreisaufsätzen um. Im Hof führt ein für Unkair typisches Portal ins Innere des Gebäudes. Darüber sitzt ein riesiges Kreuzstockfenster, das einen Treppenturm beleuchtet, der durch die geschaffene Verbindung zum mittelalterlichen Turm in das Innere des Gebäudes gerückt wurde. Der nördliche Langflügel mit Stallungen im Erdgeschoß wurde um 1570 errichtet, der südliche Eingangsflügel im Barock hinzugefügt.

Ähnlichkeiten zu Schlössern Jörg Unkairs zeigt das **Schloß Elmarshausen** (Wolfhagen bei Kassel), das etwa 1534–44 von dem Feldmarschall Hermann von der Marlsburg begonnen (Westflügel) und dessen Ausstattung erst 1563 von dessen Sohn Christoph vollendet wurde. Nicht nur die Bauformen (schlichte Halbkreisaufsätze), sondern auch die Steinmetzzeichen sind zu Schlössern Jörg Unkairs identisch. Zu Wohnzwecken war auch das Dachgeschoß ausgebaut, in dem sich mehrere Kamine befinden und einige Stuckdecken befanden (1980 zum Teil zerstört) sowie Farbfassungen erhalten haben.

Aus einem Kloster entstanden ist das **Juleum**, das ehemalige Gebäude der Universität **Helmstedt**, das von Paul Francke in der zweiten Hälfte des 16. Jh. gebaut wurde. Die beiden einander gegenüberliegenden Gebäude wurden als Kollegienhäuser bereits in den 70er Jahren errichtet. Der nördlich davon stehende Auditoriumsbau (1592–97) mit Treppenturm vor der Gebäudemitte enthielt den Hörsaal und die Bibliothek. Herzog Heinrich Julius von Braunschweig-Wolfenbüttel gründete die Universität, die 1810 wieder aufgelöst wurde. Der zahlreiche Bauschmuck zeigt Personifikationen der vier hier existierenden Fakultäten. Theologie: Fides, Philosophie: Spes, Justitia: Jura, Medizin: Prudentia sowie Darstellungen von fünf freien Künsten.

Schloß Leitzkau (bei Magdeburg): Das ehemalige Prämonstratenser-Kloster wurde ab 1564 von der Familie Münchhausen zum Schloß umgebaut. Die Anlage bestand aus dem sogenannten Althaus, dem östlichen Trakt (zerstört) und dem Neuhaus im Westen mit Zwerchgiebeln und einer Auslucht (1595). Im Süden liegt die Kirche, im Norden Wirtschaftsgebäude. Das Schloß wurde im Zweiten Weltkrieg stark zerstört. Nördlich vom Althaus steht das sogenannte Hobeckschloß, beide Gebäude verband eine noch erhaltene viergeschossige Loggia (1580–85).

Schloß Herzen (bei Osterwieck): Ein Bau der Herzöge von Braunschweig. Er ist mit seinem um 1570/90 ausgebauten Schloßturm (Raum mit Groteskenmalerei), Altanen und Arkaden dem Schloß Brake bei Lemgo vergleichbar.

Glossar

Ädikula (lat. Häuschen): Architektonische Rahmung um Portale, Fenster, Reliefs usw.

Allegorie: Darstellung eines abstrakten Begriffs, häufig durch eine Menschengestalt (= Personifikation), die mit den entsprechenden Attributen ausgestattet ist.

Apsis (griech. Bogenwendung): Halbkreisförmiger oder vieleckiger (polygonaler) Abschluß einer Kirche. Meist im Osten (Chor).

Architrav: Den Oberbau tragender Steinbalken über Säulen, Pfeilern oder Pilastern.

Arkade (lat. arcus = Bogen): Bogenstellung, d.h. ein auf Stützen (Pfeiler oder Säule) ruhender Bogen.

Attika: Mauerzone über dem Gesims eigentlich einer Säulenreihe, in der Renaissance auch innerhalb eines Wandaufbaues.

Auslucht: Ein vom Erdboden aufsteigender, meist mehrgeschossiger Vorbau.

Auskragung: Das Vorspringen eines Bauteils vor die Mauerflucht.

Balustrade: Geländer, das aus Balustern (einzelnen Stützgliedern) besteht, die den Handlauf tragen.

Basilika: (Ursprünglich im Römischen Reich langrechteckige Halle für Märkte und Gerichtsverhandlungen) Kirche in Form einer Säulenhalle mit einem erhöhten Mittelschiff und zwei niedrigeren Seitenschiffen. Im Osten häufig durch eine Apsis abgeschlossen (selten Apsis im Westen). Das Mittelschiff wird durch eine Fensterzone in der Wand über den Seitenschiffdächern (Obergaden) beleuchtet.

Beschlagwerk: Ornament, bestehend aus symmetrisch angeordneten Bändern und Leisten, die die Illusion von aufgenagelten Eisenbändern erzeugen (im 16. und 17. Jh.). Manchmal sind auch Niet- und Nagelköpfe angedeutet.

Blendarkade: (blend = blind) Nicht durchfenstert, nicht freistehend; unmittelbar der Wand aufliegender Zierbogen.

Blendmaßwerk: Unmittelbar der Wand aufliegendes Maßwerk.

Bosse: Unbehauener, roher Stein, unbearbeitete Steinfläche eines Quaders, s.auch Kerbschnitt-Bossensteine.

Bauspolie: Älteres Bauglied, das aus seinem ursprünglichen Zusammenhang herausgenommen wurde.

Bruchstein: In seiner Rohform versetzter Stein.

Dendrochronologie: (= dendrochronologische Datierung): Bauhölzern werden Bohrproben entnommen. Die Jahresringe vergleicht man mit Standardkurven und kann so das genaue Fälldatum des Holzes ermitteln. Da Holz ein sehr kostbares Baumaterial war, wurde es immer frisch verarbeitet. So erhält man eine sehr genaue Datierung des Gebäudes.

Diamant: Ornamentaler Bauschmuck, der geschliffenen Diamanten oder Edelsteinen nachgebildet ist.

Dienst: Wandvorlage, als langes, schlankes Säulchen oder Halbsäulchen gebildet, das Gewölberippen oder Bögen unterstützt. Es kann auch als Betonung von Ecken (z.B. am Treppenturm) oder Wandgliederung vorkommen.

Dorisch: Siehe Säulenordnung.

Epitaph: Wanddenkmal für einen Verstorbenen.

Gebälk: Gesamtheit von Balken und Kranzgesims.

Gesims: Horizontales, vorspringendes Bauelement, das die Außenwand in Abschnitte gliedert. Grundform ist die waagerechte Begrenzung, es kann aber auch schräge Abdeckflächen besitzen oder unterschnitten sein. Man unterscheidet je nach Lage z.B. Gurt- oder Stockwerkgesims, Sockel- oder Dachgesims.

Gewände: Seitliche Umgrenzung der Fenster und Türen.

Hallenkirche: Mehrschiffiger Kirchenbau mit annähernd gleich hohen Schiffen (im Gegensatz zur Basilika).

Haustein: Zu Quadern verarbeiteter Naturstein.

Hermenpfeiler: (Hermenpilaster): Pfeiler (Pilaster), der sich nach unten verjüngt und oben mit einer Halbfigur (ursprünglich des Gottes Hermes) oder Kapitell abschließt.

Historismus: Stilepoche am Ende des 19. Jh. und beginnenden 20. Jh., in der Formen alter Stile wie Gotik, Renaissance und Barock wieder aufgegriffen werden.

Ionisch: Siehe Säulenordnung.

Kapitell (lat. capitulum, capitellum = Köpfchen): Ausladendes Kopfstück einer Säule oder eines Pfeilers mit unterschiedlichen Schmuckformen.

Kartusche: Aufwendig gerahmte Fläche, die Wappen, Initialen oder Sinnbilder trägt.

Karyatide (griech. aus Karyä = Tänzerinnen): Eine Stütze, die als Frauengestalt mit langem Gewand gebildet ist.

Kirchenschiff: Der Langbau einer Kirche. Es gibt einschiffige (Saalkirche) und mehrschiffige Kirchen, bei den letzteren werden die verschiedenen Schiffe durch Stützenreihen (Säulen oder Pfeiler) voneinander abgetrennt.

Knorpelstil: = Knorpelwerk: Dekoration aus knorpelähnlichen Formen. Hauptverbreitungszeit im 16. und 17. Jh. in Deutschland, dem Ohrmuschelwerk nah verwandt.

Kolonnade (frz. colonne = Säule): Säulengang mit einem Steinbalken (Architrav) als geraden oberen Abschluß.

Konsole: Aus einer Wand bzw. Pfeiler vorspringender Tragstein (im Steinbau Kragstein).

Lisene: Der Wand flach aufliegendes, vertikales Gliederungselement.

Manierismus: Stilbezeichnung für die Spätphase der Renaissance, in der widersprüchliche Stilelemente auftauchen.

Maßwerk: Ornamental ausgebildete, geometrische Fensterteilung: gotische Zierform.

Mensa: Deckplatte des Altares.

Metope: (griech.) Zwischenfeld in einem Fries, oft mit Bauplastik geschmückt.

Ohrmuschelstil: Dekorationsform, die an Ohrmuscheln erinnert (hauptsächlich 17. Jh.), dem Knorpelwerk eng verwandt.

Pfeiler: Mauerstütze mit quadratischem, rechteckigem oder polygonalem Grundriß. Es gibt auch kreisrunde Pfeiler, die aber im Vergleich zur Säule zwei grundlegende Unterschiede aufweisen. Es gibt keine Verjüngung, d.h. der Durchmesser nimmt nach oben zu nicht ab, keine Entasis, d.h. keine Schwellung des Schaftes kurz unterhalb der Schaftmitte.

Pilaster: = Wandpfeiler (Pfeiler s.o.).

Polygon: Vieleck.

Rähm: Rahmholz einer Fachwerkkonstruktion, waagerechtes Holz, das über den Ständern liegt.

Risalit: Über alle Geschosse vortretender Bauteil.

Rustika: Mauerwerk aus Quadern, deren Steinseite absichtlich rauh belassen wurde.

Säule: Sich verjüngende Stütze mit kreisförmigem Grundriß, gewöhnlich in Basis, Schaft und Kapitell gegliedert.

Säulenordnung: Proportionierung klassischer Säulen und Gebälke (griech). Man unterscheidet in der antiken griechischen Baukunst die dorische, die ionische und die korinthische Ordnung. Die Römer übernahmen (in etwas abgewandelter Form) diese Ordnung und entwickelten die toskanische Ordnung und die Kompositordnung (Verbindung von ionischer und korinthischer Ordnung). In der Renaissance erlangten diese Proportionierungen in der Baukunst erneut große Bedeutung.

Schlußstein: Stein im Scheitel des Bogens.

Stufenportal: Das Gewände tritt stufenförmig zurück.

Türsturz: Waagerechter oberer Abschluß einer Tür.

Utlucht: Siehe Auslucht.

Volute (frz.): Verzierung in Spiral- oder Schneckenform, tritt häufig an Kapitellen, Konsolen oder Giebeln auf.

Westwerk: Bauteil im Westen einer romanischen Kirche (oder älter), bestehend aus einem mittleren dreigeschossigen (quadratischen) Raumschacht, der an drei Seiten von (zweistöckigen) Emporen umgeben ist, die durch Treppen miteinander verbunden sind. Die Emporen öffnen sich zum Mittelschiff. Der mittlere Raumschacht ähnelt in seiner Außenerscheinung einem Turm. Die ursprüngliche Funktion dieses Baukörpers ist bis heute nicht geklärt. Die einzigen nachweisbaren Beispiele sind neben Corvey St. Pantaleon in Köln und Maursmünster im Elsaß.

Zahnschnitt: Friesartige Reihung klötzchenähnlicher Elemente.

Zentralbau: Baukörper mit gleichlangen Hauptachsen. Grundformen sind: Kreis, Quadrat oder Polygon und das griechische Kreuz.

Zwerchhäuser (= Lukarne) Über dem Dachgesims aufsteigender, nicht zurückgesetzter Dachaufbau, versehen mit einem eigenen kleinen Dach und seitlichen Begrenzungen.

Zwillingsfenster: Gekuppelte Fenster, d.h. direkt nebeneinanderliegend und einander optisch zugeordnet.

Öffnungszeiten der Schlösser und Museen

SCHLÖSSER

Schloß Bevern:	Führungen: Apr.–Okt., So., 15 Uhr u.n.V., Tel.: 05531/707393 Sonderausstellungen, Öz: Di–Sa 14–17 Uhr, So 11–13 Uhr, 14–17 Uhr
Schloß Bückeburg:	Öz: tgl. 9–12 Uhr, 13–18 Uhr Mausoleum: Apr.–Okt. 9–17 Uhr
Schloß Bad Pyrmont:	Museum im Schloß Schloßstr. 13 Öz: Mi–Sa 15.30–18 Uhr, So 10–12 Uhr
Schloß Brake (Lemgo):	Wcserrenaissance-Museum Öz.: Di–So, 9–18 Uhr
Schloß Celle:	stündlich Führungen Öz: Fr 9–12, 14–16, Sa 9–11
Schloß Corvey:	Museum Höxter-Corvey Öz: 1.4.–31.10 tägl. 9–18 Uhr
Schloß Detmold:	Öz: Führungen von Nov.–März stündlich, im Sommer halbstündlich beginnend: 9.30–12 Uhr, 14–17Uhr
Schloß Dringenberg:	Öz: im Sommer So 10–12 Uhr, 14–17 Uhr Führungen jeden 1. Sonntag im Monat 10.30 Uhr u.n.V. mit dem Verkehrsverein
Schloß Fürstenberg:	Werksmuseum der Porzellanmanufaktur Fürstenberg Öz: März–Okt. Mo-Sa 9–17 Uhr So 10–12 Uhr
Schloß Gifhorn:	Museum Öz: Mi–Fr 14–18 Uhr, Sa u. So 11–17 Uhr
Schloß Hämelschcnburg:	Öz.: Apr.–Okt., Di–So 10–18 Führungen stündlich

Schloß Hann. Münden:	Museum des Kreises Öz.: Mai–Okt., Di–Fr 10–12 Uhr, 14.30–17 Uhr, Sa 10–12 Uhr, 14.30–16 Uhr, So 10–12.30 Uhr Von Mai bis Sept. finden zweimal wöchentlich Renaissanceführungen durch den Ort statt, die das Rathaus und das Schloß miteinbeziehen, Do., 10.30 Uhr, Sa., 14.30 Uhr, Treffpunkt am Rathaus
Schloß Neuhaus:	Städtische Galerie im Schloß Öz.: Di–Sa, 15–18 Uhr, So 10–13 Uhr, 15–18 Uhr Führungen auf Anfrage, Tel.: 05254/1605
Schloß Neustadt am Rübenberge:	Öz: Di–Fr 11–12 Uhr, Di, Do 14–15 Uhr, Sa, So 15–17 Uhr
Burg Rodenberg:	Heimatmuseum Öz: Sa, 15–17 Uhr, So, 10–12 Uhr
Schloß Wewelsburg:	Kreismuseum in der Burg, Öz: Di–Fr 10–12 Uhr, 13–17 Uhr, Sa. 13–18 Uhr, So. 10–12 Uhr Ab Sept. 1991 ist das Gebäude wegen Umbauarbeiten zum historischen Museum des Hochstifts Paderborn geschlossen, der Innenhof jedoch frei zugänglich Museum im Wachhaus an der Burg Öz.: wie Kreismuseum, bleibt geöffnet.
Schloß Wolfenbüttel:	Stadt- u. Kreisheimatmuseum Öz: Di–So 10–13 Uhr, Mi auch 15–17 Uhr Fr u. Sa außerdem 15–18 Uhr
Schloß Wolfsburg:	Heimatmuseum, Galerie Öz: Di–Fr u. So 9–17 Uhr, Sa 13–17 Uhr

MUSEEN

Bad Münder:	Heimatmuseum Kellerstraße 13 Tel.: 05042/3249 Öz: Apr.–Nov., Sa und jeden 1. So im Monat 15–18 Uhr
Bad Salzuflen:	Stadt- und Bädermuseum Lange Straße 41 Tel.: 05222/59766 Öz: Di–So 11–17 Uhr
Bodenwerder:	Heimatmuseum und Münchhausen-Zimmer Baron-Münchhausen-Museum Münchhausenplatz 1 (Rathaus) Tel.: 05533/2560 Öz: Mai–Okt. täglich 10–12 Uhr, 14–17 Uhr
Bremen	Bremer Landesmuseum für Kunst und Kulturgeschichte/Focke-Museum Schwachhauser Heerstr. 240 Tel.: 0421/4563575 Öz: Di–So 10–18 Uhr
	Roseliushaus Böttcherstr. 6 Tel.: 0421/321911 Öz: Mo–Do 10–16 Uhr, Sa u. So 11–16 Uhr
Bückeburg:	Schaumburg-Lippisches Heimatmuseum Lange Straße 22 Tel.: 05722/4868 Öz: Di–So 11–17 Uhr
Detmold:	Lippisches Landesmuseum Ameide 4 Tel.: 05231/25232 Öz: Di–Fr 9–12.30 Uhr 14–17.30 Uhr, Sa u. So 10–17.30 Uhr
	Westfälisches Freilichtmuseum Krummes Haus Tel.: 05231/706-0 Öz: 1.4. bis 31.10, Di–So 9–18 Uhr

Einbeck	Städtisches Museum Steinweg 11 Tel.: 05561/3161 Öz: Di-Fr 10–12 Uhr, 14–16 Uhr, Sa u. So 10–12 Uhr
Göttingen:	Städtisches Museum Ritterplan 7/8 Tel.: 0551/4002843 Öz: Di–Fr 10–13 Uhr, 15–17 Uhr, Sa u. So 10–13 Uhr
Hameln:	Museum Hameln Osterstr. 8–9 Tel.: 05151/202215 Öz: Di-Fr 10–17 Uhr, Sa u. So 10–13 Uhr, feiertags geschlossen
Helmstedt:	Kreismuseum im Juleum, Bötticherstraße Tel.: 05351/121281 Öz: Mo–Fr 9–11 Uhr, 15–17 Uhr Sa 15–17 Uhr, So 11–12.30 Uhr
Herford:	Städtisches Museum Deichtorwall 2 Tel.: 05221/189315 Öz: Di–Fr 11–13 Uhr, 15–17 Uhr, Sa 10–13 Uhr, So 10–13 Uhr, 15–17 Uhr
Höxter:	Siehe Schloß Corvey
Horn:	Siehe Burg Horn
Lemgo:	Hexenbürgermeisterhaus (Heimatmuseum) Breite Str. 19 Tel.: 05261/213276 Öz: Di-Fr, So 10–17 Uhr, Sa 10–13 Uhr
Minden:	Mindener Museum für Geschichte, Landes- und Volkskunde Ritterstr. 23-33 Tel.: 0571/23074 Öz: Di, Do, Sa u. So 10–12 Uhr, Fr, So 15–17 Uhr

Nienburg:	Nienburger Museum Leinstr. 48 Tel.: 05021/12461 Öz: Di–Do 10–13 Uhr, 15–17 Uhr, Fr, Sa, So 11–13 Uhr
Paderborn:	Museum in der Kaiserpfalz Ikenberg Tel.: 05251/22910 Öz: Di–So 10–17 Uhr
	Erzbischöfliches Diozesanmuseum Markt 17 Tel.: 05251/207216 Öz: Di–So 10–17 Uhr, Do auch 19–21 Uhr
	Museum für Stadtgeschichte Hathumarstr. 7/9 Tel.: 05251/206350 Öz: Di–Sa 10–13 Uhr u. 15–18 Uhr, So 10–13 Uhr
Rinteln:	Schaumburgisches Heimatmuseum Eulenburg Tel.: 05751/41197 Öz: Mo–Fr 16–12 Uhr, 15–17 Uhr, Nov.–Febr. täglich 10–12 Uhr
Stadthagen:	Städtisches Heimatmuseum Obernstraße (Amtspforte) Tel.: 0571/7820 Öz: 15.4–15.9 Mi, Sa 15–17 Uhr, So 11–11.30 Uhr
Uslar:	Heimatmuseum Mühlentor 6 Tel.: 055171/2035 Öz: Di 12–15 Uhr, Do 15–18 Uhr und n.V.
Warburg:	Heimatmuseum Sternstraße 35 Tel.: 05641/2051 Öz: täglich 8–12 Uhr, 15–17 Uhr

Ortsregister

(mit Hinweisen zu Besichtigungsmöglichkeiten)

Literatur zur Weserrenaissance

Großmann, Georg Ulrich: Renaissance entlang der Weser. Kunst und Kultur in Nordwestdeutschland zwischen Reformation und Dreißigjährigem Krieg. Köln 1989
Der Verfasser, Leiter des Weserrenaissance Museums Schloß Brake bei Lemgo, stellt Adelssitze, Rathäuser und Bürgerbauten vor, die entlang der Weser im Stil der Renaissance entstanden. Auf der Grundlage neuester Forschungsergebnisse und ergänzt durch zahlreiche Grundrisse macht er den Leser mit allen wichtigen Bereichen vertraut, z.B. Farbigkeit, Bautypen, Bedeutung der einzelnen Architekturteile. Zugleich aber bindet er seine Ausführungen in das dazugehörende zeitliche Umfeld ein. So wird deutlich, welche kulturellen Strömungen und historischen Komponenten das Erblühen der Weserrenaissance-Architektur gerade zu dieser Zeit und in dieser Region begünstigten.

Kaspar, Fred: Das Hexenbürgermeisterhaus in Lemgo. Bielefeld 1984

Kaspar, Fred und Robert Arató: Ein gar stattlich Haus. Leben und Wandel in einem niederdeutschen Bürgerhaus der Weserrenaissance. Dargestellt am Beispiel des Hauses Backs in Bad Salzuflen. Rheda-Wiedenbrück 1989 von Fred Kaspar (Haus Obere Mühlenstraße Nr. 1)
Beide Bücher von Fred Kaspar bieten detaillierte Informationen zur Baugeschichte und Einblicke in das Leben der Menschen, die in den Häusern gewohnt und gearbeitet haben. Den Texten liegt eine sorgfältige Auswertung erhaltener Archive und Inventare zugrunde.

Kreft, Herbert und Jürgen Soenke: Die Weserrenaissance, Hameln 1986
Die erste Auflage dieses Buches erschien bereits 1964. Die Publikation war die erste umfangreiche Darstellung der Weserrenaissance und erfuhr bisher insgesamt 6 Auflagen. Die umfassende Darstellung des Gegenstandes und die profunde Sachkenntnis der Autoren ließen dieses Buch zum Standardwerk zum Thema Weserrenaissance werden.
Auf 304 Seiten mit 288 Abbildungen wird den Spuren einer grandiosen Stilepoche, die mit ihren Bauwerken entscheidend das kulturelle Gesicht der Weserregion bestimmte, nachgegangen.

Die handbuchartigen Beschreibungen der einzelnen Bauwerke, die unter alphabetisch aufgeführten Orten zu finden sind, erleichtern die Handhabbarkeit und Orientierung und sind sowohl dem kunstinteressierten Touristen als auch dem professionellen Kunsthistoriker eine wertvolle Hilfe bei der Erschließung einer Stilrichtung, die im Weserraum eine ganz spezifische Ausprägung erfahren hat.

Niemeyer, Bernhard, Karl Steinacker und Albert Neukirch: Renaissanceschlösser Niedersachsens (Textband 1,1 B. Niemeyer 1914; 1.2 K. Steinacker 1536; 2. A. Neukirch 1939; Tafelband 1914). Hannover 1914–1939
Der Text beschreibt neben den Schloßbauten (manchmal überholt) vor allem das Leben der Adligen, die als Territorialherren und/oder Bauherren die Architektur und das politische Leben bestimmt haben.

Soenke, Jürgen: Jörg Unkair. Baumeister, Bildhauer der frühen Weserrenaissance. Minden 1958
J. Soenke behandelt hier die erste Phase der Weserrenaissance (1520–1550), die durch den Baumeister Jörg Unkair aus Süddeutschland geprägt wurde.

Siebert, Walter: Der Weg zum Manierismus im Mittelweserraum. Bückeburg 1985
In dem Buch werden weitgehend die Informationen des Werkes „Renaissanceschlösser Niedersachsens“ von Niemeyer/Steinacker/Neukirch aufgegriffen und verarbeitet. Der Band vermittelt die Information allerdings komprimierter und reicht für einen kurzen Überblick aus.

Weserrenaissance in Minden: Ausstellungskatalog. Minden 1985
Eine gute Speziallektüre zur Stadt Minden.

Zum Schluß sei noch auf ein Werk verwiesen, das einen packenden Einblick in die Sozial- und Gesellschaftsstruktur des 16./17. Jh. gewährt.

Ginzburg, Carlo: Der Käse und die Würmer. Die Welt eines Müllers um 1600. Berlin 1979
Das Buch schildert einen Inquisitionsprozeß (die originalen Prozeßakten waren Anstoß zu der Publikation), der im Jahre 1584 in Friaul (Norditalien) gegen einen 52jährigen Müller eröffnet wurde. Der Müller, genannt Menocchio, hatte den Mut, seine eigenen Vorstellungen über Religion und Kirche zu äußern

und wurde daraufhin „ketzerischer und sehr gottloser" Worte bezichtigt und zum Tode verurteilt. Die aufgezeichneten Dialoge machen deutlich, welche Macht die Kirche als geistliche und weltliche Institution ausübte und wie groß die Abhängigkeit der unteren Schichten war. Ein Geschehen, das durchaus in Deutschland zu dieser Zeit hätte stattfinden können. Ausgelöst durch die Reformation (eine Art Konkurrenzunternehmen, das die gleichen Machtansprüche stellte), entstand als Reaktion der katholischen Kirche darauf eine Gegenreformation, die ihre Auswüchse in zahllosen Hexen- und Inquisitionsprozessen erfuhr.

Fotonachweis

Farbteil Seiten 217 bis 228

Weserrenaissance-Museum Schloß Brake: 2 (Friedrichs); 1, 3 oben, 4, 5, 6, 7, 8, 10, 11, 12, 13, 14, 16 (Großmann); 3 unten, 15 (Säck). 9 (Rudi Günter, Hameln).

Textteil

34, 41, 53, 110, 133, 178, 179, 187 (Gabriele Brasse, Münster); 112 (großes Foto: Jörg Figgener); 95, 97 (Rudi Günter, Hameln); 10 (Zeichnungen) und Stadtpläne (Johann Pollnik, Hameln); 210 (CW Niemeyer, Hameln. Entnommen aus „Die Weserrenaissance".); 56, 76, 102 (Herbert Kreft, Minden); 108 (Stiftung Kleinert, Bielefeld).

Weserrenaissance-Museum Schloß Brake: Grundrisse und Stadtpläne; 203 (Brand [Repro]); 30, 48, 50, 51, 52, 72, 83, 137, 140, 142, 151, 156, 176, 180, 190, 200 (Friedrichs); 36 (Fritsch); 18, 21, 24, 26, 29, 32, 33, 47, 64, 65, 67, 69, 73, 77, 87, 93, 99, 104, 105, 107, 109, 112 (kleines Foto), 117, 121, 122, 125, 126, 129, 136, 141, 146, 147, 152, 155, 161, 162, 166, 169, 172, 174, 181, 183, 184, 186, 189, 194, 197, 201, 202, 204, 205, 206, 207, 212, 213, 216 (Großmann); 84 (Jürgens); 61, 132 (Säck). 45, 124, 144, 158 (Westf. Amt für Denkmalpflege).